International Comparative Analysis on
Global Niche Top Companies

グローバル・ニッチトップ企業の国際比較

藤本武士／大竹敏次
[編著]

晃洋書房

はじめに

立命館アジア太平洋大学では有志がチームを組んでグローバル・ニッチトップ（GNT）企業の調査研究を行ってきた。GNT企業とは小規模ながらもニッチの分野で世界市場において高いシェアを持っている企業を意味している。我々は九州地区のGNT企業の研究から始めて、その後、日本の各地の企業、さらにはドイツのGNT企業の研究も行ってきた。

そのなかで見出したことは、広くは認知されていないものの、日本のGNT企業は優れた国際競争力を有していて、例えば設備機械メーカーであれば、内外のグローバル企業を顧客として彼らの技術基盤を支えていること、GNT企業は小規模ながらも雇用や技術開発といった観点から地域経済にとって不可欠な存在であること、などであった。しかしGNT企業総体としては、量的にはまだまだ日本経済全体への貢献度は限定的なものであることも事実である。したがって、GNT企業が生まれてきた要因を探ることは、GNT企業を日本の各地で輩出し、地方経済の活性化を促すうえでも不可欠であろう。

このような観点からドイツ企業を見ると、技術力とマネジメント力の強化を通して積極的に国際化をすすめている中小企業（ミッテルシュタント）が数多く存在しているという、日本にはない特色が浮かび上がってくる。彼らはドイツの各地に存在して地域経済に貢献するとともに、ドイツの産業発展をリードするという役割を果たしている。とくに優れた世界トップクラスのミッテルシュタントは「隠れたチャンピオン企業（Hidden Champion：ヒドゥン・チャンピオン、以下HC）」とよばれ、世界中に拠点を持って事業を展開している。

日本企業はドイツ企業から何を学ぶことができるか。さらには、日本にしかできない強みは何なのか。本書ではニッチな分野でも世界的に活躍するグローバル・ビジネスの可能性を探るために、日本企業だけではなく、アジア・欧米企業の事例も取り上げている。まず、第Ⅰ部で多様なGNT企業が存在することを示すために内外の19社を紹介する。第Ⅱ部で、比較的長編の4社を紹介する（第Ⅰ部や第Ⅱ部の一部の事例については、執筆時点での概況を示しており、その後の変化は反映されていないものもある）。GNT企業の中には、国内向けの汎用品からスタートした企業も多い。創業以降どの時点でどのようにニッチ分野を特定し、海外展開に繋げたのか。また、GNT企業に到達後、競争優位を維持する手段は何なのか。さらには大企業へ発展した事例では、その成長の手段は何か、に関して、比較的長期の視点で記述する。第Ⅲ部では国際比較を踏まえつつGNT企業を育成するための政策としてどのような支援が必要かについて論点を整理した。さらに日本のＧＮＴ企業やドイツのＨＣにおける競争優位を維持する手段と大企業への成長メカニズムを考察する。

立命館アジア太平洋大学（ＡＰＵ）では、これまで多くの協力・支援を得ながら特性を持つ地方の企業の分析を行ってきた。まずは、大分県内のファミリー企業をイノベーションの観点から分析した『イノベーション・マネジメント』（難波正憲・福谷正信編著、泉文堂、２０１１年）、九州経済産業局の委託により九州地域のＧＮＴ企業９社をイノベーションや成長戦略の観点から分析した『グローバル・ニッチトップ企業の経営戦略』（難波正憲・福谷正信・鈴木勘一郎編著、東信堂、２０１３年）、そして、科学研究費補助金（基盤(B)、２０１３年－２０１５年【課題番号２５２８５１２９】代表者：藤本武士）、科学研究費補助金（基盤(B)、２０１６年－２０１８年【課題番号１６Ｈ０３６６９】代表者：藤本武士）、ならびに、立命館アジア太平洋大学研究学内助成制度の助成をうけながら、「ＡＰＵ次世代事業構想センター」（APU－NEXT）所属の研究者メンバーらが研究した成果をもとに発展的に著した『グローバル・ニッチトップ企業の事業戦略』（藤本武士・牧田正裕編著、文理閣、２０１５年）と、シリーズで情報発信を続けてきた。これらの研究を踏まえながら、本学の研究助成を活かして、本書においてもAPU－NEXT所属のメンバーが中心となって執筆している。

本書の出版にあたり、経済産業省をはじめインタビューで対応いただいた23社のＧＮＴ企業やＨＣのほか多くの方々にご協力を賜った。そのなかの２人の方には本書のなかで企業紹介の執筆のご協力を頂いた。この場を借りて、ご協力者・執筆者の皆様に厚く御礼を申し上げる。また、立命館アジア太平洋大学のＧＮＴ企業の研究に、ご理解賜り出版をお引き受けいただいた晃洋書房に、あらためて感謝の意を表する。

２０１９年３月

藤本武士・大竹敏次

目次

第Ⅱ部 GNT企業の事例

第Ⅰ部　GNT企業19選

1　株式会社 InBody

企業概要

設　　立：1996年
本　　社：InBody, 625 Unjuro, Gangnam, Korea
代 表 者：Kichul Cha
事業内容：高精度体成分分析装置開発
売 上 高：約93億円（2017年12月期）
従業員数：183名

沿　　革

1996年　株式会社バイオスペース設立.
1999年　InBody3.0製作.
2000年　アメリカ，日本現地法人設立.
2005年　全製品InBodyシリーズとしてブランド統合.
2008年　中国現地法人設立.
2009年　韓国取引所HiddenChampion選定.
2014年　株式会社InBody社名変更.
2016年　ワールドクラス300選定.

1　株式会社InBody

1996年に設立した（株）InBody（設立当時は（株）バイオスペース）は、従来の生体電気インピーダンス分析法（BIA法）の限界を超える体成分分析装置「InBody」を開発した。InBodyは従来のBIA装置をより正確且つ簡単に測定できる画期的な方法を提示し、InBody以降の体成分分析装置の殆どがInBodyと同様な形体と方法で商用化されるなど、体成分分析装置の標準として位置づけられている。

（株）InBodyは2000年から米国・日本・中国に次々と現地法人を設立し、全世界に体成分測定の重要性を認識して貰う努力をしてきた。その努力と同時にInBodyの高い精度と再現性が認められ、現在は医療・栄養・運動など様々な専門分野における研究機器として活用されるようになり、毎年数多くの応用論文が世界各地の研究者によって発表されている。また、（株）InBodyは米国・南米・欧州・豪州・アジア及びアフリカなど、世界約70か国のパートナー企業を持つグローバルネットワークを構築している。

コラム　体成分分析装置で世界のトップに

サムスン、LG、現代（ヒュンダイ）などの大企業以外に海外で人気のある韓国製品を見つけることは難しい。（株）InBodyは優れた技術力で、世界体重計市場の半分ほどを占めていた日本の体成分分析装置を追い越し、卓越した精度と再現性を認められ様々な研究及び専門分野で活用され、体成分分析分野に著しい発展をもたらした。韓国ベンチャー企業のあるべき姿を提示したとも言える。

さらに、専門家用の装備に活用された技術を元に、家庭用体成分分析装置へ市場を拡大させ、各家庭の体重計を体成分分析装置に入れ替えることができる時代をめざしている。そして、体成分分析装置を元に、体成分管理プログラム、自動血圧測定装置、健康増進システムのような様々な製品及びサービスを開発し、グローバルヘルスケアー企業として成長するため日々努力を続けている。

現在（株）InBodyは米国・ヨーロッパ・中東・アフリカなど、世界70か国のパートナー企業を網羅するグローバルネットワークを確保し、全体売上げの約7割以上を海外の売上げであるほどグローバル市場でも成功を収めている。

◆グローバルネットワーク

自国の市場がかなり大きい日本などに比べ、韓国は非常に小さい国であるため、海外の市場を最初から念頭に入れない限りは国内市場だけでビジネスが成立たない。（株）InBodyは世界70か国に販売店を持つグローバル企業である。研究所と製造施設の位置する韓国本社を中心に日本・米国・中国に現地法人を運営し、世界各国の代理店と緊密なパートナーシップを結んでいる。１９９６年の設立以来、国内に製品を出して２年後から海外に輸出を始めた。その最初が日本と台湾、その次にヨーロッパ諸国、中国、米国、ブラジルなどが後に続く。

最初に設立されたアメリカ法人は、医療およびフィットネス市場における売上げで右肩上がりの成長を見せている。法人のＣＥＯをはじめ全営業担当者が「InBody講師」の資格を取得して、より的確で詳細な知識をもとに営業活動を展開する。また、売上げに関する多数の課題業務も成功させ、従来の市場の強みを維持しつつ、より広範囲な新たな市場でも成長している。

アメリカ法人と同時に設立された日本法人は東京本部を拠点とし、大阪営業所・広島営業所・仙台営業所・福岡営業所・中部支社を設立・運営している。日本では毎年、医療分野の学会でInBodyに関する論文が数多く発表されるなど、（株）InBodyの技術力が高く評価されている。このようにInBodyを活用した事例が累積されている日本法人では、他国の法人に比べ、臨床的な資料が体系的に整理されていて、市場拡大のために活用されている。

２００８年に設立された中国法人は上海本部・北京支社・広州支社・成都連絡事務所が設立されていて、近年、急成長を遂げている。中国市場の場合、体成分分析に対する認識がまだ浅く、市場を開拓している最中ではあるが、医療やスポーツ分野に力を入れて政府主導のプロジェクトに持続的に参加するなど、様々なアプローチをしている。中国は莫大なポテンシャルを有する国であるだけに、今後更なる成長が期待される。

このように、世界各国にある法人を拠点とした（株）InBodyのグローバルネットワークは、各地域毎の展示会や学術活動に積極的に参加して持続的な交流を行っていて、技術だけではなくマーケティングに関する最新の資料を共有して市場拡大に邁進している。

◆海外市場進出努力

（株）InBodyが自社製品で海外進出を試みた時には、すでに日本とアメリカには体成分分析装置の競争相手が存在していた。日本の場合、すでに年間売上げ１５０億円を上回る某会社が存在していたので、機械を1つひとつ手作業で製作していた段階の（株）InBodyとしては中々太刀打ちできる相手ではなかった。当初、マーケティング力も何も持ってない時にあまり高い評価を期待するのは難しかったが、大きな病院、一部の専門家に使われ始めてからInBodyの性能が他の日本製機械より卓越していることが認められ始めた。

日本での販売は時間と信頼との勝負だった。例えば、１台の製品をあるフィットネスセンターの店舗に販売したことがあるが、そのフィットネスセンターには約50件のフランチャイズ店舗があった。販売後、その1店舗と1年以上緊密に意見交換を行い、使用中の疑問や問題点、改善点などに対する質問を１００件以上交わした。そのような努力が実りに繋がり、口コミとなって、最初の販売から1年半ほどが経った時には、結局その50店舗が全てInBodyを購入してくれたのである。日本のような先進国の購買パターンは独特なところがあり、信頼を元にしたビジネスの大事さを体験することができた。小さな会社ならではのサービスである、「やるべきことに最善を尽くす」が結果に結びついたのだ。

海外市場での努力の1つは、機械の言語対応能力である。海外輸出用の機械が大体10種類以下の言語しか対応できないのに比べ、（株）InBodyの製品は24か国以上の言語が対応できる。英語バージョンがあるので英語で満足して下さい、ではなく、市場のニーズがあれば十分それに対応し顧客の満足につなげるために努力をする。

海外進出の場合、大体の会社は海外にある実力のいい代理店・バイヤーと手を組むことに主力するが、（株）InBodyは徹底的に直接販売を目指した。例えば、アメリカ進出の時は、周りから直接販売は多額の資本が掛かるため代理店を薦められたが、直接販売を固執し、法人を展開したのである。アメリカに法人を出して10年ほどが経ってからはInBodyという機械が認められ売上げが良くなった。無論、機械の品質自体が良く、長い間粘り強く専門家達を説得して行ったのが結果に繋がったのである。俗に言われる「戦略」というものが無かったからこそできた販売戦略である。

代理店は法人のように密着した関係を維持する。常に持続的教育をし、製品の良さを理解してもらいそれを顧客に伝えてもらう。例えば、フランスの代理店の場合、他の製品も担当していたが、InBody を取り扱ってからはInBodyだけに絞り全力で頑張ってくれたケースがある。その代理店は近年2倍ほどの成長率を見せた。初期は難しいが、十分にコミュニケーションができて熱意のある代理店の場合は必ず成功する。

◆Cha代表の哲学、「会社は人間を育てる場所」

企業のもっとも大きな問題は、その構成員が時間が過ぎるに連れ必要性が徐々に低くなっていくことだとCha代表は言う。会社に入って、20年、30年が経った場合、真のベテランになってその分野で他の構成員の模範となり、仕事を教えてくれる人にならなければならないのに何故無用になるのか。それは、企業がその構成員に十分に仕事を教える仕組みを持ってないからだとCha代表は強調する。（株）InBodyには「Mission Impossible」と名付けられた「課題業務」というものがある。従業員自信が自分なりの課題を作り、それを解決するために自分で日々努力を重ねていく練習をするのである。問題解決には時間も掛かれば成果も中々出辛い場合が多い。問題解決の過程はいつも辛い。しかしCha代表の哲学は、そのような課題を解決していく環境を作ってあげることで、一人前の人間として成長できるように会社が全社的な努力をするべきだと強調する。

Cha代表は反省を恐れないリーダーシップを持つ存在との評判だ。外部に出て他の会社を見てきた時には常に自社には何が足りないかを分析し始める。社員達とそういった反省点を共有することでその次の成長へと繋げる努力をする。すでに数多くの特許を持っているにもかかわらず、特許を出し損ねたことに対する反省と、これから新しい特許を出すための実用的な方法論までも新入社員もすべて入れて直接説明することもある。他人の足りないところを見つつも、特に自分に足りないところを明確に見て分析する彼の姿勢は、特に社員達にいい模範となる。

「M＆Aを通じて企業が2倍、3倍と大きくなるよりは、毎年20％ずつ成長できる企業になりたい。」と述べるCha代表。そして、短期的な目標を聞かれた時には「60歳になるまで社内からちゃんとしたCEOを10名作り上げるのが目標だが、まだ一人もできていない。」と笑う。年間売上げ30億円、海外売上げが全体の60％以上、毎年30％の成長を成遂げるKOSDAQ企業である（株）InBodyは彼の健康な哲学によって成立っている。

◆「InBody」というブランドの確立

2000年から2003年までは成長の停滞が来た。ビジネスが上手く成立ってから競争相手が出始めたのである。しかもまだ経営に関しては初心者だったCha代表に比べ、相手は、経営の経験が遥かに長かった。独占していた市場シェアも60％まで落ち、利益率も下がった。製品を作り市場で成功させるまではできたが、会社を永続的に育てていくのはやはり難しかった。一時会社を畳むことまで考えたCha代表は、もう少し耐え切ることを考え、正面勝負に出た。それがブランドの確立だったのである。

２００５年から全ての体成分分析装置を「InBodyブランド」に統合して全世界に供給したことは、顧客にブランドを強く認識させるよいきっかけとなった。最初は多様な用途の機械を「サルス」、「ピナ」など色々な名前を付けて多様化を目指したが、それをそのまま「InBodyブランド」として統合することは決して容易ではなかった。まるで、現代（ヒュンダイ）のソナタやグレンジャーなどのブランドを一気に現代１号や現代２号に変えるのと同じような作業なのである。当時、優れたマーケティング能力やブランド化能力を備えていなかったにも関わらず、その決定は今の会社に良い影響となった。ただの工学研究者であったCha代表が中堅のビジネスマンに変わった瞬間であった。

固有名詞である「InBody」が「体成分分析」の代わりに代名詞化されながら、競争相手さえも「InBody分析」という用語を使い始めている。会社を運営する中、ブランド名を１つに統合したことはもっとも効果的な決定の中の１つとなった。その後、１９９６年から約20年間続いてきた社名の（株）バイオスペースも、２０１４年に世界的に知名度の高い自社製品名InBodyを用い、（株）InBodyに変更することになる。これから10年後、この判断がどのような評価を受けるか、楽しみである。

（李　根熙）

2 JenaValve Technology, Inc.

企業概要

設　　立：2006年
本　　社：ドイツ・バイエルン州
代 表 者：Victoria E. Carr-Brendel
事業内容：人工心臓弁とその挿入用機材の生産販売
従業員数：68名

沿　　革

2006年　大学教授 Dr.Hans Reiner Figulla 及び Dr. Markus Ferrari, cardiologist at the Friedrich Schiller University Clinic, Jena, Germany University Clinic, Jena, Germany のアイデイアを製品化するためにJenaValve設立.

2007年　欧州市場に初の製品投入.

2011年　米国市場では当局から承認を受ける.

2012年　欧州市場で売上高5百万ユーロ.

2 JenaValve Technology, Inc.

イエナバルブ社は、人工心臓弁（商品名：Prosthesis, TAVI）①とその挿入用機材（商品名：Cathleplus Delivery System）を生産販売する企業であり、特許４００件、従業員数68人を雇用し、本社・工場は、ドイツ・バイエルン州ミュンヘン郊外に立地している。海外拠点は、オーストリア、スイス、イタリア、フランスにある。

同社は、２人の大学教授Dr.Hans Reiner Figulla 及び Dr. Markus Ferrari, cardiologist at the Friedrich Schiller University Clinic, Jena, Germany のアイデアを製品化するために２００６年に設立された。両教授が出したアイデアを製品にまで完成させたのはフラウンホーファー研究所である。

急速な発展

同社は、会社設立当初は、ドイツ連邦政府のファンドで運営されたが、やがて同社の将来性に着目した民間のファンド企業から資金提供があり、２０１０年の段階で世界のファンド企業10社から８０６０万ユーロの資金が集まっている。

欧州市場には、２００７年に初の製品投入を行い、２０１２年には欧州市場で５００万ユーロの売上高となった。ドイツでは現在、人工心臓弁市場の43％のシェアを確保するに至っている。

米国市場では、Wilmingtonに拠点を設立し、２０１１年に当局から承認を受け、２０１２年には売上高が対前年比24％、２０１３年は同35％という伸びを示している。今後はアジア市場でも普及させていく予定である。

技術的優位性

従来、人工心臓弁を取り付ける手術は、胸を開き、心臓も開くなど長時間を要し、患者に負担の重いものだった。だが同社の製品を使うと、カテーテルを挿入する穴を開けるだけであり、胸から心臓にTAVIを挿入し、カテーテルを引き抜くまでわずか８分で済む。値段は、従来の人工心臓弁は２０００ユーロ、TAVIは2万ユーロと10倍であるが、従来の手術では入院が２～３週間、リハビリが６週間であった。だがTAVIを用いると入院が５日間、リハビリは不要となり、総コストはほとんど変わらない。

同社は、ヘッドハンティングしたマーケティング・チームがある。最初の市場としてドイツに製品を投入、次いで同じドイツ語圏であるオーストリアとスイスに投入、その後、イタリアとスペインに投入していった。

最初の製品 prosthesis を改良しようとする際、再びフラウンホーファー研究所に研究開発を委託し、TAVIを開発してもらった。

TAVIは、２０１１年9月、ＣＥマーク(2)を獲得した。

ドイツには、BVMed, German Medical Technology Association と呼ばれる医療分野の製造・サービスを提供する２２０社が加盟する団体がある。JenaValve社は、その会員と連携して開発・生産を行っている。ドイツにおける医療技術産業は、２３０億ユーロであり、約17万人が雇用されている。

[注]

（１）TAVIは、「Transcatheter Aortic Valve Implantation」の略

（２）ＣＥマークは、「Conformite Europeenne Mark」の略である。AI（Aortic Insufficiency）治療は非常にリスクが高いため、欧州で決められた規制をパスした製品にのみＣＥマークが認められている。

[参考文献]

JenaValve社ＨＰ（www.jenavalve.com　２０１６年２月５日閲覧）。

（岩本晃一）

3　MIDAS IT

企業概要

設　　立：2000年
本　　社：B-dong, 228-17 Pangyo, Bundang, Korea
代 表 者：李享雨
事業内容：工学技術用ソフトウェア開発及び普及
売 上 高：約60億円（2015年12月期）
従業員数：327名

沿　　革

1989年　POSCOグループMIDAS専門組織発足.
2000年　株式会社MIDAS IT設立.
2002年　中国法人設立.
2003年　アメリカ法人設立.
2007年　中国支社設立.
2011年　ワールドクラス300プロジェクトソフトウェア部門企業選定.
2013年　World Best Software成果報告会未来創造科学部賞受賞.
2014年　2014大韓民国ICTイノベーション大賞大統領賞受賞.

3　MIDAS IT

２０００年９月に設立したMIDAS ITは、工学技術用ソフトウェア開発および普及、そして構造分野エンジニアリングサービスとウェブビジネス統合ソリューションを提供する会社である。２０１６年現在は約６００名のグローバル専門技術者を保有し、日本、アメリカ、イギリス、中国、インド、ロシア、シンガポール、ドバイの８つの現地法人と35か国の全世界ネットワークを通じて１１０か国に工学技術用ソフトウェアを輸出する世界的な企業として成長した。

MIDAS ITは工学解析分野の核心技術であるコンピューターグラフィックスシミュレーション技術と先端解析及び最適化設計分野で世界レベルの技術を持つ。MIDAS ITが開発し普及するMIDAS Family Programはすべての工学及び産業領域で安全性と経済性分析のための解析と設計に適用され、特に建築、土木、地盤など建設分野でのマーケットシェアは世界1位である。

韓国政府は中小・中堅企業育成のために２０１１年から「ワールドクラス３００」プロジェクトを実施し、韓国にある約３００万の中小・中堅企業から０・０１%に当たる３００企業を５年間に渡り選定した。元年の２０１１年にはたった30企業だけが選定されたが、その中の1位だったのがこの「MIDAS IT」である。

コラム　CEOの哲学で世界一の企業に

MIDAS ITは創立者であるLeeが２０００年9月に創業した会社である。Leeは最初POSCO建設の前身である浦項（ポハン）製鉄エンジニアリングに入社。彼の担当は生産施設や工場設備の構造を解析し設計することであった。当時の浦項製鉄エンジニアリングが抱えている大きな課題は溶鉱炉を自立設計すること。海外のソフトウェアに依存していたため、多額の利用料を払わなければならなかったため、Leeは独自の技術で溶鉱炉の設計を可能にすると誓った。

Leeは昼間は元々の設計業務、夜は仲間とソフトウェアの開発に挑み約1年で溶鉱炉を自立設計できるソフトウェアを完成した。その可能性を認め、浦項製鉄エンジニアリングはLeeのチームに社内ベンチャー1号として資金を出すことになった。11年間社内ベンチャーとして成果を残し、２０００年9月にMIDAS ITとして独立を果たした。当時は7人だけで構成されていた小さな会社だったが、現在は国内約４００名、国外約２００名の大規模の会社になった。全体の52％が修士・博士以上であり、全体の42％が外国人採用である。２０００年の創業以来、世界1位の企業になるまで掛かった時間はたったの7年。今も毎年平均30％の高い成長を誇るその秘訣は以下の通りである。

◆MIDAS IT成果

MIDAS ITは国内市場に留まらず、初めから世界市場に目を向けた。世界1位になるためには、当時の1位に挑まなければならないと思って進出したのが日本だ。日本は、世界建築の最先端技術が激しく競争を繰り広げるステージの１つ。その日本マーケットの中で、技術力１つで韓国の中小企業であるMIDAS ITが目立っている。技術力に対する自信があったからこその戦略だった。最近10年で建設されたもっとも有名な建築構造物にはすべてMIDAS ITの技術が適用されている。東京国際フォーラムやスカイツリーもMIDAS ITの技術を無くしては実現できなかった代表的な建築物である。東京国際フォーラムのような複雑な建築物は、非常に立体的且つ精緻であるため、MIDAS ITが市場に出す製品のように建築の構造を細かく解析できるソフトウェアがなければ実現できない種類の建物である。ドバイのブルジュ・ハリファや中国の蘇通（ストン）大橋、北京国家体育場もMIDAS ITの自信作の１つだ。

全世界の建築ソフトウェアが競争するイタリアのマーケットでもMIDAS ITはマーケットシェア1位である。他のソフトウェアと差別化できる技術力のため得られた成果だと言える。イタリアを初の発注者として、イギリスに支社を設立し市場を拡大させ、イタリアとイギリスの両方から攻勢を展開すればヨーロッパ全域の市場拡大に繋がると考えている。そういった意味でもイタリア市場でのマーケットシェア１位は大きな役割を果たす。

◆CEOの哲学

企業の設立から短期間で韓国を代表する世界一の企業になった原動力の1つは、CEOであるLeeの哲学が大きく影響する。MIDAS ITが目指している最高の価値とは「幸福」である。「幸福」は社員の「やりがい」になり、だからこそ自らその幸福を世の中のみんなと「分かち合い」できるのである（MIDAS ITの3つの核心価値は幸福、やりがい、分かち合い）。幸福とはMIDAS ITの存在理由であり、アイデンティティーであると同時に最高の価値基準なのだ。「社員を幸せにするのが経営者の基本責務である」と断言するLeeは、そのために最上の勤務環境を提供することを基本中の基本だと強調する。技術で人間を幸福にし、分かち合うことで世の中を美しくすることを最善の価値として追求するMIDAS ITの理念はCEOのLeeの情熱に似ている。経営の核心は「人」であり、人が願うのは幸せな人生。したがって、経営は「人の幸せ」をサポートし、世の中の幸せの総量を増やすのが一番の目的だと伝える。Leeの会社像は、

・会社は幸せの遊び場であり、幸せを生産できる工場でなければならない。
・会社の最高の競争力は「人」である。
・社員が幸せだからこそ企業の未来は明るい。

などがある。会社のビジョンを構成員である社員と一緒に共有し、個々人のみんなが自ら経営者になれるような環境が自然に作れる。

◆福利厚生が社員のモチベーションに

MIDAS ITが他社との違いとしてもっとも目立つものの1つは、CEOのLeeの経営哲学がそのまま取り入れられている福利厚生の数々である。どれも他の会社が簡単に真似できないものばかりだ。「社員が幸せな会社」。一見平凡だが決して簡単ではないこの目標を、MIDAS ITは様々な方法で実現している。

まずは社内に用意されているジム施設。CEOのLeeが率先して社員と共に朝の運動を行う。これは開発者として働いたLeeの20年前からの習慣。ストレスと夜勤の多いソフト開発業務に軽い運動は1日を始める活力になるとし、社員とのコミュニケーションの場としても有効活用されている。

Midas ITの競争力は社員食堂からも見受けられる。社員食堂には特級ホテルの料理人を採用。「食材」だけで1人あたり1万5000ウォン（約1500円）を当て、食事の美味しさと栄養の両方バランスを追及する。仕事からの解放感と食べる喜びで能率を向上させるのが目的だ。昼食の後は昼寝の時間も設け、充分な休みを取ってから仕事に集中できる環境作りに力を入れる。

月に1回だけ金曜日に設けられているシークレットシェフイベントは、「最高の料理を家族と一緒に」をコンセプトに企画されたMIDAS ITの独特な試みである。社員食堂の料理長が用意した最高の食材でできている半分調理状態の料理を家に持ち込むことができる。費用は会社と社員が半分ずつ負担

するが、社員らが負担した費用は社会に寄付してさらなる社会貢献に繋げる。当日は夜勤を無くし家族との時間に専念できるように配慮したのも印象深い。

MIDAS ITには年に2回のマラソン大会がある。そのコースは総距離10㎞。先輩たちの激励の中、初めて参加する新入社員達も最善を尽くす環境作りができていて誰もが楽しめるイベントである。1㎞に1000ウォン（約100円）の基金が集まり、社員たちが走り切った分、寄付事業に使われる。

◆MIDAS ITの核心技術

現在、MIDAS ITの核心技術は大きく4つに代表される。

①コンピューターグラフィックス基盤のCAE（Computer Aided Engineering）ソフトウェアソリューション開発及びシミュレーション技術

・先端コンピュータグラフィック技術を用いた形状再現及びモデリング技術
・工学的技術の妥当性評価のための3次元コンピュータシミュレーション
・直観的なユーザーインターフェイス環境のためのプリ・ポスト開発技術
・多様な解析アルゴリズム開発、高級有限要素ライブラリ開発及びソルバ性能向上の技術
・解析結果の効果的な分析と評価のための多様な自動処理および表現技術
・設計規準別の設計情報自動生成および設計DB構築技術
・構造・材料別の部材の自動設計及び最適設計の自動化技術

②建設分野のエンジニアリング高級構造解析及び最適設計の応用技術

・超高層、超大型および大空間構造物の安全性および経済性評価の技術
・超高層建物構造システムの計画、解析および評価
・先端施設物の微少振動の計測および評価、振動制御および耐震設計技術
・構造物の振動解析、耐震設計および風振動解析制御の技術
・製鉄・プラント施設物の安全性評価及びヘルスモニタリングの技術
・主要基盤施設物の安全性評価及びヘルスモニタリングの技術

③インターネット基盤のウェブソリューション開発技術

・建設分野の顧客価値基盤のウェブサイト開発技術
・新概念のインターネット分譲統合管理ソリューションTousinXの開発
・オンライン広告の製作および代行サービス
・建設分野の統合サイバー教育システムの開発技術

・建設分野の現場管理およびインターネット人材採用システムの開発技術
・エンジニアリング専用の情報共有ウェブストレージMcubicの開発技術

④クラウド基盤の採用ソリューション開発技術
・トレンディな採用HPを簡単に制作、管理が可能なウェブビルダー技術
・企業別に多様な採用体系にカスタマイズできる高い自由度のプラットフォーム技術
・多様な設定基準で欲しい人材群を確認する志願者自動審査技術
・定型化されたデータをグラフィックスで表現するインフォグラフィックスキャリアレポート生成技術
・採用の全過程をオンラインで進行可能な総合採用評価システムの開発

MIDAS ITは工学技術用ソフトウェア開発しそれを普及、そして構造分野エンジニアリングサービスとウェブビジネス統合ソリューションを提供する。MIDAS ITが開発するソフトウェアは、建物が実際に建てられる前に、地震や風、重いものなどが載った時実際に耐えられるかをシミュレーションし、本当に安全なのかを検討するソフトウェアである。地震があった時に建物がどう左右、上下に揺れるかをカラーでビジュアルに表現できるソフトウェアを開発できるのは世界でMIDAS ITだけだ。そのシミュレーション技術は「建築設計」、「耐震設計」から「地震模擬実験」、素材分析や収縮分析を利用した「遺跡の復旧」の分野など様々な所で活用されている。建築物を建てる前にコンピューターで事前に予測する建築設計ソフトウェアの開発は世界1位。そのソフトの価格は数千万ウォン（数百万円）にも達する。

現在は新しい市場拡大のために医療分野への進出も視野に入れている。建築物を分析する時に使われた技術を人間の身体に適用し、体血管の状態や血液の流れをシミュレーションソフトウェアで分析する新しい試みである。手術のためのシミュレーションができるソフトウェアの開発に成功すれば、患者の立場からすると施術の副作用と経済的な負担を軽減できる良い方法になる。建設分野蓄積された技術を異なる分野で活用する努力。シミュレーション技術を単純に工学分野だけでなく、医療、環境、災難防止など、人々のために、社会のためにもっと幅広く拡大し適用する姿勢は、これからのMIDAS ITを成功へと導くカギになると期待できる。

（李　根熙）

4 Schletter Solar GmbH

企業概要

設　　立：1983年
本　　社：ドイツ・バイエルン州キルヒドルフ（kirchdorf）
事業内容：太陽光パネルの支持構造物の製造・販売
売 上 高：3億ユーロ
従業員数：1200名

沿　　革

1968年　Lundwing Schletter senが創業.
1998年　Lundwing Schletter junが2代目社長に就任.
2000年　DIN EN ISO9001：2000を取得.
2001年　太陽光パネルの支持構造物分野に参入.
2005年　外国市場としてイタリアに初進出.
2008-9年　アメリカ，フランス，ギリシャ，スペインに進出.
2010年　オーストリア，中国，英国，韓国に進出.
2012年　南アフリカ，トルコ，日本へと進出.

4 Schletter Solar GmbH

シュレッター社は、太陽光パネルの支持構造物を主力製品とする企業であり、年間売上高は約3億ユーロ、従業員数1200人を雇用し、本社・工場は、ドイツ・バイエルン州キルヒドルフ（kirchdorf）にある。海外拠点は、欧州各国のみならず、オーストラリア、中国、韓国、南アフリカ、トルコ、日本（横浜）にある。

急速な発展

同社は、1968年、Lundwing Schletter senが創業し、スチール・アルミの金属加工業として、地域に根付いた中小企業として運営されてきた。1998年に初代社長の息子 Lundwing Schletter jun が後を継いで2代目社長となった。2000年、DIN EN ISO 9001：2000を取得、2001年に太陽光パネルの支持構造物分野に参入して以降、世界的な太陽光ブームに乗って同社は急成長した。太陽光パネルに参入したとき、従業員は50~60人であったが、今は1200人に、売上高は1500万ユーロであったが、今は3億ユーロにまで急成長した。これまで同社の製品を用いて実用化した太陽光パネルは1500MWである。2014年7月に訪問したとき、工場を新しく立て替えた直後であった。明るく快適な空間があった。また本社の後背地に、自社製品を使った太陽光パネル3・5MWを設置し、訪問者にアピールしていた。

２００５年に初めて外国市場としてイタリアに進出した。その後、２００８年にアメリカ、２００９年にフランス、ギリシャ、スペイン、２０１０年にオーストリア、中国、英国、韓国、２０１２年に南アフリカ、トルコ、日本へと進出した。日本は今後とも太陽光パネル市場が伸びる市場であり、重要と考えている。各国に進出した背景は、ドイツ市場だけに依存するのは危険であり、各国に展開することで企業の安全性を確保している。

欧州で17%のシェアを持ち欧州第1位である。全世界でも12%のシェアを持ち第3位である。だが最近、外国での売上げはふえているが、ドイツでの太陽光パネルの設置伸び率が低下しているため、２０１１年以上の売上高の伸びが落ち込んでいる。

技術的優位性

（1）自社内Ｒ＆Ｄ

同社製品の技術は特殊であるとして、外部企業との共同開発や公的研究機関によるサポートは受けず、全て自社内で完結させている。即戦力となるような技術者を外部に見いだすことは難しく、技術者は社内でトレーニングしている。同社はバイエルン州の職業訓練校の最大の就職先になっている。

（2）フルオートメーション化による１００%インハウス生産

ＣＮＣマシン導入によるフルオートメーション化を進めている。製品に占める人件費コストは５~７%でしかなく、そのため人件費の安い中国など途上国で生産したとしてもほとんど安くならない。むしろドイツ国内で提供される金属材料や良質な労働力などを考えると「品質とコスト」に関する総合的なパフォーマンスは、ドイツのこの場所で生産するのが最も国際競争力がある。そのため、顧客に近いところで生産するのでなくドイツ国内にR&Dと生産拠点を設け、輸出する方が競争力があるという信念を持っていた。

（3）社長が常に現場にいる

視察団が訪問していたときも社長は本社や工場のなかを歩き回りながら、従業員と会話し、熱心に議論していた。このスタイルが同社の気風であり、従業員のやる気を引き出しているとの説明だった。説明者も、社長のこの姿勢を評価していた。その結果、意志決定が早くなり、それが企業の競争力を高めることに貢献していた。

（4）独自のアイデイアを特許化

上述（1）（2）は、２０１４年7月に同社を訪問した際、Dr. ChristianSalzeder, International Business Development及びDr. Despina Grigoriadou, Sales Support International から説明があった内容であるが、（3）（4）は、視察者側からの分析によるものである。

同社は、太陽光パネルを支持構造物に取り付ける非常に簡単かつ迅速な方法を考え出し、特許として守っている。すなわち太陽光パネルを支持構造物に押しつけると、カチッと音がして固定化され、また力を入れて引っ張るとカチッと音がして固定化部分が抜ける。通常の太陽光パネルの設置は、１つひとつネジを締めてパネルを支持構造物に固定化する作業であり、固定化に必要な時間がとても長くかつ多くの作業員が必要となる。この点にこそ同社製品の最も国際競争力があると見られる。日本でも今、太陽光ブームであり、太陽光パネルを設置する業者は無数といえるほど存在しているが、にも関わらず、遠いドイツから輸入されたSchletter社の製品がなぜ日本市場で大きなシェアを持つのか、その背景がここにあると考えられる。

(5) 96%の達成度

同社の工場を視察し、支持構造物を間近で見たが、視察者全員の意見が一致し、日本では恐らく見ることができないくらい溶接が荒い、ということだった。だが、その96%の完成度で良し、とすることでコストダウンを実現している。確かに、その溶接でＴＵＶに合格しており、十分、実用に耐えうる耐久性は確保されているのである。

２０１４年８月、ザクセン州ドレスデンを訪問した際、現地に進出している日経企業の社長から、なぜドイツの中小企業が強いのか、興味深い話を伺った。同社長は、以下の2点を述べていた。

第1点目は、日系企業は96%の完成度を99%までわずか３%上げるために膨大なエネルギーを使うが、ドイツ企業は、そのエネルギーを新しいことを創造することに振り向けている。不良品は、最終工程だけで撥ねれば良いと考えている。

第2点目は、ドイツでは土日は完全に休みであり、平日も残業がない。労働時間は日本より遥かに短い。このため、労働時間内に全ての仕事を終わらせるためにどのような工夫をすればよいか全員が考え、ほとんど無駄なく効率的に働く。一方、日本人は残業を前提にしているので、勤務時間中に雑談やおしゃべりし、仕事のスピードが遅い。ドイツ人と一緒に働いてみて、日本人の生産性が低いことを実感としてよくわかった、ということであった。

(6) ＴＵＶ[(1)]の認証

同社の製品は、ＴＵＶの認証を取得しており、認証を得ていない企業との間で差別化を図っている。認証を受けた製品しか認められていない市場では、ほぼ独壇場である。

Dr. ChristianSalzeder, International Business Development 及びDr. Despina Grigoriadou, Sales Support International からの説明によれば、同社の製品は、子供にとっても十分に安全、パネル交換がとても早い、品質に対する自信、顧客にとって実用的、という製品として自信を持っているとのこと。特に外国に進出してからは自社製品の国際競争力について益々自信がついてきたという。

[注]

（1） TUV Rheinland 社は、ドイツにおいて最大の民間認証企業である。

［参考文献］

Schletter GmbH, Dr. ChristianSalzeder,International Business Development and Dr. Despina Grigoriadou, Sales Support International

Professional solar mounting system, Schletter GmbH

（岩本晃一）

5　株式会社 SHINDO

企業概要

設　　立：1978年
本　　社：福井県あわら市伊井11-1-1
代 表 者：新道忠志
事業内容：繊維（服飾副資材）事業，シリコーン事業，産業資材事業
売 上 高：約111億円（2014年7月期）
従業員数：678名

沿　　革
1970年　個人事業として創業.
1978年　株式会社SHINDOの設立.
1989年　① 香港新道有限公司の設立.
　　　　② 汕頭新道編織有限公司を竣工.
1991年　SCカンパニー（シリコーン事業）を設立.
2001年　ISO9001の認証取得.
2007年　① パリ支店/ショールームの設置.
　　　　② ISO14001の認証取得.
2014年　経済産業省による「グローバルニッチトップ（GNT）企業」に選定される.
2017年　経済産業省による「地域未来牽引企業」に選定される.

5　株式会社SHINDO

株式会社SHINDO（以下、SHINDO）は、福井県あわら市に本社・工場をおき、地元福井の地場産業である繊維事業、その中でも細幅の繊維である服飾副資材の製造販売を中核事業としつつ、産業資材事業及びシリコーン事業という異分野の事業も展開している。服飾副資材の製品はアパレル衣料やスポーツ衣料、包装資材向けにテープやリボン類などあるが、SHINDOは4万5000点以上に及ぶ品種の商品を取り扱い、国内はもとより世界各地でビジネスを展開している。主要事業拠点として福井県あわら市の他に、海外においても米国（ニューヨーク、ロサンゼルス）、フランス（パリ）、イタリア（ミラノ）、ドイツ（レムシャイト）に現地法人やショールームを展開し、さらに中国には販売拠点のみならず、2つの工場で現地生産している。事業全体の売上高は111億円（2014年7月期）である。

コラム　SHINDOのS.I.C

SHINDOは1970年の創業後、1990年代に売上が大幅に落ち込む時期を経験するものの、その危機を乗り越えてからは、再び順調に業績を伸ばし、服飾副資材では国内外でトップシェアを達成している。SHINDOは繊維事業の機を乗り越えたのは、S.I.C.という服飾副資材のためのブランドを構築し、それまでのビジネスモデルを変革したことが大きな要因である。以下ではS.I.C.ブランドを構築した背景と同ブラ

ンドの概念及び仕組みを見るとともに、もう1つのSHINDOの発展に大きく関係している海外進出の成功についてもその一端を探っていく。そして最後にSHINDOの発展をもたらしている経営のベースにある考え方を探るために代表取締役CEOの新道（以下では新道CEO）の会社経営に対する思いや目指しているものを探っていく。

◆会社の危機とS.I.C.ブランドの確立

SHINDOは、1970年創業から繊維事業で発展してきたが、1990年代に入り、日本企業が中国へ生産拠点を移転する動きを本格化させる中で、取引先であるアパレルメーカー等からの注文が激減してしまい、工場稼働率が28％程度までに落ち込んでしまった。こうした生産の大幅な落ち込みに対して、当時すぐに有効な手立てを講じられなかった。その理由は北陸地方の繊維産業は、アパレルメーカーからの注文に応じて品質の良い製品を作る優れた技術力はあったが、下請けとしての経営体質が強かったために自ら製品の企画や提案をするといった力はなく、企業をとりまく環境が大きく変わるなかで、長い間自らで対策を講ずることができなかったことにあると言われる。稼働率の大幅な落ち込みに対して、新道CEOも一度は繊維ビジネスからの撤退も考えたが、これからも服飾副資材のビジネスがなくなることはないといった業界関係者の意見や今まで苦労して携わってきた事業に対する愛着などから継続を決断した。

SHINDOも顧客であるアパレルメーカーの下請け企業として、注文に応じて生産を行っていたわけであるが、こうした経営体質と取引形態では、自社の売上や業績を取引先に大きく委ねる結果となり、自社の運命は取引先次第ということになりかねない。また服飾副資材ビジネスの特徴としてどのような商品（服飾副資材）が使用されるかの決定はアパレルメーカーによる服飾品の生産開始の直前であることが多く、商品の注文を受けてから納品までの期間は極めて短く、注文内容によっては、自社設備で対応できず断らざるをえない場合もある。こうした事情を考慮すると、従来の受注生産方式のみによるビジネスでは、経営が不安定となり、また注文がない場合には、自社の生産設備が稼動できないことになり、生産設備の効率的使用という点からも問題があった。

SHINDOは服飾副資材の事業で生き残り、発展していくためには、取引先に依存した受注生産方式の取引形態だけではなく、自ら市場でイニシアチブをとるビジネスモデルを構築することが必須であると考え、以下で詳述する標準品の提供によって顧客の要望に応えていくS.I.C.ブランドを構築するという新たなビジネスモデルの選択を決断することになる。

顧客がSHINDOの提供する標準品の中から商品を決定するためには最低1万5000点の標準品の準備が必要と知ってから、SHINDOは2万点から2万5000点ほど提供できることを目標に、約10年間で実現することを目指し、毎年品目数を増加させ、2002年に2万5000点に及ぶオリジナルの定番商品を備えたS.I.C.（SHINDO ITEM CATALOG）を実現した。その後商品点数は増加し、現在のS.I.C.は４万５０００点を超えている。

S.I.C.を実現するためには、顧客が発注した商品の納期を厳守できるように４万５０００点を超える商品の適正在庫を決定しなければならず、さらにそれが適時に確保できる生産管理体制が必須となる。SHINDOでは、過去の生産、在庫、販売の実績や営業の受注情報などを使用し、原材料の自動発注の仕組みも取り入れた生産管理のシステムを独自に開発した。また開発後のシステムのアップデートも常時行われ、２０１９年現在、最新版が稼動している。このシステムの下では、自社の計画に沿って大量に安価な材料を仕入れて生産することも可能となり、また別注品（注文品）の受注生産も継続する中で、別注品と標準品の生産を適切に調整することにより効率的な設備の稼動を実現できることになる。具体的には繊維事業におけるS.I.C.商品と別注品の売上割合は、それぞれ50％となっているが、別注品の繁閑の波をS.I.C.商品の生産で平準化して生産設備の効率的な使用と安定稼働が実現され、結果として工場従業員のモチベーションアップにも繋がっている。

４万５０００点に及ぶ商品の在庫を持ち、オーダーがあれば、国内は翌日あるいは翌々日までに納品できる。さらにS.I.C.ブランドとそのための生産管理体制によって、短納期に加えて小ロットの生産販売も可能となったので、顧客は必要量だけ注文できるメリットがある一方で、SHINDOは販売価格をイニシアチブを持って設定できることになった。S.I.C.商品等は、国内と海外で多少の違いはあるものの、主に商社や問屋に対する販売を経由してアパレル各社に提供される。アパレル各社とはサンプル商品の提供や情報交換などで直接接触することもあるが、業界振興の側面を大切に考え、直接に販売はせず従来の商流を守ることを重視している。

世界でこれだけの多くの品数を揃えているのはSHINDOだけである。服飾副資材のメーカーは世界的に減少あるいは縮小しているとのことであるが、世界で一番強いと言われているイタリアも同様で、その原因は受注生産方式のみの取引形態を継続していることであり、その結果として顧客の要求に十分に対応できないケースが多くあるからとのことである。

これに対してSHINDOは顧客からの厳しい要求に対して確実に応えている点が、海外企業も含めた顧客から高く評価され、信頼されることに繋がっている。徹底的に使用者視点の立場でつくられていることに特徴がある。SHINDOは広く世界の人々に商品とそのコンセプトを理解してもらうことにも力を入れており、S.I.C.の全アイテムを掲載した『S.I.C.写真帳』と全商品の一覧を感性的に比較できる『Visual Index』に加えて、デザイナー向けに新しいアイディアや使用方法を解説した『Reference（使い方）Guide』と品質に重点を置いた説明をする『Material Catalog』の４部作を１セットとして新商品発表に併せて全世界に配布する。この配付は同時期に服装学院等の学生にも行う。

最新のファッション向けに商品の新陳代謝も継続しながら、収益性向上のために、シーズンごとに商品が変化し小ロットで多品種の生産が必要なファッション商品から、大きなロットで毎年継続して生産できる資材商品（くつ紐やズボン用のゴムなど）の販売増加へ注力し、ファッションと資材の生産高の割合を80：20から50：50とすることでローコスト体質を実現する。こうした努力は売上及び利益に貢献し、２０２０年の会社設立50周年にはグループ売上１５０億円を目指している。

◆**海外進出**

SHINDOは、欧州、米国、中国といった海外においてもS.I.C.ブランドでビジネスを展開し成功している。ここでは主に欧州で成功するまでを取り上げる。SHINDOは海外進出を早くから考えていたが、その目標は欧州、特にパリで成功することであった。しかし最初の進出先はパリではなく、ニューヨーク（２００３年）を選択した。その理由は当時のSHINDOではパリ進出は時期尚早と判断したからである。次にニューヨークのどこに進出するかが問題となったが、現地のデザイナーにSHINDOのオフィスを確実に訪問してもらうことを考えてメインストリートにオフィスを設けるにした。出店場所がメインストリートであれば、他の場所に較べて当然に出店コストは高くなるが、出店すれば製品は確実に売ることができると判断した。その判断は期待した結果をもたらし正しかった。新道ＣＥＯによれば、勝負をかけるときは思い切った決断と実行が必要であるとのことである。ニューヨークにおける実績を踏まえて本来の目標である欧州に挑戦した。最初の欧州の拠点はドイツとした。ドイツはパリなど他の欧州諸国へ距離が近く、製品の運搬などに時間がかからないと判断したからである。しかしSHINDOの欧州での知名度の向上やデザイナーと確実に接触できる可能性を考えると、パリへ直接進出すべきであるとのパリの顧客からのアドバイスもあり、パリへ直接進出することにした。しかも出店場所はパリの一番良い所を選択することにし、難しい交渉と思い切った決断の末、ビクトリー広場（一流のブランドが集まっている）近くに店を構えることになった。

パリは保守的で良い場所は外国人に渡さないとも言われるが、パリ進出の信念がそこに導いた。新道ＣＥＯは「信念・集中力」の大切さを強調される。なお、この場所の近くに出店している日本人は三宅一生だけとのことである。保守的なパリでもSHINDOがイニシアチブを取って製品を販売している。SHINDOは、約10年前から日本企業としては初めてプルミエールヴィジョンアクセサリー（パリで1年に2回、2月と9月に各3日間ずつ開催される服飾資材の見本市／以前のモーダモンから名称を変更、３００社ほどが出展）に出展して近年は、３・４位の入場者数の実績を挙げている。

◆会社の確実な存続と複数事業の展開

SHINDOは、中核事業である繊維事業に加えてシリコーン事業と産業資材事業という異分野の事業を展開している。こうした異分野の3事業を展開する背景には、会社経営を安定させて会社の存続を確実なものとすることが最も大切であるとの新道CEOの経営に対する思いがある。SHINDOでは積極的な多角化によってビジネスの拡大を目指すために複数の異分野の事業を展開しているのではない。単一事業のみの展開による経営リスクを回避し経営を安定化させるために異分野の事業を展開している。

実際にシリコーン事業は繊維事業が危機の頃に始め、順調に利益を稼ぎ、その利益はS.I.C.ブランド構築のための資源の1つとなった。シリコーン事業では、シリコーンと他素材を複合することで様々な産業用途に対応するシリコーンコンパウンドを研究開発している。最近では通水性や通湿性を確保したシリコーンゴムスポンジを開発することで業界初のシリコーンゴムスポンジを使用した義足用ライナーを完成している。従来品に比べて軽く、伸縮性のある繊維と複合させることでスムーズな動作性を確保し、さらに、通気性・透湿性に優れた製品で、ユーザーのより快適で自由な動きを実現しているとのことである。

3つ目の柱である産業資材事業は、服飾副資材の事業で培われた技術を基にノウハウを開発し、高強度・高剛性な繊維補強機材を提案している。産業資材事業の売上高はそれほど大きくないが、現在、航空機部品メーカーと共同で行っている飛行機のエンジン部品に使用される炭素繊維素材を使用した生地の開発は、将来大きなビジネスに結びつく可能性を秘めている。この航空エンジン部品の開発事業は、2012年に経済産業省の「イノベーション拠点立地支援事業」に採択され、同事業が本格化していく中で2015年2月に欧州航空機大手エアバス社の新型機2000機分に対してこの共同開発部品を納入することが決定している。

新道CEOが強調されるのは、「業績悪化によって社員を解雇したりせず、社員は安心して働くことができ、SHINDOに入ってよかったと思えるような会社にしていきたい。」ということである。そのためには上述したように会社を安定させ、会社の存続を確実にすることが、SHINDOの経営にあたってまず優先されるべき目標となっているのである。

（岡田　清）

6　S−Y System Technologies

企業概要

設　　立：1955年
本　　社：ドイツ・バイエルン州レーゲンスブルグ市
代 表 者：K.　Francis
事業内容：E/EDSの開発，生産及び販売
売 上 高：4.05億ユーロ（2012年）
従業員数：350名

沿　　革

1967年	ベルグマン・ケーブルワイヤ・ブレーキ社として自動車のケーブルとワイヤハーネスの生産を行う企業として創業.
1967年	フォードグループに対して供給開始.
1980年	1980年にBMWグループに供給開始.
1987年	ルノーグループに供給開始.
1991年	ベルグマン・ケーブルワイヤ・ブレーキ社がシーメンスに買収される.
2001年	シーメンスから分離，シーメンスと矢崎総業との合弁S−Yシステム・テクノロジー社発足.
2008年	シーメンスが自社保有分をコンチネンタル社に売却.

6　S−Y System Technologies

Ｓ−Ｙシステム・テクノロジー社は、E/EDS（Electrical and Electric Distribution System）の開発、生産及び販売を行う企業であり、本社の社員数は約３５０人、２０１１〜１２年の売上高は４・０５億ユーロである。本社は、ドイツ・バイエルン州レーゲンスブルグ（Regensburg）市にある。

同社の主力製品は、自動車で用いるワイヤハーネスであり、供給先は、フォードグループ、ＢＭＷグループ（ＢＭＷ、MINI、ロールスロイス）及びルノーグループ（ルノー、ダシア、サムソン）である。

技術的優位性

同社の優位性は、同社が独自の技術力で単独に開発した開発ツール「epds PRO」を用いてワイヤハーネスを開発していることであり、複雑なワイヤの束であっても、各車種ごとにテーラーメイドで、最短、最軽量、最効率、最小コスト、最正確に「最適化」を図ることが可能な点にある。

例えば、ＢＭＷ1台で約25kgのワイヤハーネスが搭載されているが、ワイヤハーネスの束は、このように重くて太いため、可能な限り軽量化、最適化することが重要になる。

また1つのワイヤハーネスが束ねられるまで約8時間を要し、そのワイヤハーネスをＢＭＷ1台に取り付けるまで60分を要する。これらの時間を可能な限り短縮化することが必要

である。

物流に関しても、ジャストインタイムを採用しており、ワイヤハーネスが自動車に取り付けられる工程の直前に顧客に納入するシステムを採っている。これのため、可能な限り、顧客の近くで生産・物流を行うことが重要になってくるが、同社は顧客の近くに物流拠点を設置していることで、こうした納入方法が可能になっている(1)。

同社は、２０１２年、レーゲンスブルグ市政府から物流優秀賞を授与され、物流の優秀性を表彰された。

急速な発展

同社の技術的優位性が認められるに従って、同社のワイヤハーネスを使用する車種は益々増加し、上記３グループのうち、現行18モデルで採用され、うち10モデルで１００％シェアとなっている。将来６モデルでも、採用が決まっており、うち２モデルで１００％シェアとなっている。

こうした採用車種の拡大に伴って、生産、販売、物流、サービス拠点が各国に設立され、現在、ドイツ以外に英国、フランス、トルコ、ルーマニア、スペイン、スロバキアに設置されている。これらを整理分類すれば、ドイツ本社に開発拠点、供給先の自動車工場が立地している場所に販売・物流・サービス拠点、旧東独内に生産拠点が置かれている。最も重要な頭脳に当たる開発工程はドイツ国内で実施するが、生産工程は人件費が安い地域で実施するという役割分担である。

かつてドイツ国内にも生産拠点はあったが、今では旧東独に移転した。同社の本社で働く人々は３５０人であるが、世界中の各拠点で働く人々を全て合計すれば約1万２０００人となる。

会社の変遷

同社は、１９６７年、ベルグマン・ケーブルワイヤ・ブレーキ社として自動車のケーブルとワイヤハーネスの生産を行う企業として創業した。同社の技術的特徴は、自動車の電気配線を行う技術が強みであった。同社の技術力は高く、同社が創業した１９６７年にはフォードグループに対して供給開始し、その後、技術力の向上に伴って、１９８０年にＢＭＷグループに、１９８７年にはルノーグループに対して供給開始した。その後、それぞれの供給先で技術力を認められ、同社製品を採用する車種が順次増えていった。

１９９１年、ベルグマン・ケーブルワイヤ・ブレーキ社はシーメンスに買収され、２００１年、シーメンスから分離されて、シーメンスと矢崎総業との合弁会社Ｓ−Ｙシステム・テクノロジー社として発足し、２００８年、シーメンスが自社保有分をコンチネンタル社に売却した。

同社には矢崎総業の資本が入っているが、矢崎総業の駐在員はおらず、同社の競争力の源泉である「epds PRO」は、矢崎総業の資本が入る前の独自開発であることため、矢崎総業は経営面及び技術面にはほとんど関与しておらず、出資し、その配当を受け取っているだけの面が強い。

同社の社長K・フランシスは、シーメンスの出身であり、日本には年数回程度出張して矢崎総業を訪問し、社長に業務報告をする程度という。インタビューに対し、「自分は矢崎社長から全面的に信頼されて任されている。」の説明であった。同社が業界の上位にランク付けされており、その業績が好調なため、こうした関係が維持可能なものと思われる。

[注]

（1）筆者が同社を訪問した２０１３年３月、欧州は季節外れの寒波襲来、大雪の日であった。その日、同社のK・フランシス社長は筆者のインタビューに対し、「こうした大雪の日でも、顧客にきちんと納期までに届けることが重要である。」と説明した。

[参考文献]

Simplify Your System, S－Y System Technologies.
Home Page, S－Y System Technologies.

（岩本晃一）

7　TOWA 株式会社

企業概要

設　　立：1979年
本　　社：京都府京都市南区上鳥羽上調子町５番地
代 表 者：坂東和彦
事業内容：超精密金型の半導体製造装置メーカー
売 上 高：約310億円（2018年３月連）
従業員数：1776名

沿　　革

1979年　京都府八幡市に30名の社員と共に開業.

1986年　TOWA総合技術センターを新設.

1988年　本社を京都府宇治市に移し，商号をTOWA株式会社に変更.

1999年　創業者坂東和彦が黄綬褒章を受章.

2000年　ISO9001の認証を九州工場（現九州事業所）において取得.

2001年　ISO14001の認証を本社・工場において取得.

2006年　TOWAサービス株式会社を設立.

2014年　創業者坂東和彦が旭日小綬章を受章.

7　TOWA株式会社

TOWA株式会社（以下TOWA）は京都府京都市に本社を構える超精密金型の技術に強みを有する半導体製造装置メーカーである。主にモールディング装置、シンギュレーション装置を製造。金型・装置の設計から製造までの工程を一貫して最先端技術で融合し、半導体製造後工程の中核プロセスを大幅に改善したマルチプランジャ成形金型を原点に最先端のソリューションを提供したことで、グローバルニッチトップ企業１００選（経済産業省）に選ばれた。

コラム「世界に、そして新たなる未来へ」

日本のものづくりを考える上で、とくに京都の企業はなぜ独創的で業績の良い企業が多いのか。その答えのヒントはTOWAの経営から得られる。

TOWAのすべてを限られたスペースで説明することはできないが、しかし、「ものづくりについて語ることは私たちのこの上のない楽しみである」とする坂東和彦のものづくりの精神をふまえるとTOWAのものづくりに関する大切な考え方を理解することができるだろう。

世界初の完全自動の半導体樹脂封止装置であり世界のデファクト・スタンダードとなったマルチプランジャモールディングシステムの開発から30余年を経て、この間TOWAの多くの技術が半導体生産の潮流をつくることになり、世界的なモノづくり企業として高い評価を獲得してきた。

１９７９（昭和54）年創業以来、会社の体制を作りながら、半導体生産分野へのアプローチやマルチプランジャ金型中心の開発が進められてきた。

１９８２（昭和57）年にはTOWAブランドは海外展開を開始した。世界初の全自動半導体樹脂封止装置（MPS, Multi Plunger Molding System）により、世界へ打って出た。半導体製造のモールディング工程で完全自動化を実現する装置は、TOWA株式会社の総力による技術、汗と涙の結晶ともいえるだろう。坂東和彦が抱いた「世界を驚かせたい」という夢は、京都の小さな町工場から、太平洋を渡り、アメリカの地で現実となった。そこから世界の半導体をリードするメーカーとの出逢いにより、TOWAの名は世界中に知れ渡ることになった。

１９８３（昭和58）年には、半導体製造ラインの完全自動化により、海外進出が加速化した。モトローラからMPSの受注を受けることになったのである。

１９８４（昭和59）年には、すべてはお客様に「驚き、喜び」を抱いていただくために、との「クォーター・リード」という開発理念を基に研究・開発を進め、モトローラからの大型受注とともに、ゲイリー・トゥッカー副社長の来訪も実現した。

１９８５（昭和60）年には、多様化するニーズにこたえるため、進化する半導体製造への提案と共に、坂東和彦が描いた超精密金型の未来にむけて、モジュールシステムと素材の研究を進めた。そして１９８４年頃から始まった韓国に生産拠点を置く外資系企業への金型納入をきっかけに、韓国への進出が本格化し、１９８５年にはサムソン電子からコンベンショナル金型で10億円規模の受注を得た。

１９８６（昭和61）年に、総合技術センターを完成し、先進の設備で世界に挑み、クォータ・リードを創成し続ける体制の強化とともに多品種対応汎用自動機を世界に展開した。

１９８７年には、自動化装置のさらなる進化を図り、多品種少量生産のための自動化装置（CPS, Compact Packaging System, THP, Towa Hydraulic Press, HPS, Hoop lead frame Packaging System）を開発した。そして坂東和彦の発明したマルチプランジャ成形方式が、第12回発明大賞・白井発明功労賞を受賞することになった。シングルポットでは樹脂効率が極めて悪いこと、生産性を高めるために金型そのものが大型化を余儀なくされていることが、マルチプランジャの発想につながった。すなわち、自動化するにはきわめて困難であるといった課題を前にし、「ならばこうしたらどうだ」といった坂東和彦の発想が生まれ受賞に至った。しかし実際に実働するまでの道のりは困難を極めたことはいうまでもないだろう。

１９８８（昭和63）年からは、上場への体制準備が始まる。TOWAブランドを世界市場に飛翔させるために、グループ会社３社を合併したTOWAが誕生することになる。同社グループは従来分社経営を展開し、専門分野に徹した研究開発と生産体制に加え、分権管理と節税面でも所期の効果・実績を上げてきたが、1985年後半に始まった業界情勢の厳しさは、その後ますますその度合いを深め、分社各社の業績は計画に比べて大幅に落ちてしまった。その現実を打破するため、具体的な改善策を検討・実施してきたが、取引金融機関や専門家の示唆もあり、関連業種の一本化によって一層の合理化を進め、効率経営に徹することがベストの道と判断した。厳しい経営環境の中、堅調にして未来ある企業づくりを成し得ねばならない合併計画であり、TOWAグループの新しい発展のため、分権管理を一本化し衆知を集めて経営に臨み、社会の期待に応える業績をあげていこうとするものであった。

創立10周年になる1989(平成元)年は、半導体が隆盛してくる時代に符合し、追い風となり、TOWAは実業績を大いに伸ばすことになった。半導体時代に不可欠な製造装置をいち早く開発し、製品化していたからである。

1990(平成2)年からはTOWAブランドのグローバル化への布石として、環太平洋三極体制の構築が始まった。海外戦略の強化に乗り出し、シンガポールの生産拠点に続き、米国に駐在員事務所を設置し、ドイツにも情報拠点を設け、世界シェアアップを狙った。超精密金型の技術を生かした全自動の半導体の樹脂システムを中心に業績を伸ばし、売上の40％を輸出が占めた。米国とカナダでの半導体製造装置の販売はそれまで商社を通じて行っていたが、駐在員事務所を設置することで、直販体制を強化し、これを基盤に、米国市場での売上アップを目指した。欧州では、ドイツミュンヘンにも情報収集拠点を設け、アジアと欧米をにらんだ体制にした。そして1993(平成5)年には適地生産とサービスの強化・充実を図るため、成長の著しい韓国へ進出し、半導体製造装置、半導体生産用精密金型・部品の製造・販売のために、韓国TOWA株式会社（TOWA、三星電子、漢陽機工3社合弁）を設立した。

1994(平成6)年には、創立15周年を迎え、期待の新製品Yシリーズ（The Ultimate Modular Auto Molding System、与作－YOSAKUの頭文字、プレスモジュールの前後のドアを開け、真横からみるとYの字になる）を販売した。1995(平成7)年には世界が求めるYシリーズの量産化・原価低減を強化し、活況の中、堅実に事業強化を目指した。そして「上場、さらには一部上場で世界を駆ける」と坂東和彦は発破をかけながら、株式上場への準備を慎重に進めた。国内外の半導体メーカ各社の積極的な設備投資で主力の半導体樹脂封止装置や半導体製造装置用精密金型などが好調に推移し、予想を大幅に上回るペースで業績を伸ばしていた。

1996(平成8)年からは、新しい時代、2000年度へのビジョンを確立する時期になる。1994年からのYシリーズの爆発的なヒットは、世界的にも類を見ないベストセラーになった。そして世界トップメーカーとして責務を果たすべく2000年ビジョンを策定し、株式を大阪と京都に上場して第二創成期へ出で立った。１９９７(平成9)年には、アジア・パシフィックの拠点を充実すべく、シンガポールに生産・営業・研究・サービスの拠点としてTOWA　APセンターを完成した。１９９８(平成10)年には、21世紀に向け企業体制を充実させるためのグローバル化戦略拠点として新本社・工場を完成した。また、坂東和彦が、樹脂封止金型のマルチプランジャ方式を開発し、かつ商品化を実現することで樹脂効率を90％以上に高めるなど、産業界における多大な技術貢献について高い評価を受け、科学技術庁長官賞を受賞することになった。１９９９(平成11)年には、世界へのさらなる飛躍とともに20周年を迎える中、黄綬褒章という名誉な国家褒章を受章した。この受章はTOWAのブランドの技術開発が社会に貢献した証になった。２０００(平成12)年11月29日には、東京証券取引所第一部上場を果たし、30名で創業した小さな会社が、名実共に世界に認められる企業へ大きな第一歩を踏み出し、坂東和彦が会長に、奥田貞人が社長に就任することになった。

新しい世紀、21世紀になり、新生産拠点を中国におき、現地法人を設立し急伸する世界市場に対応することになったが、やがて困難な時代に立ち向かうこととなる。ＩＴ産業の牽引役であったＰＣ、携帯電話、インターネット、ネットワークインフラ機器等のすべてが成長トレンドの踊場に移り、需要のトレンドも変わってしまい半導体の在庫が多すぎて、しかも価格が下がってしまった。このような急激なハイテク半導体の不況という非常事態に対応するために構造改革を新たに行うことになった。２００２(平成14)年には、世界規模の不況の中、改めてTOWAの原点回帰を目指し、オンリーワン技術を確立し、飽くなき「ものづくり」具現化のために新たな挑戦が始まった。企業精神の根幹を成す「ものづくり」の再構築によりコンプレッション・モールドという新しい領域に挑戦することとなった。

２００３(平成15)年には、新経営体制による業務改革を行った。長引く世界的な不況の影響は大きく、2期連続の大幅な赤字を余儀なくされた。こうした状況を踏まえ、抜本的な組織体制の見直しが急務となった。改革と新しい体制作りが歩みを進める中、奥田貞人の後任として番條敏信が代表取締役になった。そして坂東和彦会長の提案による新素材開発センター構想からはじまり、開発・生産の抜本改革が行われた。装置生産を強化するために TOWA半導体設備（蘇州）有限公司の新社屋を完成させたほか、売上の30～40％を占めるまで成長した台湾では台湾東和半導体設備股分有限公司を設立し、さらにシンガポールに新会社 TOWA－APを設立するなど、近未来を見据えた新機軸を次々と展開した。

２００５(平成17)年には、原点に戻り、TOWAが得意とする分野に特化し、他の追随を許さない技術をもって新しい製品を創成していこうとの声に応えて、坂東和彦が社長職に復帰した。

かつて「Yシリーズ」の開発発想が、休日を返上した創業メンバーたちの気の置けない会話から生まれたことから、これに倣いすでに2年前より新しいコンセプトの模索のため、「Yシリーズ」開発時と同様の会合を継続してきており、そこからさらなるコア・コンピタンスの昇華へと発想は高まる。こうした独自の技術開発手法の復活でTOWAの原点への回帰が果たされた。

コア・コンピタンスに立ちかえり製品群を集約し、また1つモールディングに革新的な技術の「Pure Malt」という新しい概念を創成すると共に、「Yシリーズ」に続く業界デファクト・スタンダードを目指した。そして坂東和彦会長が会長兼社長に復帰して以来、新たな企業指針が発表され、全社一丸となって指針実行に取り組む中、河原洋逸が代表取締役社長に就任した。

2006（平成18）年には中期経営計画Challenge 30を通じTOWAが目指す目標実現のために企業体質の革新を起こそうとした。担当部署の実情を包み隠すことなく吐露し、大胆な提案を出して、各本部の中堅クラス社員のワーキングチームが、「Challenge 30」をまとめあげた。

一方、コア・コンピタンスに特化した開発を進めてきた製品群は、独自技術のダブルレイヤ方式を採用したコンパクトの「PMシリーズ」、セラミックス新素材の「次世帯金型」、「シンギュレーション装置」などを揃え、プレスリリースや展示会を通じ、ようやく明るさを取り戻した半導体業界にTOWAらしい提案を行った。

2007（平成19）年には、中期経営計画（Challenge 30）に基づいた施策の実行により、経営の革新をもたらし、骨太の企業体質への転換を図った。製品を取り巻く環境においてもLEDが台頭してくる中、コンプレッションモールド方式を採用したLED用樹封止装置「FFTシリーズ」が市場で高く評価されたが、これもコア・コンピタンスに集約した開発姿勢の賜物といえよう。

2008年は世界同時金融危機の中で、試練の年となった。米国金融危機から始まった世界経済の失速が半導体業界を直撃する中で、社内目標としては売上高185億円を目指し、全社を挙げて取り組んだ。目標達成のためには、各自の工夫により生産性を上げ、コスト削減と短納期を両立させることが重要であり、失敗を恐れずに難しい課題にチャレンジしなければならなかった。2006年にスタートした中期経営計画は、事業環境の急激な変化によりかなり厳しい状況となったが、シンガポールの金型工場の閉鎖やインターコンの整理縮小、シンギュレーション事業の本社直轄化、SAP本格稼動といった諸計画は達成できた。この時期、待ち望んでいた新製品もほぼ完成し、重要顧客を招待してプライベートショーを開催し、情報交換の場として、新製品を採用していただけるような積極的なPRができた。この努力は次の飛躍への礎となり、目指すべきTOWAに一歩近づくことになった。

2009（平成21）年には、創業30周年を迎え、多彩な産業が注目し始めたコア・コンピタンスを通じ、新たなる未来への新しい挑戦が始まる。リーマンショックによる世界的な経済危機は、あらゆる産業を巻き込み、半導体業界も不況の嵐に苦しんでいる中、TOWAが育んできた幾多の技術が世界の最先端産業から注目を集めた。次代の地球環境とエネルギーに配慮する自動車産業や未来を照らすLED業界から、TOWAの技術力に対する期待が高まってきたのである。世界的な自動車装置・部品メーカは、エンジンルームなどに多用される電子部品を過酷な環境から守るため、車載電子部品を一括モールドするにはTOWAの樹脂封止技術とその関連装置が最適であると注目した。確かに未曾有の経済状況でありTOWAも緊急対策を余儀なくされたが、苦しい中にあっても技術の研鑽は留まるところを知らず、未来に向かって、多彩な産業に貢献していくとの思いを新たにした創立30周年であった。２０１０(平成22)年熱く燃え、苦難に克つためにTOWAの総力を結集し次代を見据えた新体制として、西村永和が新社長に就任した。

２０１１(平成23)年には未来に翔けるTOWAになるために、不屈の精神で、日本の復興、TOWAの隆盛に挑むこととなる。不況から受注回復への転換が進んでいた中、東日本大震災が発生した。未曾有の災害に遭遇し、忘れかけていた痛みを分かちあい助け合う国民感情や、たくましく災難に立ち向かう姿が日本中に沸き起こる中、速やかに復興を支援するために、全社が一丸となって取り組み、失われた生産拠点の復興に尽力した。

世界経済の不況の中、TOWAは２０１１年度を初年度とする中期経営計画を策定し、実践に取り組んだ。高度化する半導体及びその生産に対応し、LEDを含むパッケージング技術・開発に一層の拍車をかけると共に、精密金型製造における品質向上とコストダウンなどの効率化を図るために、最新鋭の工作機械を相次ぎ導入した。また事業展開については、中国でLED事業の拡大充実を進める一方、韓国SECRONの株を売却、TOWA AMERICAの工場を売却するなど積極的に懸案事項を解決していった。

２０１２(平成24)年創業メンバーである岡田博和が新社長に就任。新素材によるまったく新しい金型の開発を始はじめ、先進的な樹脂封止装置の開発・製造、LED産業への技術貢献など、TOWAらしい技術開発型企業として社業隆盛に取り組んでいくだろうと確信している。

「過去から学び、現在を生き、未来のため、京都発から世界へ」を目指すTOWA株式会社は、世界の頂点に向け、新たな未来へ、さらなる進化を続けている。

付記

文章はYonghoon Park氏の協力のもと作成。

（アルカンタラ・ライラーニ・ライネサ）

8 Validity Screening Solutions

企業概要

設　　立：1982年
本　　社：米国カンザス州
代 表 者：Darren Dupriest
事業内容：経歴調査スクリーニング事業
売 上 高：370万ドル（2009年）
従業員数：35名

沿　　革

1982年	元FBIディレクターのクレランス・M・ケリー氏によりクレランス・ケリー＆アソシエイツ（CMKA）社設立.
1985年	CMKA社が窃盗調査の一部として経歴確認サービスの提供開始.
1992年	ダレン・ドゥプリエスト氏がCMKA社のバックグラウンド調査部門の副社長に任命.
2004年	ドゥプリエスト氏は経歴部門を買収，新しい本体をカンザスのオーバーランドパークへ移転.
2006年	CMKA社からValidity Screening Solutions社に改名.

8 Validity Screening Solutions

Validity Screening Solutions（以下、ヴァリディティ）は米国カンザス州にある。特定の分野でニッチな情報を扱うサービス企業である。他章でふれているような主に機械系製造業とは異なり、ニッチな分野で活躍する高い付加価値を提供するサービス企業も注目される。

主な受賞

・エメリー・マトロック（Emily Matlock）、クライアント・リレーション部ディレクター、the National Association of Professional Background Screeners（NAPBS）によるAdvanced Fair Credit Reporting Act（FCRA）受賞。
・２０１２年カンザス・シティ商工会議所 スモール・ビジネス・オブ・ザ・イヤー・ファイナリスト。
・Inc.'s ５００による急成長米国企業５０００社に選定（２００９年、２０１０年）。
・カンザス・シティのスモール・ビジネス・マガジン誌のUnder 25® Award（２０１０年）。
・イングラム（Ingram）社による優秀な職場環境賞受賞（２０１０年）。
・イングラム（Ingram）社の企業レポートでカンザス・シティの急成長企業１００社に選定（２０１０年）。
・カンザス・シティ・ビジネス・ジャーナル誌の最優秀職場環

境に選定（２０１０年、２０１１年）。

[参考資料]

http://www.validityscreening.com/　２０１４年３月31日閲覧。

（藤本武士・本山康之）

9 Wpd AG

企業概要

設　　立：1996年
本　　社：ドイツ・ブレーメン
代 表 者：Dr. Gernet Blank
事業内容：風力発電所設置選定・調査，設備手配，建設，運転，メンテナンス
従業員数：860名

沿　　革
1996年　Dr. Klaus Meier（現在、Charman of the Wpd AG, Surpervisory Board）と Dr. Gernet Blank（現在、Board of Director のメンバー）の2人によって設立.
2003年　台湾市場に進出.
2007年　米州大陸にも進出.

9 Wpd AG

Wpd AG 社は、風力発電所の設置サイトの選定から調査、設備手配、建設、発電所の運転、メンテナンスといった風力発電所の最初から最後まで全ての工程を一括して、又はその一部の工程を受注する企業である。[1] 日本では、通常、こうした業務を行う企業は、全ての工程を一括受注する機能はなく、一部機能のみを受注する。また、電力会社からの発注を待っているだけであるが、Wpd社は、自ら適地を選定し、発電所プロジェクトを企画し、そのプロジェクトを発電会社に売り歩くのである。日本では、およそこのような業務を行っている企業は存在しない。

このため、発電会社の担当者は、ただ椅子に座ってWpd社に指示するだけでよい。ただしファイナンスは発電会社が手配しなければならず、Wpd社は発電会社から業務を受注し、必要な経費を受けるため、ファイナンスリスクを負うことはなく、安定的な収入を得られる。

Wpd社の急速な発展

Wpd社は、1996年にDr. Klaus Meier（現在、Charman of the Wpd AG, Surpervisory Board）とDr. Gernet Blank（現在、Board of Director のメンバー）の2人によって、ドイツ北部の世界遺産の港町ブレーメンで設立された。両氏は、FIT制度導入前から風力発電分野に最も早く参入し、1995年から風力

発電所の建設工事を手がけていたが、Wpd社として初めて風力発電所を完成させた事業は、Olzheimer Berg wind farm である。同発電所は、Dewind 600kw のタービンがわずか2基、総容量1・2MWという、いまからすれば wind farm とは呼べないような小型であるが、Wpd社にとっては記念すべき初事業となった。これで実績を認められたWpd社は、同社の積極的でユニークな営業方針もあり、FIT制度導入後に急拡大する風力発電分野で、急速に受注量を増やしていく。

Wpd社は、いくつかの風力発電所の建設を通じて蓄積していったノウハウが次第に世の中に認められ、社員数は、設立当初の1996年には2人だったが、1999年には4人、2002年には20人、2004年には45人となり、2013年には860人にまで拡大した。2013年までに設置した風車は、1500基、設備容量2・5GWを超え、進行中のプロジェクトは19・7GWとなった。

ドイツ国内で認められたWpd社の実力は、直ちに欧州諸国でも認められるところとなり、欧州各国の市場に参入するとともに、事務所を設置していった。

そして2003年には台湾市場に、2007年には米州大陸にも進出し、米州大陸の拠点として Wpd Canada Co. を Mississauga に設立した。そこから、オンタリオ、ブリティッシュコロンビア、その他地域に事業を展開中である。台湾では、これまで11か所、124基、282・4MWの風力発電所を建設しており、台湾で風力発電所の建設工事を行った企業としては、最も大きなシェアを誇っている。Wpd社は、近年、急速に風力発電市場が拡大しているインド市場と中国市場にも参入しようとしている。日本への上陸も間もなくと思われる。

最近の特徴的な事業

現在、欧州で急拡大している洋上風力発電市場では、同社は他者に比べて一歩リードした立場にあり、既に3か所の発電所を完成させ、運転している発電所は48・3MW、建設中は576MW、許可を受けているプロジェクトの合計は6か所で3GWであり、関わっている進行中のプロジェクトは、6か国（ドイツ、フランス、フィンランド、スウェーデン、イタリア、デンマーク）の10GWである。2012年にはフランスで進行中の1GWプロジェクトを受注し、現在、2つの進行中プロジェクトに参加予定である。同社は洋上風力発電分野に社員60人を充てている。

ドイツは、北海での洋上風力発電所 Baltic1（48・3MW）で初めて洋上での商業運転を開始したが、その建設工事を行ったのがWpd社である。この実績が洋上風力分野でのWpd社の先導的立場を確固たるものとした。(2)

Wpd社の経営理念

2013年3月、拙者はドイツ・ブレーメン市のWpd社を訪問し、経営理念をインタビューした。Wpd社は、世界に展開するグローバル企業として、ここまで大きく成長したが、創業の地であるブレーメンを動こうとせず、地域の企業としての役割を頑として守っている。そこには、創業の地に対する感情的なものがあるのではないかと思っていたが、実は、創業の地を動こうとしない背景には、経済合理的な理由があることがわかった。以下インタビューの内容である。

「ここまで当社が発展してきたのは、多くの企業との横のつながりがあったからである。これからもそうした企業との関係を大切にしていきたい。その協力関係は、ここブレーメンにいることで実現できる。ブレーメンにはブレーメンの知恵がある。ブレーメンという地域には、大きな力がある。」

「ドイツでは、日本のように1つの大企業が市場を占有するということがない。ドイツは中小企業の国であり、小さな企業が横のネットワークを強くし、事業を進めていくのである。例えば、ファイナンスは、1つの小さな企業だけでは無理である。そのため横のネットワークが必要なのだ。ファイナンスが手当できないとプロジェクトが動かない。」

以上の説明からわかるように、Wpd社が創業の地ブレーメンで急速に発展するなかで、地理的に近い範囲の企業との間で協力関係と信頼関係が生まれていった。そのため、多くの日本企業の例のように本社を東京に移転する、というように本社をブレーメンから大都市に移転すると、折角、長年かけて養生した協力関係と信頼関係が無になってしまい、最初から協力してくれる企業を探さないといけないという苦しい立場になるのである。

[注]

(1) 筆者のインタビューに対し、Wpd社の担当者は、「当社は風力発電所の最初から最後までを実施しているが、最も重要なのは、プロジェクト開発である。」と説明した。

(2) 筆者のインタビューに対し、Wpd社の担当者は、「Baltin1は、最初から最後まで当社が受注した自慢のプロジェクトである。」と説明した。

[参考文献]

Wind. think energy,Wpd

Wind,An intelligent way of using the world' s endless potential,Wpd

（岩本晃一）

10　アイダエンジニアリング 株式会社

企業概要

設　　立：1917年
本　　社：神奈川県相模原市緑区大山町2-10
代 表 者：会田仁一
事業内容：プレス機械および自動装置，産業用ロボット，金型等の製造・販売
売 上 高：769億円（2015年3月期、連結）
従業員数：1818名（連結）

沿　　革

1917年　会田鉄工所を創業.
1964年　本社および亀戸工場を相模原に移転・統合.
1970年　社名をアイダエンジニアリングに変更.
1995年　アメリカとマレーシアに生産拠点を設立.
2003年　中国に生産拠点設立.
2004年　イタリア企業を買収して欧州での生産拠点を確立.
2008年　大型サーボプレス機（世界最大級）を発表.
2010年　自社開発・製造の大容量サーボモーターの外販を開始.

10　アイダエンジニアリング株式会社

アイダエンジニアリング（以下、アイダ）はドイツのシュラー社に次ぐ、世界第2位（売上高）のプレス機械メーカーである。会田陽啓が１９１７年に会田鉄工所を創業して以来、独自の技術開発・製品開発を重視して、先端的なプレス機械を開発してきた。その精神を一貫して受け継いで、自社技術の開発を重視する経営を志向してきたことから、アイダは技術力を背景とする収益力の高さ、財務体質の安定性に定評がある。また日本の設備機械メーカーとしては早くからグローバルな生産体制を目指した努力を重ねており、現在では日・米・欧・アジアで生産拠点を築いている。さらに社名にも現われているように、顧客企業の生産体制の構築に寄与すべく、プレス機械単体の製造販売だけでなく、プレス機械を中心とする成形システム全体のエンジニアリングを提供する能力も高めてきている。

コラム　サーボプレスの開発で飛躍

アイダが製造するプレス機械の最も重要な顧客層は、自動車メーカーおよび自動車部品メーカーで、売上全体の約80％に達している。プレス機械は車体や部品の成形に不可欠で、高度な技術力やエンジニアリング能力を必要とする製造設備である。したがって、これまで日本のみならず世界の自動車産業の発展を設備面から支えてきた代表的な企業といえよう。

自動車業界では２０００年代に入り、顧客ニーズの多様化が進んだことによって自動車のボディに優れたデザイン性が求められるようになってきた。そのために、プレス機械にも高度な成形性が必要となってきたが、これを実現するためには従来型の機械プレスでは困難で、新たな設備の開発が不可欠となっていた。

アイダはもともとは自動車の一次、二次サプライヤーとの取引が多く、自動車メーカー本体との取引実績は少なかった。しかし自動車メーカーとの直接の取引を強めることが技術面での成長に不可欠であるとの判断に基づき、アイダは自動車ボディ等の多様な成型が容易なサーボプレスの開発に取り組み始めた。

表１　プレス機械の業種別売上の割合（％）

	2010年3月期	2015年3月期
自動車	74.9	83.6
電機電子	19.2	8.7
その他	5.9	7.8

出所：アニュアル・レポート2010年，2015年.

サーボプレスには心臓部となるサーボモーターが必要となるが、当時の状況ではプレス機械メーカーが発注できる数量が少ないために、モーター・メーカーに開発を依頼することは困難であった。

そこで、アイダはサーボモーターの自社開発を決断した。モーターは一般的には電機メーカーが作るもので、機械メーカーが持つ技術とは異なるところが多い。しかし、サーボプレスが戦略的な製品になると考える以上は、不可欠な機構であるサーボモーターを自社開発することは、アイダにとってリスクは大きいとしても創業以来の精神に支えられた当然の判断であった。

多くの困難を乗り越えて、自社開発したサーボモーターを搭載したダイレクト駆動方式による小型のサーボプレスの開発に世界で初めて成功したのは２００２年のことであった。そして２００８年にはホンダの鈴鹿工場向けに大型のサーボプレスを開発し、これによってホンダとの取引が一気に拡大した。ホンダに納入されたサーボプレスはホンダのヒット商品となった軽自動車N－Boxの製造に用いられた。ホンダの主任技師はN－Boxに関して次のように語っている。

「N－Boxのプレス加工で、われわれは自動車製造業界に革命を起こすような新技術をいくつも実現させました。たとえばサイドパネル。（中略）今まで経験したことのない偏荷重がかかるのですが、アイダのサーボプレスでなければこれには対応できなかったでしょう。」（月刊　生産財マーケティング２０１４年８月号）

サーボモーターの自社開発、サーボプレスの開発は、顧客ニーズを踏まえて先行的な製品開発に取り組むという、アイダの技術志向を端的に示している。アイダの技術力とホンダへの納入実績が評価されて、その後いすゞやジャガーなどとの取引へと広がるとともに、従来機種の機械プレスの分野でも欧州のほぼすべての自動車メーカーとの取引へと拡がっていった。このように、サーボプレスは内外の自動車メーカーとの取引拡大に大きく貢献するとともに、自動車の生産ラインにおける重要なパートナーとしての地位を確保する契機となったのである。

アイダの技術重視は、部品の開発や使用する設備に対する姿勢にも現われている。アイダが先行的な機械を開発するにあたっては、特殊な部材を必要とすることがあるが、特殊な部材であるがゆえに、サーボモーターの場合と同様に外部に発注できる量が少ないことが多い。また納期も読めないことがある。そのような状況のときには、必要な部品を自社開発することが多い。このような姿勢が、プレス機械についての幅広い知識を生むとともに、後述するサービス事業の競争力にもつながっている。

自社内で様々な部品を開発するためには、設備が必要である。アイダは特殊な歯車加工機や、造船会社が持っている機械よりも大きな工作機械を、自社設備として保有しているほどである。

◆汎用機から専用機・システムビルダーへ

プレス機械は大きくは汎用機と専用機に分類できる。汎用機は幅広く利用されるもので、小型の機械が中心である。汎用のプレス機械を用いて最終的に生産される製品は多種・中少量の小物製品が一般的である。

表2　代表的な製品開発の歴史

1933年	国産第1号機のナックルジョイントプレス完成
1955年	国産第1号機の200トン高速自動プレス完成
1960年	国産第1号機のトランスファープレス完成
1967年	世界最大級（当時）の2500トントランスファープレス完成
1968年	国産初の工業用ロボット“オートハンド”を完成
1977年	スタンピングセンタシステム・マークⅣ（3次元トランスファ）完成
2002年	世界初のダイレクト駆動サーボプレス完成
2003年	超精密成形機「ULシリーズ」完成
2008年	2,300トンの大型サーボプレス機（世界最大級）を発表
2009年	精密成形機「UL－D」シリーズ（サーボプレス仕様機）完成
2013年	新型サーボプレス「DSF－C1－A」シリーズを発表

出所：アニュアル・レポート2015年.

一方、最終製品が高度化するにつれて汎用機では対応できなくなり、専用の機械が必要となってくる。その場合には発注者が求める仕様に応じてプレス機械が製造される。これが専用機である。プレスする圧力としては、３００トンまでの小型のものから３０００トンを超える大型機械もある。アイダでは生産台数に占める汎用機は過半数を占めているが、金額は１／４程度である。一方、専用機の金額は３／４の割合で、この比率は上昇傾向にある。アイダが成長してきた理由は、専用機に求められる能力を率先して開発してきたことにもある。

さらに、「成形システムビルダー」という、より付加価値の高いサービスを提供しようとしている。それは、「プレス機械のみならず、材料投入から、加工工程、材料搬送から製品取り出しまで、成形の流れ全体をデザインすることによって、ライン全体としての生産効率向上と高精度成形の解決策を提案すること」（アイダ　アニュアルレポート　２０１４年版）である。このようなエンジニアリング能力の向上に努力してきたことが、専用機の生産割合の上昇につながっている。

◆アフターサービス事業の重視

顧客に納入されている機械を修理する仕事は経常的に発生し、収益性も安定している。このような仕事は一般的には顧客からの修理依頼があって行なわれるが、アイダでは顧客からの依頼を待つのではなく、顧客の設備の近代化を提案することによって、アフターサービス事業を戦略的に活用しようとしている。

表３　売上内訳（2015年3月期）

プレス機械	81.8％
サービス事業	17.9％
その他	0.3％

出所：アニュアル・レポート2015年.

プレス機械は30年から40年といった長い期間にわたって使用される。最新機に比べると機能や精度が落ちるが、本体がしっかりしていれば、制御の部分を換えたり、一部のユニットや部品を交換すれば十分に使用できるようになる場合もある。様々な部品を自社開発してきた経験と技術的な蓄積が、サービス事業の競争力をもたらしているといえよう。

このサービス事業は、世界20か国に展開している36の販売サービス拠点が行なっている。新規受注が減少した場合でも、サービス事業は安定しており、収益性の維持に役立つとともに、顧客の設備状況が把握できるため、将来の新規受注にも繋げていくことが可能である。サービス事業の売上は着実に増加しており、現在では売上全体の20％前後に達することが多い。海外でのサービス事業も活発に行なわれており、この事業における国内：海外の割合は50：50に達している。

◆グローバルな生産体制を構築

自動車関連企業が最大の顧客基盤であるため、アイダは伝統的に海外志向が強かった。1966年には早くもアメリカに駐在員事務所を構え、1970年代にアメリカに、1980年代にアジアに、1990年代初めにヨーロッパに販売・サービス拠点を築いてきた。

海外売上の割合が急速に高まってきたのは1990年代半ばで、その時点で海外売上は全体の約30%を占めるに至った。2000年代の初めは40%台であったが、2010年度以降は60%から70%台へと海外比率が高まってきた。大型の納入案件の有無によって各市場が占める割合は年によって大きく異なるが、アイダにとって、グローバル市場は欠かせない存在となっている。

このような顧客層のグローバル化に先駆けて、海外での生産拠点設立に早くから着手した。1995年にアメリカ・オハイオ州にアイダ初の海外生産拠点を設立した。投資額22億円は当時の売上高約300億円の企業規模から判断して、かなり巨額のものであった。同じ年に今度はマレーシアのジョホールバルにも生産拠点を、そして96年にはイギリスのプレス機械メーカーを買収して、欧州向けの生産拠点を設立した。

1990年代半ばに一気にグローバル生産体制の確立を目指したのは、第一に海外受注を本格化するためには販売ネットワークだけでは不十分だとの認識が生まれたからである。顧客企業にとって不可欠な設備が、日本からしか供給されないという不安感を払拭するとともに、輸送・関税コストの削減や現地規格への対応という課題を解決するためであった。さらには当時、急速な円高が進んでいたため、国内生産だけに依存する体制のリスクが表面化したからである。

その後、2003年には中国で生産拠点を作った。一方、イギリス拠点からは撤退したが、2004年にイタリア企業を買収することによって、欧州における新たな生産拠点を立ち上げた。これによって世界4極生産体制が整った。

現在、アイダを含めて日本のプレス機械メーカーの最大の納入先は日系自動車メーカーで、欧米企業への納入実績はまだ発展途上である。アイダは世界4極生産体制を生かすことによって、欧米やアジア企業への取引を強化していくことが最大の課題となっている。

拠点別にみた汎用機と専用機の生産分担は次ページの通りとなっている。汎用機についてみると、中国における生産台数は小規模である。これは中国の汎用機メーカーは低価格・大量生産の体制を築いているために、価格面でアイダは対抗できないからである。しかしこの市場における高精度加工の分野では十分に競争力を持っているので、日本とマレーシアで生産される汎用機はアイダの世界のユーザーに納入されている。専用機の生産については、生産拠点ごとにその地域のユーザーから獲得した専用機の受注に対応している。ただし、基幹部品の生産は技術面と生産ロット面から日本で集中して行っている。日本で生産される基幹部品や汎用機が海外拠点を通して販売されるため、日本での生産額の半数以上は海外拠点に供給されている。

　収益性の面から各拠点を見ると、アジアは順調に立ち上がっている。アメリカは２０００年代の半ば頃から収益性の目途が立ち始めて、最近になって収益性の強化が進んできた。一方、欧州拠点は赤字傾向から脱却できない状況が続いている。しかしその一方で、欧州に生産拠点があることから、欧州顧客の開拓が進むという効果が出始めている。

表4　各生産拠点における生産分担

	汎用機	専用機
日　　本	○	○
アメリカ	－	○
イタリア	－	○
マレーシア	○	－
中　　国	小規模	○

出所：会社インタビューより.

◆トップの決断を支えた収益力と財務基盤

アイダは長年にわたる収益力がもたらした強い財務基盤を誇っている。売上営業利益率は売上の水準に影響されるために変動性は大きいが、２０１５年３月期には10％台を記録した。これは過去10年間で最も高い利益率である。また保有する現預金は借入金残高を大きく上回っており、実質無借金経営である。

　「当社は初代社長が技術志向の経営を築き、２代目社

※回生電力とは，減速時にモーターが逆回転し，発電機と同じ動作をすることによって発生する電力
要求度の高いデザインを実現した完成車
自動車のボディパネル成形用の大型サーボプレスライン

写真１　大型サーボプレスライン

出所：アニュアル・レポート2014年.

長が上場を果たすことによって財務基盤を固め、３代目社長が技術経営の高度化とグローバル化を進めるという形で発展してきた」（アイダ　経営幹部）という特色がある。これまで見たように、生産機種面ではサーボプレスの開発、生産体制面ではグローバル化の推進が経営戦略面での重要な動きであった。これらはいずれも会田仁一が3代目社長に就任した直後の１９９０年代の半ばから進められてきた。事業内容の高度化、生産体制のグローバル化という２つの大きな課題を一気に推進することは、リスクを伴う大きな意思決定であったといえる。これが可能であったのは、創業家が１００年近くにわたって経営を担ってきたことによる経営の一貫性があったことと、これまでに築かれてきた強固な財務体質があったからである。そのいずれかが欠けていれば、２つの課題を一気に進めることは難しかったかも知れない。その意味で、同族的な色彩を残す企業の良い面が発揮された事例といえよう。

（中山晴生）

11 株式会社 あいや

企業概要

設　　立：1922年
本　　社：愛知県西尾市上町横町屋敷15番地
代 表 者：杉田武男
事業内容：抹茶をはじめとする茶類の製造・卸販売
従業員数：192名

沿　　革

1888年　初代杉田愛次郎，茶と藍製造・卸業の杉田商店を興す．

1922年　合資会社あいや茶店を設立．2代目愛次郎就任する．

1950年　有限会社あいやを設立する．

1997年　JONA（日本オーガニック＆ナチュラルフーズ協会）の有機栽培茶の認証を取得する．

1999年　ISO9002（品質保証の国際規格）の認証を受ける．

2001年　米国にAIYA America,Inc.を設立．オーストリアに支店開設．

2014年　経済産業省による「グローバルニッチトップ（GNT）企業」に選定．

2017年　経済産業省による「地域未来牽引企業」に選定される．

11　株式会社あいや

株式会社あいや（以下あいや）は、愛知県の西尾市を拠点の中心として、抹茶・緑茶を製造・販売する会社である。アメリカのロサンゼルス、ドイツのハンブルク、中国の上海にも現地法人を設け、抹茶のビジネスをグローバルに展開している。中国では抹茶の販売のみならず生産も行っている。あいやは、創業から１２０余年の歴史と伝統を持っている。新市場の創出と積極的なビジネスの国際展開を図った結果、抹茶販売では国内外でトップクラスのシェアを占めている。

コラム　MATCHA

抹茶は、元来、伝統文化である茶道用（飲用）として用いられてきた。あいやも当初は、飲用として高品質な抹茶の製造・販売に専念していた。しかしあいやがその後抹茶ビジネスの規模を大幅に拡大し、国内外においてトップクラスのシェアを占めるまでに成功したのは、飲用という従来の抹茶市場に加えて、抹茶を他の食品加工の原料として用いるという新たな市場を創出したことに始まる。あいやはさらに新市場創出で進化させたビジネス基盤をベースに、日本の伝統ある嗜好品であったが、当初は世界にほとんど知られていなかった抹茶を世界に広めるという大きな目標に挑戦し、結果として世界のMATCHAとしてその価値を受け入れてもらうことに成功したことで更なる飛躍をもたらした。以下ではこの2つの挑戦が実現するまでの地道な取組みの一端を、その背景にあるあいやの理念や経営に対する思いも含めて見ていくことにする。

◆新たな抹茶市場（食品加工用）の創出

そもそもあいやが、抹茶の用途を茶道用から食品加工用へ広げる挑戦をしたのは、茶道用の市場規模は小さく、国内需要の伸びもさほど期待できるものではないこと、さらに西尾地域は産地として他のお茶の産地ブランド、特に宇治茶ブランドに先行されており、飲用市場では苦戦することが避けられないという判断も働いたことが挙げられる。しかし、ブランドが他の地域に劣ることによる価格の安さは、新しい食品加工用の市場では強みになるとも考えられた。こうした一連の事情を勘案した結果、新たな食品加工用の市場を開拓することを決断し、最初に菓子市場の創出を考え、その中でもまずアイスクリーム市場をターゲットとして1960年代半ば頃から挑戦を開始した。アイスクリームを最初に選択したのは、和菓子の一部には以前から抹茶が使われていたこともあり、〝洋〟のイメージで新しさを出すためにアイスクリームということにした。食品加工用としての抹茶は、その後クッキー、各種スイーツ、ペットボトルの緑茶製品など多数の食品に使用されている。この抹茶の新たな用途の創出は、抹茶業界全体のビジネス規模拡大にも大きく貢献した。

しかし、食品加工用抹茶販売への取り組みを始めてすぐに最初の困難に遭遇する。取引先となる食品会社の担当者から抹茶の製造環境の不衛生さを指摘されてしまう。当時は、製茶業界全体が抹茶を食品として扱う意識が欠如していたが、あいやもその製造環境が食品業界の品質管理水準に遠く及んでいなかった。あいやは、まず製品の安全性確保のために衛生的な製造環境を構築し、製造過程における徹底した異物混入防止に取り組むことになる。さらに食品加工用として、高品質な抹茶を大量生産し即納する体制の構築も必要となった。すなわち味と香りに優れた高品質な抹茶の安全性の確保と、大量生産・即納という二律背反する目標を同時に達成することになったのである。

あいやは地道な努力を継続し1985年に最新設備や技術を導入し、湿度・温度が一定に保たれるクリーンルームの抹茶工場を誕生させ、また並行して品質管理室を設置し、品質管理を客観的に数値で行うノウハウを確立した。さらに1992年には滅菌製造ラインを導入した。

あいやは、食品加工用の市場開拓と同時に欧米への進出を考えていたこともあり、特に欧州がこだわりを持つ製品の安全性のために無農薬・有機栽培にも早くから挑戦しながら上述の生産体制の構築に力を入れたのであるが、その実現を確実にするために、また高い品質を達成していることの客観的証明とするために品質や有機栽培の国際規格の認証取得に挑戦していき、現在では8つの品質認定・認証を取得している。この国際規格の認証取得は難関であったが、あいやの抹茶の安全性に対する絶対の自信と後述するあいやの世界進出成功に大きな役割を果たしている。

あいやは色、味、香りに優れた抹茶にもこだわっている。この優れた抹茶を作るためには、原料となる茶葉の良さが絶対条件である。あいやは生産農家と緊密に連携し、良い茶葉の安定供給を確保した。さらに上述した生産体制には、最新設備とともに伝統の茶臼挽き製法も取り入れた。碾茶から最高の色、味、香りを引き出すために花崗岩で作られた碾き臼を1000台以上配置し、24時間体制で抹茶を製造している。あいやでは、抹茶作りに茶臼の製法を用いるのは、一番おいしくつくる方法にこだわるからであるという。

しかし、この茶臼挽き製法を可能とするためには、臼を管理調整する目立て職人を確保しなければならないが、最高品質の数ミクロンの超微粒子を作るための臼の目立ては極めて高度な職人の技術である匠の技が要求されるという。しかも1000台以上という多数の碾き臼の管理や調整には、複数の職人が必要となる。杉田社長によれば、この高度な技を持った職人の数は、全国でも10人程度とのことであるが、そのうち4人があいやで職についている。このような職人が持つ匠の技は、一般的には中々伝承されにくいと思われるが、あいやでは社長や職人達も含めてそこで働く全員は皆等しい身分の社員（後述）と位置づけられるために、職人技も会社の人材育成の中で伝承あるいは共有化されていく。

◆世界へ進出

海外進出は、国内需要の限界の克服とともに「抹茶によるおもてなしの心という日本文化と、抹茶が健康に良い飲み物ということを海外に発信したい」という杉田社長の思いもその動機に強くあった。あいやは、米国、欧州から海外進出を試みたのであるが、抹茶を受け入れてもらうために国や地域で全く異なる対応が必要となり試行錯誤の苦労が続くことになる。

米国進出は1983年に商社経由で輸出したのが最初であったが、円高という経済環境の激変や食文化が異なる米国のニーズにうまく対応できずに撤退や再挑戦が繰り返された。

転機は2000年頃からの日本食ブームであった。抹茶アイスクリームが健康に良いということで成功し、米国の拠点もニューヨークから2004年に抹茶最大の市場であるロサンゼルスへ移転し、本格的対米戦略を展開することになった。抹茶の用途はアイスクリームから始めて、チョコレート、クッキーへと広めていった。米国人の嗜好に合わせる努力を地道に行う中で、抹茶は世界のMATCHAとなった。

米国では、少しずつ実績を積む中で、東西の食文化は異なり、その相違に対応した製品を提供できるようになるためには時間をかける必要があることも認識した。例えば、国際規格の認証取得については先述したが、米国の東海岸にはユダヤ人が多いために他の地域とは異なる食文化への対応が必要となり、国際規格の1つであるコーシャというユダヤ教の食事規定の認定取得に挑戦し、２００２年に取得した。

欧州進出のきっかけは、１９９８年のハンブルクの食品展示会参加である。欧州市場は、健康・無農薬有機栽培に対する志向が強く、あいやはオーガニックによる抹茶生産に取り組んでいたのでチャンスと捉えた。しかし、欧州は食品への安全規制対応が難しいので、先述したように進出のための体制づくりとして無農薬栽培碾茶農家との連携による碾茶の無農薬有機栽培法の確立や、２００２年に最難関の国際資格であるMO（欧州有機栽培認定）の認証を取得した。

欧州では米国市場と異なる戦略をとった。最初は抹茶ではなく、緑茶を中心に販売して緑茶事業を黒字化した後に抹茶へと展開した。抹茶では欧州ユーザーのニーズに合わせて、例えば、フランスはデザート、イタリアはジェラートとしての食品加工用に、ドイツとスイスは健康飲料として販売した。こうした欧州ユーザーのニーズに合わせたことが功を奏し、米国市場を上回る売上高となった。

あいやは、進出先の市場を良く知り、必要な対策を取って米国及び欧州で成功した。

あいやは中国にも進出している。中国には２００３年に進出し、現在は原料の茶葉（碾茶）の生産から製品化まで現地で行い、黒字化している。その他にもあいやは、東南アジア、中東、さらにロシア、北欧3か国など多くの国でそのビジネスを拡大中である。

杉田社長によれば、「海外進出において最も大事なことは、どれだけ現地化できるかである。現地化するとは、現地の人材にできるだけ事業をまかすことである。現地のことは現地の人でなければ分からないからである。併せて現地法人のトップが日本本社の考えを理解し、現地法人全体に理解させることが必要である。」と言われる。あいやが米国、欧州等の進出先の市場に対応したビジネスを展開できたのも、現地化の徹底がその背景にある。

◆あいやの〝社員〟とモチベーション

新市場の創出と海外進出の成功があいやを大きく発展させたことを見てきた。その過程を良く見れば、1つや2つの大きな施策が成功をもたらしたものではなく、多くの地道な努力と挑戦が時間をかけて繰り返される中で、1つずつ課題が克服され、目標が達成されたことがわかるが、こうした課題の克服と目標達成のための重要な要因として、もう1つ強調しておくべき点がある。それはあいやで働く人々の会社における位置づけと仕事に対するモチベーションの高さである。働く人の高いモチベーションなくして1つひとつの目標達成は難しいであろう。また働く人のモチベーションは、経営者の思いを理解してから生まれるものであろう。杉田社長によれば、「あいやで働く人たち全ては従業員とは呼ばずに〝社員〟と呼ばれる。社員には社長から茶臼の目立て職人、その他様々な業務に携わる人すべてが含まれる。この〝社員〟という言葉には会社で働く人はすべて平等であるとの思いが含まれている。社長も社員のリーダーであるにすぎない。」のである。杉田社長は毎朝の朝礼で経営やその他社員に係る情報をできるだけ伝えるようにしている。社員に情報を等しく伝えることで社員は会社を良く理解し、会社経営に積極的に協力できることになる。あいやは社員に対して経営の透明性を図ることで経営者と他の社員の相互信頼関係と社員のモチベーションを高め、発展する強い組織を築いているのであろう。

〔参考文献〕

インタビューの実施（２０１４年９月９日）。

あいやのＨＰ（www.matcha.co.jp　２０１５年６月22日閲覧）と商品カタログ。

ＡＦＣフォーラム　２０１４年８月号。

中部発きらり企業紹介 Vol.48（経済産業省中部経済産業局）。

月刊ニュートップリーダー（2013.October.No49、株式会社あいや、三田村蕗子）。

抹茶　茶室を出て新境地（朝日新聞、２０１４年４月13日）。

抹茶で日本文化海外に発信（駿河新報、２０１４年４月18日）。


（岡田　清）

12　株式会社 ウエノ

企業概要

設　　立：1982年
本　　社：山形県鶴岡市三和字堰中100
代 表 者：上野隆一
事業内容：ノイズ除去用フィルターコイルの製造・販売
売 上 高：38億円（2014年5月期）
従業員数：400名（海外含む）

沿　　革

1982年　トロイダルコイルの巻線業として創業.
1996年　株式会社ウエノに社名変更.
1999年　ISO9002認証取得.
2004年　中国工場（東莞上野）を設立.
2005年　三川事業所（物流センター，自動化工場）を設立.
2012年　藤島工場を開設.
2014年　経済産業省「グローバルニッチトップ企業100選」に選定.
2014年　タイ・バンコク近郊にタイウエノコイル設立.

12　株式会社ウエノ

ノイズ除去用フィルターコイルのトップ企業

株式会社ウエノ（以下、ウエノ）はノイズ除去用のフィルターコイルの専業メーカーである。フィルターコイルは、ノイズを発生させないようにほぼ全ての電気製品に使われている。とりわけ家電製品においては高機能化によってノイズの発生源が増加しているため、フィルターコイルは家電製品に不可欠な機能を提供している。

ウエノが生産しているフィルターコイルの月産規模は８００万個である。世界全体での市場規模に関する統計がないが、世界市場の10％程度を占めるトップ企業と推定されている。ウエノが業界において注目されているのは、シェア１位という存在だけではない。同社は日本のみならず中国とタイに生産拠点を構えることによって、仕様に厳しい世界の有力な電機・電子メーカーを顧客対象として経営を展開している。さらに特筆されるのは、他社に先駆けて極めて困難な製造プロセスの自動化を進めるとともに、新製品を開発してきたことにある。数々の賞を受けているのも、その先駆的な努力が評価されているからである。このように、グローバル化が進む顧客層、高度化する開発・生産体制という両面から、業界において主導的な役割を果たしている。

コラム　下請け企業としてスタート

　ウエノは１９８２年に山形県鶴岡市の郊外にある農村地帯で、現社長の上野隆一によって設立された。上野は農業高校、農業大学校の出身で、卒業後の約10年間は農業に従事していた。電子分野での技術的なバックグランドを持っていたわけではないが、夫婦２人で二次下請け企業として事業を開始したのが34歳のときであった。仕事の内容はコアと呼ばれるドーナツ型の磁性体に銅線を巻くという、典型的な手作業であった。写真に示しているのは現在作られている同社の製品の１つである。ノイズを除去するためのフィルターコイルは、環状のコアに銅線を巻く作業によって作られる。その工程を機械化させることは極めて困難であるため、今でも同業他社は1個につき５－６分の時間をかけて手作業で生産を行っている。

　ウエノも創業から20年間は手作業のみで生産していた。競争力の源泉は、品質は当然のこととしてコスト競争力であった。このためできる限り賃金コストの低い場所で生産するという方針で経営が行われてきた。創業当初は周辺の農家に内職を依頼したり、刑務所に生産委託などをすることで、低いコストでの生産体制を作っていた。このような努力によって、下請けメーカーとして経営規模を拡大してきた。しかし１９８０年代後半の円高進行によって、納入先企業が海外の生産に移行するとともに、１９９０年代のバブル崩壊によって仕事量が激減するという、下請け企業としての存立を揺るがすような事態に直面することになった。

　そこでウエノは下請け企業からの脱皮を目指し始めた。何よりも必要だったのは低コスト化の更なる追求であり、当時それを可能とさせる唯一の手段は海外での生産であった。そこで１９８９年から中国・大連での下請け生産を開始した。当時の中国は生産コストが低かったが、作業精度が低かった。また、材料を中国に供給してから製品を受け取るまでに、運送期間を含めて35日間も必要であった。

写真１　　標準的なノイズ除去用フィルターコイル

出所：株式会社ウエノHP（www.uenokk.co.jp　2015年8月25日閲覧）.

　そこで1995年頃に浮上した生産拠点が北朝鮮であった。中国での生産に比べて作業レベルが高いことと、発注から納品までの期間が短いというメリットがあり、ほぼ10年間にわたって北朝鮮での下請け生産を行うという体制を築いた。しかしその後、北朝鮮に対して経済制裁が発動されたことによって、再び中国での生産に戻った。それは広東省の東莞地区に生産拠点を構えるとともに、東莞地区を下請けの拠点として活用するという、ウエノにとっては本格的な海外展開で、２００４年のことであった。

◆自動機械の製作

しかし、その時点ではどの企業も中国でフィルターコイルを生産するようになっていたために、ウエノとして製品面、コスト面での差別化を打ち出すことは困難であった。そこで浮上したアイディアが機械化による生産であった。もし自動化に成功すれば、生産プロセス面で他社製品との差別化をもたらす可能性があり、何よりも転々と生産拠点を移すことなく日本での生産が可能と考えたからである。そのアイディアは上野社長によれば「今考えても無謀な挑戦」だった。というのは、ウエノよりもはるかに資金力があり、有名でもある同業の一部上場の大手企業が１９９０年頃に自動化機械の開発に挑戦していたからである。ただ、当時は中国の人件費が安く、フィルターコイルの納入先である日本企業も中国への進出を加速化させていた。このため大手企業による自動化の挑戦は挫折していた。

そのようななか、２００４年からウエノは自動化への挑戦を模索し始めた。たまたま、大手電機メーカーを退職したばかりで、コイルの自動製造機開発に取り組んでいた技術者と知り合った。その技術者を技術開発の責任者として招き入れて、自動製造機の開発を開始した。さまざまな試行錯誤を経て本格的な自動製造ラインを完成させたのは２００８年のことであった。

上野社長は、「当社に機械を作る基盤があったとは思えない。しかし、電子部品をいつまでも手で巻くのはおかしいと思った。また、１００人が手作業で生産すると品質のバラツキが発生する。それでよいのかと考えた。さらには事業として何らかの差別化も必要だと考えた。自分は好奇心が強いので、やらないと気が済まなかった。機械の開発に20億円ほど使った」と語っている。

機械化によるメリットはエアコン用のフィルターコイルの受注に現れている。現在、日本で作られているエアコンにはウエノの製品がほぼ１００％使用されているとのことである。その理由は、「機械化によって製品の性能にバラツキがなくなり性能が安定したから」（上野社長）である。したがって、「機械を作ったのは悪くない話かな。機械がなければ日本では作れなかったから」と上野社長は語る。このように、生産体制の国内回帰を目指してきた思いの一端は実現することができた。

その一方で、「機械のコストが高いわりには、製品価格が安すぎる。また24時間稼働できるが、生産スピードは手で巻くよりは少し早い程度」ということで、機械化したことに関する評価については「今も成功か失敗かよくわからない部分もある」と慎重に語っている。さらに、「ユーザーが国内で生産しなくなってくると、コイルを国内で作る理由がなくなってくるのでは」とも語る。

◆高機能コイルの開発

低コスト化の推進と生産プロセスの自動化が、これまでのウエノにとっての重要な経営課題であったが、自動化の技術を生かしながら高付加価値製品を開発するという新たな取り組みが軌道に乗りつつある。

当初、自動化の対象としてきたのは太い銅線を使ったエアコン用のコイルで、細い銅線を使ったコイルの生産自動化は当初は困難であった。しかし、これまでに培ってきた自動化の技術とノウハウを活用して、２０１０年に新しいタイプのコイルの開発に成功した。それを「ウエノコイル」として商品化している。この商品はノイズ除去の帯域が広いため、従来品であれば２つのコイルが必要なところを、１つのウエノコイルを使うだけでノイズ除去ができるところに特性がある。このため最終製品の小型化が可能となる。このように「ウエノコイル」はユーザーにとっては高性能商品である。しかし、従来型のコイルを組み合せれば必要なノイズ除去が可能なので、ウエノコイルに積極的に置き換えるユーザーはまだまだ少ない段階で、上野社長によれば、ユーザーへの浸透には時間を要すると考えている。このため現在、ウエノは採算面で多少無理をしながら、海外の大手企業を含む数社のメーカーに「ウエノコイル」を納入し始めている。

写真２　ウエノコイル

出所：株式会社ウエノHP（前掲）.

しかし「ウエノコイル」は他社製品との差別化を図れる製品であり、ウエノにとっても、手作業による製造に比べては機械生産のスピードがはるかに速いというメリットが挙げられる。そこで必要となるのがシェアアップと生産プロセスの改善によるコストダウンである。まず、材料である平角銅線の価格は丸形銅線の７－８倍と高いので、少なくとも２－３倍にまで下がらないとコスト面で苦しい。平角銅線の購入単価を引き下げるにはシェアアップによる生産拡大が不可欠である。上野社長は「ウエノコイル」の生産量拡大については、あと１－２年で実現できるのではと期待している。なぜなら、「ウエノコイル」の性能のほうが良いので、コストダウンに成功すれば、ユーザーにとっても魅力がある商品だからである。

もう１つ取り組んでいるのは生産プロセス面の対応である。現在、自動機で銅線を巻いたあとの後工程は手作業である。これを半自動化で行おうとしていて、ほぼ完成段階に近づいている。これが完成すれば加工費のコストダウンが期待できて、従来型のフィルターコイルに比べてコスト面で優位に立てると、上野社長は期待している。

◆日本・中国・タイの3拠点体制

海外に立地しているユーザーは「地産地消」の考え方でフィルターを購入している企業が主流である。そのため、ウエノは日本・中国・タイの3拠点生産体制を構築している。

表1　3拠点ごとの生産規模（月産）

	トロイダルコイル（従来型のコイル）	ウエノコイル
日　本		
（三川事業所）	70万個	－
（藤島工場）	30万個	－
中　国	500万個	150万個
タ　イ	－	50万個

出所：上野隆一社長とのインタビュー（2014年9月8日）.

山形県内にある2つの工場では従来型コイルであるトロイダルコイルが作られている。日本で作られるエアコン向けのコイルや、国内の少量の需要や納期の短いコイルの注文に対応できる体制を築いている。このうち三川事業所では従来型のコイルを自動機械で生産している。

ウエノが中国・東莞地区に2004年に生産拠点を設立したのは、単にコスト面での対応だけでなく、ユーザーへの迅速な納入を重視したからである。現在、東莞工場では従来型のコイルに加えて、ウエノコイルの量産体制も確立して、中国のハイアールやハイセンス向けのみならず、サムスンなど韓国向けのコイルを量産している。

2014年にはタイ・バンコク近郊に「ウエノコイル」の生産工場を立ち上げた。そのために10台の自動機械を日本からタイに送って量産体制を確立した。タイで工場を立ち上げた大きな理由は、有力顧客である日本や韓国メーカーがタイでの生産を拡大していることへの対応という意味もある。その結果、生産能力面では中国とタイがウエノにとっての2大拠点となる。

上野社長は、「日本の工場は、日本にいる日本のメーカーを相手にするしかない。日本メーカーですら日本で生産しなくなっている。したがって当社が国内回帰を推し進めて国内でのフィルター生産を増加させることは、しばらくは無理かも知れない」と語る。このように、円安傾向が続いたとしても、自動化による生産を行っている三川事業所が今よりも大きな役割を果たす可能性については慎重な見方をしている。

その一方で、ウエノはこれまでに様々な賞を受けて表彰されてきたことに注目する必要があるだろう。それは技術や製品開発を推し進めてきたからで、上野社長は今後もフィルターコイルに関する様々な開発能力は日本で高めていく必要があると考えている。コイルメーカーは中期的には製品の小型化と多様化によって用途の拡大を目指すことが重要であると考えられる。上野社長はこれまで独創性のある機械の開発に取り組んできたが、独創性があっても加工技術がなければ機械の開発は不可能であり、製品や設備の開発を進めるには日本ははるかに有利であると認識しているからである。「多くの企業は国内で作ることを諦めている。しかし安価に生産できる国が少なくなっているので、もう少し自動化を考える必要があるのではないだろうか。日本では技術の基盤づくりができる。他国も日本の模倣はするだろうが、基盤技術を持って自分で開発するのと、模倣するのでは大きな違いがある」と語る。

このような考え方は、ノイズの波形を見るために電波室を自社内に作ったことにも表れている。これによってフィルターメーカーとして必要な測定技術と検証技術を高めていくことを目指している。フィルターメーカーで電波室を持っているのは極めて少数で、このような投資が基盤技術を作るもととなって、様々な製品の発案や独創性につながってくるとの考えである。

さらに上野社長は、長期的にはフィルターが使われなくなる可能性も視野に置くことが重要だと考えている。電気製品が生み出すノイズの原因が解明されればノイズが発生しなくなるかも知れないからである。したがって、ノイズを生む電源基盤を変えていく手法を持った企業との様々な提携や融合を常に視野に置く必要があり、そのような先端的な技術を確保するために、ウエノにとって開発拠点としての日本の役割は今後も不可欠であろう。

（中山晴生）

表2　これまでの受賞の歴史

2006年　1月	山形しあわせ銀行産業振興基金より「しあわせ産業賞」を受賞
2007年 10月	山形県より「経営革新賞」を受賞
2008年 11月	「日経ものづくり大賞（日経BP特別賞）を受賞
2009年　1月	「東北ニュービジネス大賞」を受賞
2009年　8月	「ものづくり日本大賞　東北経済産業局長賞」を受賞
2010年　4月	文部科学大臣表彰　科学技術賞（技術部門）を受賞
2011年　9月	山形県より「産業賞」を受賞
2014年　3月	経済産業省により「グローバルニッチトップ企業100選」に選定される
2015年　2月	機械振興協会より機械振興協会会長賞を受賞

出所：株式会社ウエノHP（前掲）.

13　Alfred Kärcher GmbH & Co. KG

企業概要

設　　立：1935年
本　　社：ドイツ・バーデン＝ヴュルテンベルグ州ヴィンネンデン
代 表 者：ハルトムート・イエナー
事業内容：業務用・家庭用清掃機器の製造・販売
売 上 高：22億2400万ユーロ（2015年）
従業員数：1万1333名

沿　　革

1935年　創業，ヒーター等を製造.

1939年　ヴィンネンデンに移転.

1950年　欧州で初めて高温高圧洗浄機を開発.

1962年　初のドイツ国外の現地法人をフランスに設立.

1974年　高圧洗浄に事業を集中.

1984年　世界初ポータブル高圧洗浄機を開発，家庭用機器市場に参入.

2000年　売上高10億ユーロを突破.

2015年　現地子会社100社に到達.

13　Alfred Kärcher GmbH & Co. KG
――「清掃」分野における隠れたチャンピオン企業――

高圧洗浄機の代名詞「ケルヒャー」

ダイムラーやポルシェ、ボッシュなど、世界に名立たる大企業が本社を置く工業都市シュトゥットガルトから北東に約25km、ワイン用ぶどう栽培も盛んな田園地帯に囲まれた人口2万8000人ほどの小さな町ヴィネンデン（Winnenden）に、清掃機器の分野で世界をリードするケルヒャー（Alfred Kärcher GmbH & Co. KG）の本社がある。

欧州で「ケルヒャー」といえば「高圧洗浄をする」という意味で辞書にも載っており、その名は今や高圧洗浄機の代名詞となっている。同社は高圧洗浄機の以外にも、様々な清掃機器を業務用から家庭用まで広く製造・販売する。同社は後述のように家族所有の企業である。2014年の売上高は21億ユーロ、販売台数は1200万台、従業員数は約1万1000名である。世界60か国に100の現地法人を有し、ドイツやイタリア、米国など7か国に生産拠点をもつ。

日本法人は、1988年に設立されたケルヒャージャパン株式会社（横浜市）であり、主にホームセンターや家電量販店への家庭用品ルートと各地の営業拠点を通じた業務用品ルートにより事業を展開する。近年では、大手通販会社の番組を通じた販売戦略も功を奏し、「ケルヒャー」の名は一般ユーザーの間にも浸透しつつある。

創業者アルフレッド・ケルヒャー

創業者アルフレッド・ケルヒャー（Alfred Kärcher）は１９０１年にシュトゥットガルト近郊のバート・カンシュタットで生まれた。23歳でシュトゥットガルト技術大学を卒業すると同時に、大学で学んだ電気・機械工学の知識をもって父が経営する代理店で働き始め、数年後には、この代理店を技術コンサルティング会社へと成長させた。35年にはバートカンシュタットで自身の事業を立ち上げた（39年ヴィネンデンに移転）。当初は、電熱器など各種ヒーターの開発・生産に従事していた。ルフトハンザ航空からの注文に対しては、わずか2年で当時としては画期的なガソリン燃焼式温風送風機の開発に成功し、量産体制を確立した。

第2次大戦後しばらくの間は産業用製品の受注も少なく、砲弾の殻を用いた丸型鉄製ストーブや台所用レンジ、手押し車など幅広く事業を展開した。そうした中で１９５０年には、欧州で始めて高温高圧洗浄機の開発に成功する。当時こうした革新的な製品へのニーズは少なく普及には至らなかったが、清掃分野のリーダーとしての基礎はこの頃すでに築かれていた。

ガバナンスと組織文化

１９５９年に創業者アルフレッドが58歳で急逝すると、会社は妻のイレーネ（Irene Kärcher）に引き継がれた。彼女は会社を発展させようと68年に外部から経営者を招聘した。その下でケルヒャーは多角化に大きく舵を切り、ポリエステル樹脂製の建築用型枠やプラスチック製墓石用の型、さらにはプラスチック製の象といった玩具にまで手を伸ばした。だが、70年代の不況の影響もあって同社は低迷を余儀なくされた。そしてついにイレーネは74年、この経営者に代えて、当時31歳の生え抜きのエンジニア、ローランド・カム（Roland Kamm）をはじめとする若いリーダーたちに経営を委ねる決断をした。このエピソードは、その後のファミリービジネスとしてのケルヒャーのガバナンスを大きく方向づけるものとなった。

イレーネが１９８９年に逝去すると、会社は２人の子供、ヨハネス（Johannes Kärcher）とスザンネ（Susanne Zimmermann von Siefart）に引き継がれた。２人は現在、同社のスーパーバイザーを務めている。ケルヒャーのガバナンスは、スーパーバイザリーボードとマネジメントボードという2つの機構からなる。前者はあくまでも後者に対する監視と助言を行い、ヨハネスはその会長職にある。そして経営についてはマネジメントボードにおいてプロが取り仕切る。

ケルヒャーには労働組合がなく、同社は経営者団体にも加盟していない。それゆえ、賃金などの労働条件に関してより柔軟な対応が可能である。チームワークは同社のコアバリューとされる。社内での各種イベントは家族的な雰囲気を創り出すことに役立つ。ドイツ国内の事業所は全てバーデン・ヴェルテンブルクの小さなコミュニティに位置し、これらのコミュニティからの採用を重視する。これにより従業員の忠誠心や仕事への献身を高く維持することができる。経営陣のほとんどは内部からの生え抜きである。従業員報酬は事業の業績に連動させる方式を採用する。

ケルヒャーは株式非公開企業であるため、株主からの配当要求を気にすることなく長期的な視点から、持続的成長のために利益を事業に再投資することができる。成長のための投資は内部資金によって賄われる。この点に関わって、同社はミッションの中で次のように強調している。「私たちのプライオリティは、財政上の自立と意思決定の自律を維持することです。さらに言えば買収よりも本業での成長を優先します」。

製品開発とマーケティング

「私たちの仕事は清掃です（Cleaning is our business）」——１９７４年、ケルヒャーは新たな経営陣の下、経営資源を高圧洗浄機に集中することを決断した。これに合わせてコーポレートカラーも青から現在のイエローに一新した。当初は、輸送機械用やビル用の清掃機器が主であったが、徐々に守備範囲を広げていった。１９８４年には「プロのようにきれいに」をキャッチコピーに、世界初の家庭用ポータブル高圧洗浄機ＨＤ５５５をもって、家庭用市場という新しい市場を創出した。１９９３年には家庭用のスチームクリーナーやバキュームクリーナーを投入した。ケルヒャーは清掃に関わるほぼ全ての分野を手がけ、その数は３０００種類にも及ぶ。

ケルヒャーのこれまでの成長の大部分は、新製品によってもたらされている。同社の製品のほとんどは寿命が長く、使用頻度も高くない製品もあり、取替需要に多くを依存できない。そのため同社では、できる限り速いテンポで新製品を開発し、市場への投入を図っている。近年では、売上の９割が市場投入から５年以内の製品で占められている。それゆえＲ＆Ｄへの支出規模は競合他社よりも大きいと言われている。同社では、従業員のうち９００名がＲ＆Ｄ活動に従事しており、１６００を超える特許権と登録商標を取得している。

ケルヒャーのＲ＆Ｄはソルーション指向が強い。その出発点は、カスタマーの清掃にまつわるニーズや「悩み」に耳を傾け、深く掘り下げ細かく分析することである。車輌１つとっても種類ごとにその清掃方法は異なる。そのため、顧客に直接会って「どうやって掃除するのか？」「何が最も厄介な問題なのか？」を１つひとつ丁寧に質問することも多い。その結果、国・地域で全く異なるコンセプトの製品が生まれることもある。例えば、日本でヒットした「ベランダクリーナー」は、集合住宅での女性による使用を念頭に、静音化と小型化という世界でも特異なニーズに応えて製品化されたものである（２０１３年６月17日『日経産業新聞』）。

ケルヒャーによるこれまでのイノベーションのほとんどはインクリメンタルなものであるが、いくつかのケースでは画期的な技術革新もある。例えば、新型ロータリー式ターボノズルは、道路やビルの壁面の清掃効率を飛躍的に高めた。こうした長年にわたるノウハウの蓄積や継続的な製品開発がリーダーとしてのケルヒャーの今日のポジションを支えている。

グローバル販売体制と生産システム

ケルヒャーは1962年に初の現地法人をフランスに設立した。急速な海外展開は、清掃分野への集中を決断した74年以降である。同社は世界60か国・地域に100の現地子会社を有しており、世界のGDPの95％に相当する世界中の国・地域に4万の販売拠点と5万のサービス拠点を設け、修理・アフターサービス等のトータルなサポート体制を敷いている。ケルヒャーでは重要な市場については、輸入代理店やその他の仲介業者に依存せず、直接販売を原則とする。

近年、ケルヒャーは、アジア企業による低コストを武器とする類似品の脅威にさらされている。そのため、ユニークな製品とサービスを提供し続けるだけでなく、できる限り低コスト化を図り、価格面での競争力を維持しなければならない状況にある。

ケルヒャーは、ドイツのほか、イタリア、ルーマニア、中国、米国、メキシコ、ブラジルの7か国に計20か所の工場をもつ。うち3か国には4か所のロジスティック施設もある。同社の海外売上比率は85％に達している。ドイツは世界でも人件費が最も高額な国に属する。それでもなお、ドイツでの生産はいくつかの点で競争上の利点がある。まず、同社の製品の幅は大量生産の一般消費者向け製品から少量生産の特殊大型清掃機器にいたるまで複雑であり、全ての製品を継続的に改善していくためには、R&Dと生産の地理的近接性は決定的に重要である。また、こうした複雑性に対応するためには、フレキシブルな生産体制が必要になる。こうした要請に同社は「ケルヒャー生産システム」という独自のリーン生産システムによって対応している。同社の製品はビルド・トゥ・オーダーで生産される。これに伴う需要の季節的な変動に対しては、臨時従業員で対応する。工場は製品のタイプごとに複数のラインに分かれており、従業員はそれぞれの生産ラインにおいて状況に応じて他の作業も行う。工場は全世界に向けて生産される主要な製品グループごとに編成されており、その結果、規模の経済性も達成される。

ケルヒャーでは、プラスチック成型はオーストリアやイタリアの企業に依存しているように、ドイツ国外の企業からの供給も多い。もっとも同社では、完全なアウトソーシングまでは考えておらず、あくまでも最終組立は自社で行う。またノズル等の戦略的に重要なパーツは内製を維持する。同社では重要な生産技術については、サプライヤーとの交渉を優位に進めようという観点からも、企業内に保持するよう努めている。

全世界でビジネスを展開するケルヒャーはCSR活動にも熱心に取組んでいる。その取組みは広範囲にわたるが、その中でもしばしば話題になるのが1985年にスタートした「クリーニングプロジェクト」である。これまでに、ニューヨークの「自由の女神」（1985年）や、リオデジャネイロの「キリスト像」（1990年）、広島の「原爆の子の像」（2000年）といった、世界各地の歴史的建造物や彫像の洗浄・再生を手がけてきた。2010年11月には約2か月にわたり、翌11年の東京「日本橋」架橋１００周年を記念する「日本橋クリーニングプロジェクト」を実施し、洗浄剤や化学薬品等を一切使用しない方法により１００年の汚れを落とした。現ＣＥＯのハルトムート・イエナーは新聞社のインタビューに対して、同プロジェクトは「ＰＲにもなるし、新しい清掃機器の開発にも役立つ」として、「世界中でこの活動を続ける」と語った（２０１１年３月４日『日経産業新聞』)。社会貢献と同時に、ケルヒャーの認知度を向上させ、信用の高さを実証する取組みでもある。

付記

1．インタビュー調査：２０１４年9月20日（金）にケルヒャー本社（ドイツ・ヴィネンデン）にて実施。

2．本ケースの作成に当たっては、ケルヒャー本社でのヒアリング内容や、同社のウェブサイト（www.kaercher.com/int ２０１６年1月10日閲覧）および刊行物（社史、サステナビリティ報告書など）のほか、以下の文献を参照している。

Bernd Venohr and K. E. Meyer（２００７), “The German Miracle Keeps Running: How Germany’s Hidden Champions Stay Ahead in the Global Economy”, Paper No.30, in: Working Papers of the Institute of Management Berlin at the Berlin School of Economics（FHW Berlin）, 05／２００７.

Harman Simon（２００９), Hidden Champions of the 21st Century : Success Strategies of unknown World Market Leaders. London: Springer, ２００９（邦訳（２０１２）『グローバルビジネスの隠れたチャンピオン企業―あの中堅企業はなぜ成功しているのか』中央経済社）.

Harbert Witzel and Ronald Kamm（２００６), Unternehmens - wachstum, die natuerlichste Sache der Welt（Hamburg: Books on Demand）.

（牧田正裕）

家庭用製品

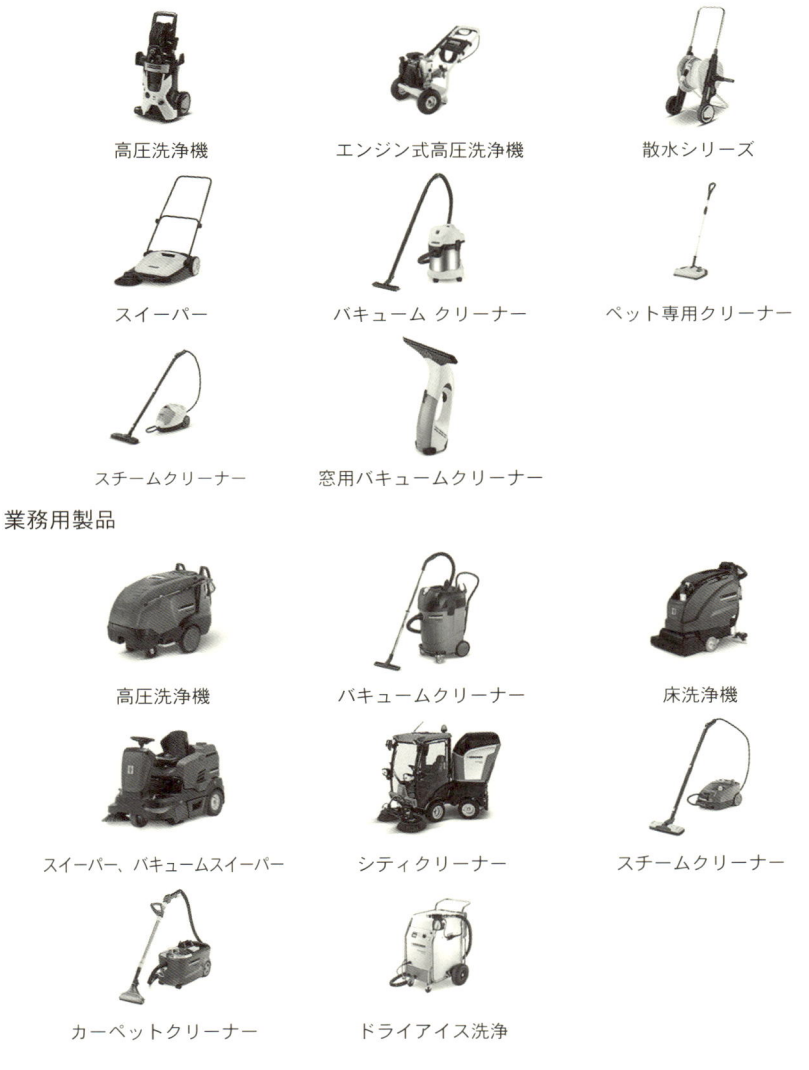

高圧洗浄機

エンジン式高圧洗浄機

散水シリーズ

スイーパー

バキューム クリーナー

ペット専用クリーナー

スチームクリーナー

窓用バキュームクリーナー

業務用製品

高圧洗浄機

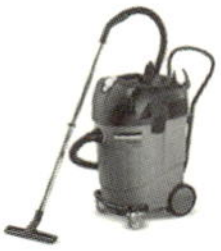
バキュームクリーナー

床洗浄機

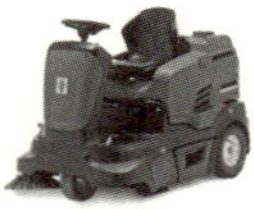
スイーパー、バキュームスイーパー

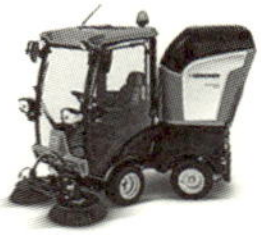
シティクリーナー

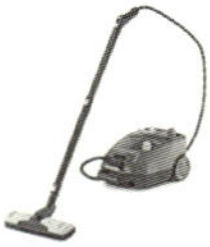
スチームクリーナー

カーペットクリーナー

ドライアイス洗浄

写真１　　ケルヒャーの主要製品（日本国内で販売されているもの）

出所：家庭用品については www.kaercher.com/jp/home-garden.html（2016年1月10日閲覧），業務用製品については www.kaercher.com/jp/professional.html（閲覧日　同上）より．

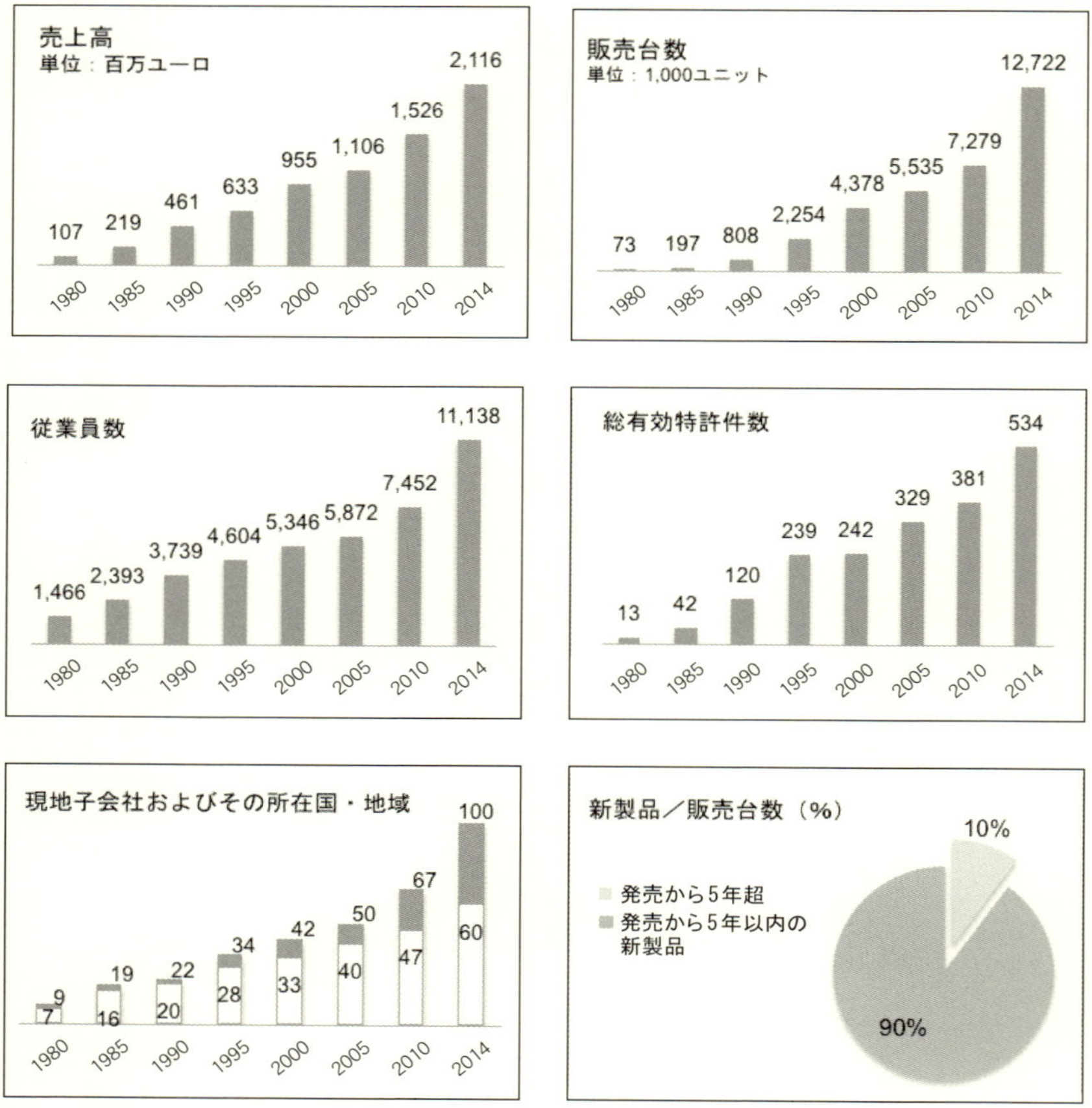

図1　ケルヒャー主要データ 2014年

出所：同社HP（www.kaercher.com/int/inside-kaercher/company/about-kaercher.html　2016年1月10日閲覧）より.

14 株式会社 ダイナックス

企業概要

設　　立：1973年
本　　社：北海道千歳市上長都1053番地1
代 表 者：秋田幸治
事業内容：乗用車・商用車並びに産業用プレート等，摩擦機能部品の製造販売
売 上 高：625億円（2018年3月期）
従業員数：1350名

沿　　革

1973年　米国RM社と大金製作所の合弁により大金・アールエム設立.
1974年　千歳工場竣工.
1977年　AT用ディスククラッチ納入開始.
1991年　ダイナックスに社名変更，苫小牧工場竣工，米国事務所開設.
2005年　第一回ものづくり日本大賞「経済産業大臣賞」受賞.
2009年　第三回ものづくり日本大賞「優秀賞」受賞.
　　　　ハンガリーに現地法人設立.
2013年　経済産業省「グローバルニッチトップ企業100選」に選定.
2016年　経済産業省「新・ダイバーシティ経営企業100選」に選定.

14　株式会社ダイナックス

株式会社ダイナックス（以下、ダイナックス）は北海道千歳市に本社を構える自動車・建産機等の駆動系部品メーカーである。自動車のオートマチックトランスミッション（AT）で使われるクラッチ部品では国内最大手である。従業員は単体1620人・連結3370人（2015年3月時）で、売上高は単体449億円、連結611億円である。新世代トランスミッションにおける世界シェアは46％（2014年8月22日現在）であり、この業界ではディファクト・スタンダードを確立している。製造の拠点として、千歳はじめ、苫小牧、米国・上海・メキシコ・ハンガリー、タイに工場をもつ。苫小牧には無人化をすすめる最新鋭の工場もある。ダイナックスの設立はクラッチ・トルクコンバータ部品で専門大手のエクセディ（旧大金製作所、本社：大阪）と、レイベストス・マンハッタン社（RM社、本社：米国）との合弁ではじまった大金・アールエム社としての設立がはじめとなる。そのため、設立当初から同社は国際的な企業文化をもつ企業であった。

設立当初は、親会社である大金製作所と日産自動車との関係もあり日産系から事業が始まった。だが、その後、フォードに製品の品質が認められ、今では、レクサスをはじめ、日系自動車メーカーすべて、外資系ではダイムラー、フォルクスワーゲンBMW、GM、フォード、ボルボ、現代自動車など、全世界の自動車メーカーで同社製品が採用されている。また、フォークリ

フトや超大型ダンプトラックなどの建産機にも搭載されている。

営業の拠点は、名古屋、静岡、宇都宮、デトロイト（U.S.A. Sales Office）、シュトゥットガルト（Germany, Representative Office）がある。ダイナックスは、北海道では大手企業であり、会社設立の1973年から北海道の経済を支えてきた大切な企業である。

設立は大金製作所の当時部長であった正木宏生（1935年生まれ）によってすすめられた。正木は1960年に東北大学法学部を卒業後、日東商船（旧ジャパン・ライン）に入社し、国際派として手腕を発揮した。その後1971年に、大金製作所に入社した。1974年に大金・アールエム社の専務として北海道に赴任し、1980年から大金・アールエム社の社長に就任した（2004年社長退任）。

おもな納品先

アイシン・エーアイ株式会社、アイシン・エィ・ダブリュ株式会社、アイシン・エィ・ダブリュ工業株式会社、株式会社エクセディ（親会社）、株式会社小松製作所、株式会社ジェイテクト、GKNドライブラインジャパン株式会社、ジヤトコ株式会社、ZF Friedrichshafen AG（ZF社）、ダイハツ工業株式会社、Daimler AG（ダイムラー）、トヨタ自動車株式会社、日野自動車株式会社、富士重工業株式会社、ボルボ、本田技研工業株式会社、マツダ株式会社、三菱ふそうトラック・バス株式会社、株式会社ユニバンス

コラム①　北海道から世界へ

ダイナックスは、関西にあるクラッチメーカーの大金製作所と米国自動車部品メーカーのレイベストス・マンハッタン（RM社）との折半出資による合資会社として1973年に設立された（当時の社名は大金・アールエム社であった）。折半出資とした理由は、当時、米国の先進技術を同社が学ぶことがおもな目的であったからとされている。当時、RM社の湿式クラッチ板を輸入し加工・販売していた。しかし、米国仕様の製品が日本国内の顧客要求仕様にマッチしないことから、湿式摩擦材を自社で開発することとなった。その後、米国側が経営不振となり、同社設立からわずか10年後の1987年には、RM社とのライセンスが解消となった。だが、ダイナックスは自社開発品の開発に成功しており、ダイナックスは、RM社との合弁契約を解消したのち積極的に海外展開を推し進め、開発力と技術力を武器に順調にビジネスを拡大できた。

現在もそうであるが、当時、北海道には、自動車の完成車メーカーなどはまったくなかった。そのような中で、海外との最初の取引がGMフランスと進められた。取引の開始は、乱暴ではあったがダイナックスから相手側の工場長に対して直接電話して商談を取り付けたことから始まった。そしてRM社とのビジネスが解消した1987年に初めてのOEM輸出に繋がっている。これを機に、同社は、ディスクプレート（クラッチ板）の輸出を開始することとなったのである。

その後、欧州最大手の自動車トランスミッション専業メーカーのZF社（独フリードリッヒスファーヘン市）から打診があった。ZF社はBMW・シトロエン・ボルボ・アルファロメオなど欧州の有力自動車メーカーにトランスミッションを納入している有名企業であった。北海道に完成品メーカーがない中で、海外有名企業からダイナックスに打診があったのである。ZF社は、当時、トランスミッションに組み込む高品質のクラッチ板を探しており、ダイナックスはその品質が認められ1989年より納入を開始している。

　ダイナックスは、ディスクプレートを、年間約1億3000万枚生産している。同社の製品は国内すべての自動車メーカーで採用されている。また、ダイムラー（メルセデス・ベンツ）、ZF社を通してBMW、ボルボ等の欧州自動車メーカーにもクラッチ板を納入しており、世界中の自動車メーカーに高い技術が認められている。同社のクラッチ板は、欧州高級車のほぼすべてに組み込まれており、世界中に積極的に販売しているグローバル企業である。そのクラッチ板は、AT車向け専用である。近年、AT車が増加傾向でもあり、同社の売上を後押ししている。AT車向けクラッチ板では国内シェア50%、海外では35%である。

　同社は湿式摩擦材の開発をコア技術として確立しており国産初となる湿式摩擦材第1号を1983年に初めて開発し、1990年には独デュッセルドルフに駐在員事務所（後にシュトゥットガルトに移転）も開設した。

1991年には、27億円を投じて、苫小牧に新工場が建設された。その一か月後には、トヨタが苫小牧進出を決めた。同社は、これを機に、生産能力を倍増することとなる。

　その後、アメリカ、中国、メキシコ、ハンガリー等、海外生産拠点の拡張を続けている。

コラム②　なぜ、北海道なのか？

ダイナックスが北海道千歳に本社を構えたきっかけは、大金・アールエム社の創業者であった足立一馬（大金製作所（後のエクセディ）創業者）が、当時、自社で所有していた土地が北海道にあり、その活用を考えていた。当初、大金製作所が所有していた土地は他にも藤沢市にもあり、そこに工場の建設を考えていた。藤沢市以外には、三重県の伊賀上野や北海道の千歳市であった。

　千歳市は大金製作所のある大阪からは遠く、自動車部品の納品先のことを考えれば、工場としては不利である。1973年当時とすれば、多くの工場が乱立する藤沢や三重のような都市部が有力だった。だが、労働市場が売り手市場であったため、大規模な経済圏の周辺に工場を構えたならば、それだけ優れた人材を集めるのは難しくなる。そこで、大都市へ工場を設置するよりも、地方の方が有利ではないかと考えた。もし地方に工場を建設するならば、都市圏に工場を建設するよりも、優秀な人材が集まり、将来的にも企業としての成長には明るいのではないかと考えたからである。

１９９１年８月ごろは、地方企業は人手不足であった。地方都市は、大都市に人材を奪われており、どうしても、それに歯止めをかけたい地方企業が多かった。そして、上場や株式公開で、資本力を強化した。地方でも海外の情報が入ることとなり、グローバル化は進んだ。製品の輸出だけでなく、日系企業により、現地生産、販売拠点の構築、M＆A戦略をアジア・米国・欧州に展開することが当時注目され、八百半デパートのように本社の海外移転が話題となった。グローバルな事業展開は、企業イメージのアップにも効果的で、学卒応募が前年比４倍の企業も出るほどであった。同社のような地方から輸出できる企業の存在は、当時ではどれほどインパクトが大きかったであろうか。

そのような経緯もあり、同社は、当時、ダイナックス社長であった正木宏生が先頭に立ち、北海道で事業を開始した。

ダイナックスが海外と取引先を拡大してきた背景には、国内自動車需要の低迷（１９９３年１月では個人消費の低迷で自動車登録台数が落ち込む）と、貿易摩擦対応として国内大手自動車メーカーの得意先が海外で現地生産を進める傾向にあった。そのような国際化に促され、海外販路開拓が必要となったことも背景にある。当時、ダイナックスはレクサスにクラッチ板を納入していた。その後、レクサスをベンチマークとして高品質のクラッチ板（最高級車リンカーン・マークⅧに使用）を探していた米国フォードから打診があり、ダイナックスは１９９２年に直接輸出を開始した。それまではマツダを通じて間接輸出していたが、直接輸出を年間20万枚の納入計画から開始した（マツダを通じたフォード向け間接納入も継続した）。フォード向け直接納入を１９９３年当時月間25万枚（１９９３年クラッチ生産量月間約６００万枚）、から、１９９５年までに月間１００万枚レベルへ拡大し生産効率とコストダウンに努めた。当時でダイナックス売上高の直接輸出率（GMフランス、ZF、フォード）が約５％へとなった。フォードの六車種で同社クラッチが使用された。フォードが同社の最高レベルの品質要求を満たした企業に対してのみ授与するQ１賞（フォードがサプライヤーに対して期待する品質管理体制が構築されているかを審査する独自の品質管理プログラムであり、フォードから検査員が派遣され、工場などを立ち入り調査し、受賞企業は新規製品についての無条件の共同開発権を与えられる）を１９９３年に受賞し、長期取引が保証され、定期的な出荷検査義務が軽減、フォード以外の国内外の自動車メーカーからも高く評価された。

技術面では世界で通用する企業であり、地元の期待と誇りは大きく、雇用面でも地場の貢献度が高い。同社を知らない人はいないほどの大企業である。今後の展開として、世界市場は意識しながらも、国際市場の全自動車メーカーへ納品する動きを保持しつつ、次世代自動車へ向けた製品開発も行う。先進国での電気自動車への急激な市場変化も考えられるが、世界市場のガソリン車が占める比率は急激に減少するとは考えられず、納品先の要望に応えうる製品開発を地道に挑戦するとしている。

（藤本武士）

15　ナミックス 株式会社

企業概要

設　　立：1947年
本　　社：新潟県新潟市北区濁川3993番地
代 表 者：小田嶋壽信
事業内容：エレクトロケミカル材料の研究・開発，製造，販売
売 上 高：352億円（2017年度）
従業員数：596名（2017年度末）

沿　　革

1946年　創業.

1947年　北陸塗料株式会社設立.

1954年　円板コンデンサー用防湿塗料の開発開始.

1958年　防湿絶縁塗料セラコートの開発成功.

1973年　本社・工場を新潟市北区に全面移転.

1996年　創業50周年社名をナミックスに変更.

2017年　経済産業省「地域未来牽引企業」に選定.

15　ナミックス株式会社

１９４７（昭和22）年設立。事業は、エレクトロケミカル材料の研究開発と製造販売を行っている。２０１７年度の売上高は３５２億円、従業員数が５９６名、研究開発費は対売上比で８％である。

海外展開を積極的に推進している。１９９９年に中国山東省で初の海外工場が稼動、２００３年米国カリフォルニア州に現地法人を設立、２００４年には欧州へも進出。現在売上高の約80％が海外売上である。フリップチップ用アンダーフィル剤では45％の世界シェアを占める。

コラム　"Small but Global"

チップ抵抗器保護用コーティング剤やフリップチップ用アンダーフィル剤など6種類のGNT製品を有しており、フリップチップ用アンダーフィル剤は世界シェア45％である。

フリップチップとは、チップ表面と基板を電気的に接続する際、ワイヤ・ボンディングのようにワイヤによって接続するのではなく、アレイ状に並んだバンプと呼ばれる突起状の端子によって直接接続する様式である。ワイヤ・ボンディングに比べて実装面積を小さくでき、また配線が短いために電気的特性が良いという特徴もある。小型、薄型に対する要求の強い携帯機器の回路や、電気的特性が重視される高周波回路などに向く。

顧客価値の創造を目指して、国内外を問わず、（商社や販売店などを通じた間接的取引ではなく）直接顧客と一体となった共同開発を実施するのが当社の強みである。そのために、顧客の課題を、初期のイメージ段階から共有しながら製品開発を進め、最終的に顧客価値向上の実現を図っている。

◆創業から発展への道のり

創業者の小田嶋壽明は、外地（朝鮮）で生まれ育ったが、戦後妻子のいる新潟に引き上げて来た。当時まだ戦後の混乱が続く中、食品関係の商売を始めたがうまく行かなかった。しかし、これからは工業の時代になるという思いを強く持ち、ある時、日本海から取れる水産資源を原料にして塗料ができることを知った。そこで１９４６年新潟で、「自社独自の技術で開発した塗料を得る会社を作ろう」と決意した。翌１９４７年に、法人として「北陸塗料株式会社」を設立し、国産塗料の開発・製造・販売に乗り出した。

北陸地方にはこれといった塗料メーカーが無く、東京や大阪からの輸送コストが高いことに着目した起業であった。

しかし、大手塗料メーカーの地方への相次ぐ進出や化学塗料の普及などによって、自社開発した塗料の売上が頭打ちになり、さらに鍋底景気と言われる大きな不況に見舞われて、あっという間に倒産の危機に追い込まれ、１９５７年に会社更生法の適用を受けるに至った。しかし、そこから再出発しようとした矢先、ある大手メーカーから、「（当時輸入に頼っていた）セラミックコンデンサーの絶縁材料を国産化できないだろうか」という話を聞いた。輸入品はコストや納期などで問題が多く、メーカーは困り果てていたのだった。時代は正にエレクトロニクスの黎明期であり、直ぐに「自分の会社で開発させて欲しい」と申し出た。それから研究開発に全力を投入し、１９５８年に、ついに国産初の防湿絶縁塗料「セラコート」を完成させた。この新製品は経営再建の柱になると同時に、エレクトロニクス分野への進出のキッカケにもなり、会社の業績も順調に伸びて行ったのである。

ところが、１９６４年６月に突如新潟を大地震（震度６の烈震）が襲った。いわゆる「新潟地震」であるが当社も社屋が甚大な浸水被害（床上１ｍの浸水）を受け、総てが水浸しになったために操業停止を余儀なくされてしまった。しかし、倒壊を免れた建物が残っていたお陰で、そこを足がかりにして社員が一丸となって復旧に取りかかり、何と地震発生から２週間後に工場が再稼働できた。また翌月には製造ラインを回復して「セラコート」をフル生産できるようになった。そして、年内には新製品である抵抗器用絶縁ペースト「オームコート」の開発に成功。３年後には絶縁材料だけではなく、導電材料の研究のために銀ペーストの開発をスタートし、さらに１９７１年には焼成型導電ペースト「ハイメック」の開発に成功した。それは、日本で唯一、世界でも数少ない導電材料と絶縁材料の両方を手がける企業としての事業拡大を行う礎となったのである。

１９７７年に父である壽明氏からその息子壽一へと社長がバトンタッチされたが、それは石油ショックによる不況の真っ只中であった。そうした厳しい環境の中で、壽一新社長は、「大企業と競合しないエレクトロニクス分野の特殊製品を生み出す」という方針の下で、社外から積極的に人材を社内に招き入れて新製品開発に力を入れた。その結果、１９８０年には、一般塗料部門を廃止し、電子部品用材料１００％の会社へと大きく事業の舵を切った。

一方、新社長は積極的に国際事業を拡大するために、積極的に社内の英語研修や社員の海外派遣などを推進し、その後の海外事業拡大の布石を打った。そして１９９９年に中国山東省烟台工場を開設した後は、アメリカ、ヨーロッパ、シンガポール等に続々と販売拠点を設置した。現在は売上の50％以上が海外向けとなっている。

◆事業内容

ナミックスのＧＮＴ製品は、いずれもスマートフォン、携帯電話、ゲーム、コンピュータ、液晶テレビなどに内蔵される電子基板の実装部品に使用されている。それら最終製品の要求仕様の変化は早く、その変化に細かく対応することが必要となる。

当社は、電子・半導体用の導電・絶縁液状材料の事業ドメインを意識した製品開発を行い、３つの基盤技術（液状物性制御、熱物性制御、硬化物性制御などの技術）の強化を図ると共に、常に変化を先読みした研究開発と、競合他社よりも早く顧客の要求事項に対応した製品改良を続けてきた。

主要製品としては、(1) オーバーコート（受動部品用の絶縁材料）、(2) チップコート（半導体チップの封印をも目的とした高純度な絶縁材料）、(3) ユニメック（エポキシ樹脂を主体とした熱硬化性樹脂に、特殊処理の自社加工導電粉末を均一分散させた低温処理可能な熱硬化型導電材料）、(4) ハイメック（Ag, Cu, Niなどの金属粒子および無機添加物などをビヒクル中に分散した焼成型の導電ペースト）、(5) アドフレマ（半導体・受動部品の高周波化・薄型化・小型化への対応可能な薄膜・高絶縁性接着フィルム）などがある。

エレクトロケミカル業界における自社の強み（コア・コンピテンシー）を把握し、常に新しい可能性を目指している。「顧客にとって不可欠なパートナーであり続けること」を長期的な経営方針としている。そして、エレクトロケミカル材料分野において、「オンリーワン」「ナンバーワン」企業を目指している。

また当社の企業理念として、「創造と革新により、すべての人の幸福と自然の繁栄を実現する」を掲げ、「自然と人間の共存共栄」（Nature and Art）と「相互の繁栄」（Mutual prosperity）、そして「革新性」（Innovation）、「創造性」（Creativity）、そして「感受性」（Sensitivity）を企業活動のコア価値として社名の『NAMICS』を決めた。

こうした企業理念や社名の目指す方向に向けてどう行動す

れば良いかを、具体的な「行動指針」としてまとめている。このコアは、自ら考え、行動し、事を成すという「自立・自動・自助」の重要性と、社会的責任（ＣＳＲ）の意識を高めるために、事業を通じた「社会貢献」「コンプライアンス」「人権の尊重」を３つの要素としている。

ナミックスの技術力は、「材料技術」（絶縁・導電特性を持つフィラー、樹脂、添加剤などの開発）、「プロセス技術」（分散、配合、新規設備などの技術）、「評価解析技術」（材料や構造解析のシミュレーション、分析など）の３つのコア技術を活用して、SEEDS（S：半導体、E：環境、E：エネルギー、D：ディスプレイ、S：システム）の５つの成長分野で使われている導電製品、絶縁製品、フィルム製品などを開発している。

具体的には、半導体（ダイアタッチ材、半導体用封止材）、環境（低温／ＵＶ硬化型接着材、低温焼成型電極材）、エネルギー（太陽電池用電極材）、ディスプレイ（ディスプレイドライバー用封止材、LED用接着剤）、システム（複合材料『顧客の仕様・プロセスメリットを考慮した材料』）などに取り組んでいる。特に近年、需要を大幅に増やしているのが、携帯電話などのカメラ部分に使用されるイメージセンサー用接着剤、パソコンなどに用いられる半導体封止材である。

売上高の約４割は、近年開発された『新製品』によるものである。その開発効率化を進めるために、全国のさまざまな大学や公共機関と共同で『ナノテクノロジー』における、ハンダ代替接着剤やナノ粉末、セラミック誘電体粉末などの研究・開発などで実績を上げている。

◆**環境への取組み**

ナミックスは、積極的に環境への取組みを行っており、環境保全活動を経営の最重要課題として位置づけている。事業活動に関わる取組みとしては、省エネルギーの推進と共に、３Ｒ（発生抑制：Reduce、再使用：Reuse、最資源化：Recycle）を推進している。また製品の環境負荷逓減のために、（１）製品の持つ環境影響を最小限にする研究開発・設計に取組む、（２）製品に含有する環境負荷化学物質の削減・代替を推進する、（３）製品包装材料の最小限化に取り組む、（４）環境に配慮した資材調達活動を積極的に展開する、などの活動を行っている。

なおナミックスは、公益社団法人中小企業研究センター主催の「第49回グッドカンパニー大賞」（２０１５年度）において「グランプリ」を受賞した。さらに、２０１７年度に「地域未来牽引企業」（経済産業省）に選定されている。

［参考文献］
NAMICS　創業60周年誌『挑戦するナミックス』。
NAMICS　会社案内、製品案内。

（鈴木勘一郎）

16　株式会社 ビクセン

企業概要

設　　立：1949年
本　　社：埼玉県所沢市東所沢5丁目17番地3
代 表 者：新妻和重
事業内容：天体望遠鏡，顕微鏡，CCDカメラ等の開発及び販売，輸出入等
従業員数：89名（2015年）

沿　　革

1949年　個人営業で光学機器の卸販売開始.
1954年　株式会社光友社設立.
1957年　輸出部新設（欧米，中近東）.「通産大臣賞」「神奈川県知事賞」受賞.
1960年　「都知事賞」受賞.中小企業のモデルとして「中小企業庁長官賞」受賞.
2003年　ビクセンヨーロッパ設立.天体望遠鏡がグッドデザイン賞受賞.
2009年　中小企業庁による「2009年元気なモノ作り中小企業300社」に選定.
2014年　経済産業省による「グローバルニッチトップ(GNT) 企業」に選定.

16　株式会社ビクセン

株式会社ビクセン（以下、ビクセン）は、埼玉県所沢市の本社・工場を拠点として、望遠鏡・双眼鏡等の光学機器の開発、設計、製作及び各商品の販売を行っている。現在のビクセンの社名となったのは１９７０年であるが、創業は１９４９年に光学機器の卸売業を個人事業として開始してからであり、65年ほどの歴史を持っている。

現在の従業員は89名であり、ユニークなマーケティング戦略と多彩な製品ラインアップを展開して、望遠鏡及び双眼鏡の販売額は国内トップである。海外展開も積極的に行っており、現地法人はドイツの１か所であるが、輸出が売上に占める割合も20％～25％となっている。

コラム　「宙（ソラ）を見上げたくなる」ビクセン

上述したようにビクセンは、その主力製品である天体望遠鏡及び双眼鏡では国内トップのシェアを持っている。また収益性でも優れており、１人当たり売上高は３０００万円以上となっており、同規模（ビクセンの資本金６４００万円）の製造企業の同数値を上回っている。海外販売も積極的に行っており、最近中国の台頭もあり、厳しい競争を強いられているが、独自技術を用いた新製品開発に積極的にチャレンジし、海外売上の拡大を目指している。

ビクセンは、１９４９年の創業以来、半世紀の歴史の中で

成長し、発展をしてきた。その成長と発展をもたらした大きな要因の1つとして、ユニークなマーケティング戦略の展開とその戦略と密接に連携した商品開発を挙げることができる。ここでは、今日のビクセンの成長と発展の背景を知るために、ビクセンの最重要な主力商品である天体望遠鏡に焦点を当て、そこで展開されているマーケティングと商品開発の戦略、さらにその背景にあるビクセンの経営ビジョンの一端を探り、最後に海外市場に対する戦略の特徴を見ていく。

◆経営ビジョン――星を見せる会社になる

代表取締役社長の新妻和重（以下新妻社長）によれば、「ビクセンは、光学機器を通じて自然科学を応援することをミッションとし、それを全うするために、〝星を見せる会社になる〟ことをビジョンとしている」という。すなわちビクセンは天体望遠鏡の開発や製造、販売にとどまらず、「多くの方が星空を楽しみたくなる」機会を提供することで、星を見る感動を体験してもらいたいと考えている。多くの人は天体望遠鏡が星を見るものであることは知っているが、それを使って星を見ることのほんとうの楽しさを知っている人は案外少ないという。そこでビクセンは、まず、「多くの人に星を見る楽しさを知ってもらい、星を見ることを好きになってもらう」ことが大切であると考えている。ビクセンのビジネスはこうした経営ビジョンからスタートしている。

◆新しいユーザーの発掘と新商品の創造

多くの人に天体望遠鏡を手に取ってもらうためには、まず、多くの人に星を見る楽しさを知ってもらわなければならない。では、星を楽しんでもらうためには、どのような人々に働きかければよいのか、彼らにどのようなサービス・商品を提供すれば良いのか、また彼らにとってお手頃な価格とはどのように考えれば良いのか、といった戦略が重要であるという。ビクセンでは、こうした戦略の中で、特に新しいユーザーの発掘（新市場の創出）やそのための新しい商品のコンセプトあるいは世界観づくりが大切であると考えている。新市場の創出や新商品を考えるための体制としては、新妻社長が直接リーダーとして参加し、企画や営業担当の社員が中心となるプロジェクトチームを作って取り組んでいく。プロジェクトにおいては、メンバー全員のそれぞれ自由な発想を大切にして、意見を出し合い、自分達がターゲットにしたい人々や商品のコンセプトをチームとして形作っていく。

新妻社長は、自由な発想で新しい商品を提供していく商品戦略を事づくりと物づくりという言葉で表現する。事づくりとは、「星を見せる」という事を通してどのような人たちに、どのような価値を提供するのかという、ユーザーと商品に関する世界観あるいは価値を創ることであると言われる。例えば、多くの女性に新たな天体ファンになってもらうために、色々な方法で宇宙を楽しむ女性たちを意味する「宙ガール」（登録商標）というコンセプトを創り，宙（そら）ガールになることの良さや楽しさを女性にアピールしながら，星空や宇宙の楽しみ方を女性目線で伝える情報発信を継続したところ，女性の天文ファンの増加という新たな市場の創出に等しい結果がもたらされた。この効果はビクセンだけにもたらされたものではなく，業界全体がその恩恵を受けている。こうした事づくりをして新商品の開発や販売という物づくりが行われることになる。

ビクセンは，新たに天体ファンとなる人たちはどこにいるのか，彼らに対して提供すべきユニークな商品とはどのようなものか，といったことを常に新しい感覚で意識している。経済産業省による「グローバルニッチトップ（GNT）100選」にビクセンが選定されるきっかけとなった商品である星空雲台ポラリエも，まさにそうした新たなユーザーや市場の創出を狙って開発した商品である。ポラリエは，星の動きに合わせて動く，モーター駆動式のカメラ雲台であり，三脚にポラリエとカメラをのせて撮影することで，星を点像のままに，美しく作品に取り入れることが可能になるという商品である。カメラユーザーをターゲットとした商品である。ポラリエは既存ユーザーやマニアの声から生むことはできなかった商品であり，既存マニアではなく新しいユーザーに売る商品を創るという戦略から生まれたものである。新妻社長は，「既存のユーザーやマニアの声を聞いているだけでは従来の延長線上の商品が生まれるだけであり，新商品や新市場を創造できない」と言われる。ビクセンでは，成長と発展のためには新市場と新商品の創造を継続することが必須と考え，会社を挙げて過去にとらわれず自由な発想で積極的に新しい仕事に取り組む姿勢が大切にされており，社員も自律性と創造性が求められている。

◆星を見て楽しさを知る機会の提供

ビクセンは新しいユーザー層の開拓を意識しながら，多くの人々に星を見る機会を提供する。様々な星を見るイベントを頻繁に企画し，展開していくことになる。ビクセンがイベントを提案あるいは提供する相手は，家電量販店，デパートや問屋といった商品の直接の販売先と，商品の最終ユーザーである。

前者の取引先におけるイベントでは，例えば，デパートの屋上でビクセンの提案や支援を受けてデパート主催の星空を見るイベントが実施される。このイベントによってデパートの集客と業績に貢献する可能性があり，もしそうなれば今度はデパートからビクセンに新たなビジネスチャンスが与えられるかも知れない。

後者の最終ユーザーに対するイベントは，ビクセンが主催，または協力し，例えば，ユーザーに星を見てもらう星祭やお台場の観望会といったイベントが企画され，実施される。

こうしたイベントでは取引先主催のイベントも含めてビク

セン社員が参加する。しかし、イベントでは、望遠鏡などの売り場を設けることはしない。ビクセンは参加者が上手に星をみるためのサポートや彼らと直接対話をすることに専念するが、こうしたイベントを通して商品開発につながるユーザーの声を聞くとともに、ファンづくり、ブランディングの形成、星空を見る趣味人口の増加を図っている。

◆市場イニシアチブと多彩な製品ラインアップ

これまで述べてきたようなユニークなマーケティングと商品戦略によって、ビクセンは天体望遠鏡の市場でイニシアチブを取ることができている。その結果は商品の販売価格の設定と会社の収益性に良い影響を与えている。

なお、商品戦略の特徴についてもう1点補足するならば、ビクセンの製品ラインアップが多彩であることを挙げることができる。天体望遠鏡のセット商品だけでも約42種類が用意されている。ビクセンは新たな天体ファンの獲得や創造に力を入れているが、商品に対するニーズは人それぞれ異なり、多様である。したがって、できるだけ多くの人が天体望遠鏡を手に取り、新たな天体ファンとしてエントリーしやすくなるように多彩な商品を用意する必要があるとビクセンは考えている。

輸出売上が最も大きかったのは、約30年前であるが、最近は中国の台頭もあり、その当時と比べると少し減少している。国際市場において中国と低価格品で競争することは難しく、ビクセンは国際市場において、高度な機能を持つ高級品か、特殊な機能を持った付加価値の高い製品で勝負することを考えている。上述した星空雲台ポラリエは、まさにそのことを体現した製品であり、現在の中国企業では作ることはないだろうとのことである。

◆海外展開――アイデアと技術に支えられたユニークな商品の開発

ビクセンが自社製造の天体望遠鏡を輸出するようになったのは、１９６６年以降からである。現在では、売上高のうち20％から25％を輸出が占めている。主な輸出先は欧州、米国である。欧州のうち東欧・北欧に対しては、ドイツの子会社であるビクセンヨーロッパ（２００３年設立）を経由して販売し、フランス、イタリア、スペインといった南欧には代理店を経由して販売している。米国に対しては、代理店経由で輸出している。

新妻社長は、「今までになかった、突き抜けたもの（新しい市場を作り出す、新しい機能を備えた）を世界に提供していくことが、海外市場で生き抜いていくために必要である。」と言う。したがって、どのような市場で何を売っていくべきかの商品戦略が国際市場では国内市場以上に重要になるが、そのためには自社商品のブランディング活動やコンセプトの提案を効果的かつ積極的に行い、自社のビジョンも含めて海外市場で認知してもらうことが重要であると捉えている。そのためには代理店などに頼るのではなく、自ら直接に自社や商品を理解してもらう活動に力を入れることが特に重要になるという。

［参考文献］

インタビューの実施（２０１４年８月19日）。
株式会社ビクセンのＨＰ（www.vixen.co.jp　２０１６年２月24日閲覧）と商品カタログ。

（岡田　清）

17　津田駒工業 株式会社

企業概要

設　　立：1939年
本　　社：石川県金沢市野町
代 表 者：高納伸宏
事業内容：高速自動織機，工作機械の製造
売 上 高：約369億円（2015年11月期）
従業員数：943名

沿　　革

1909年　金沢市において創業.

1931年　「K型」織機の完成.

1939年　津田駒工業（株）設立.

1961年　東証，大証第二部上場.

1968年　東証，大証第一部昇格.
NC円テーブル，レピアルームの製造開始.

1976年　ウォータジェットルームの製造開始.

1977年　エアジェットルームの製造開始.

2002年　中国に現地子会社設立.

2008年　(株)豊田自動織機との合弁によりサイジングマシン製造会社を設立.

17　津田駒工業株式会社
――織機にこだわり、世界の「ツダコマ」へと成長――

津田駒工業株式会社（以下、「津田駒工業」または単に「津田駒」ということもある）は、石川県金沢市に本社を置き、織機など繊維機械、工作機械のメーカーである。同社の「ジェットルーム」（「ルーム」とは織機のこと）と呼ばれる高速自動織機は、生産性と品質、汎用性、省エネ、操作性、耐久性といった基本性能と最先端の電子制御により高い評価を得ており、世界最多の販売実績を誇る。

織機は、緯糸を経糸にくぐらせる速度が上がるほど生産性が向上し、多くの台数を持たなくても済み、大きなスペースも要らなくなる。津田駒工業の主力製品のうち、緯糸を空気圧で飛ばすタイプの「エアジェットルーム」は、何と言ってもその速さが自慢である。２０１５年11月に開催されたイタリア・ミラノの国際展示会では、ジェットルーム史上最速となる２１０５回転／分を達成した。また、緯糸を水で飛ばすタイプの「ウォータジェットルーム」も忘れてはならない。先進国でこの種の織機を製造する企業は、津田駒工業と豊田自動織機のみである。とくに高級（マルチノズル）ウォータジェットルームにおいて、津田駒の世界シェアは90％である。エアジェットルームが主に紡績糸織物に適しているのに対し、ウォータジェットルームは、ナイロン、ポリエステル等の疎水性の糸に向いている。軽量で動きやすいと近年流行りのダ

ウンジャケットの表地は、同社のウォータジェットルームで製織されている。

その他に津田駒工業は、経糸に糊づけを行うサイジングマシン（準備機械）の製造を行う国内唯一の企業でもあり、フィラメント糸用サイジングマシンのシェアは世界トップである。

津田駒工業の主な国内事業所は、本社に併設し、主力の織機を製造する金沢工場、鋳造を担当する松任工場（石川県白山市）、工作機械を製造する野々市工場（同野々市市）である。海外には中国に生産工場2か所（うち1つは合弁）、販売拠点1か所をもつほか、インドにも近年サービス拠点を設置した。ジェットルームの売上の約9割が海外での販売による。

コラム　ものづくりの源流　――創業から会社設立まで――

津田駒の創業は１９０９年、津田駒次郎が金沢市の自宅で「津田駒次郎工場」を開業したときに遡る。駒次郎の祖父・幸七は、弟の吉之助とともに加賀藩祖・前田利家公を祀る尾山神社の神門の建造に参加した宮大工であった。その吉之助の子が津田米次郎で、１９００年に国内初の絹力織機「津田式半木製力織機」を発明した人物である。優秀な技術者として早くから頭角を現していた駒次郎は、一足早く東京で事業を開始していた米次郎の誘いを受けて１９０７年に上京し、二人三脚で織機製造に従事していた。そうした中、金沢の機織工場から織機の大口注文を受けたことが転機となり、帰郷して独立開業することになった。

ここで、創業期の津田駒を語る上で「K型シリーズ」に触れないわけにはいかない。その誕生のきっかけは、第一次大戦後の不景気の最中、皮肉にも１９２７年の北丹後大震災により絹織物の一大産地だった京都・北丹後地方が壊滅的な被害を受け、その復興のために、金沢の織機業界に空前の特需がもたらされたことであった。駒次郎は急増する需要に対応すべく、東京で研修中だった義弟・越馬徳治をパートナーに迎え入れ、新しい力織機の開発と工場の近代化を推し進めた。

徳治はコスト削減と量産体制を追求すべく、織機のタイプを統一することを決断した。注目すべきは、新製品の開発に当たって、織機が使用されている工場に足を運び、ユーザーの生の声に耳を傾け、開発に反映させるマーケットイン的な手法を採用したことである。そしてついに１９３１年、３年もの期間をかけて完成したのがK型第1号機である。K型織機は、ボルトやナット、キーを除き、初めてメートル法を採用するなど、国際化にも対応するものであった。価格と品質を兼ね備えたK型シリーズは日本各地に普及し、津田駒の技術力を世に知らしめる名機となった。津田駒の開発思想の源流は、ここにあるといえよう。

戦時期に入ると、繊維工場での織機の増設が許可制となり、織機生産が事実上禁止されることとなったが、直ちに軍監督工場の指定を受け、工作機械の生産を開始した。このようにして工作機械にもステージを広げた津田駒次郎工場は、１９３９年、創業30周年を迎えたのを機に、津田駒工業株式会社へと改組した。そして駒次郎は初代社長に就任した。

◆高速化する織機の進化を常にリード

織機は経糸に緯糸をくぐらせる方式の改良とともに進化してきた。「杼（ひ）」（シャトル）と呼ばれる部品を用いて緯糸を通していた時代には、緯糸がなくなると機械は停止するものであった。１９２５年に豊田佐吉が、運転中でも杼を自動交換できる「無停止杼換式自動織機」を発明したことにより、当時、生産性が30～50倍高まったといわれる。この自動織機の製造のために26年に設立されたのが豊田自動織機製作所（現・豊田自動織機）である。

さて駒次郎は、終戦間近の１９４５年８月６日に67歳で他界する。その翌年、２代目社長となった越馬徳治の下、津田駒工業は織機生産を再開した。その５年後、徳治は世界の動きを知ろうと海外視察を決断し、約４か月にわたり東南アジア、ヨーロッパ、さらにはアメリカを見て回り、情報収集に努めた。この海外視察は、新たなサイジングマシン開発に向けての重要な契機となるとともに、織機高速化の必要性を痛感させ、１９５６年のLMD型自動織機の開発成功につながった。それは当時、シャトルを自動交換するタイプの織機の世界最高水準に追いついた証でもあった。

ところが昭和後期になると、杼が往復すること自体が高速化を妨げる要因となると考えた織機メーカーが、杼を使わない「シャトルレス」化を追求して開発競争が加速していき、様々なタイプの「シャトルレスルーム」が考案された。津田駒工業もこの流れに乗り遅れることはなかった。１９６７年、フランスのSACM社と技術提携し、杼を使わず槍状（レピア）の長い棒のようなもので緯糸を運ぶ「レピアルーム」の開発に日本企業として初めて成功した。76年には、水圧で緯糸を水鉄砲のように飛ばすタイプの「ウォータジェットルーム」を、さらに翌77年には、空気圧で緯糸を飛ばすタイプの「エアジェットルーム」をそれぞれ商品化した。

エアジェットルームの開発に当たっては、当時、日産、豊田自動織機、津田駒工業の３社が、空気圧で緯糸を挿入する方式に関して、緯糸を送り出す空気効率の優劣を競っていた。津田駒工業が採用したのは「変形おさ＋マルチノズル方式」というものであった。この方式は、日産、豊田自動織機が採用した方式とくらべて空気効率は必ずしも良くないが、高速性・柔軟性にすぐれ、結果的に高生産性を実現できたために、エアジェットルームの世界標準になった。このようにして津田駒工業は、超高速化時代の先頭に躍り出ることになったのである。

◆「専門内の多角化」により経営資源を集中

今日、石川県は生産用機械器具メーカーの集積地であり、人口1人当たりの生産額でも全国トップクラスである。石川県の織機メーカーは大きく北陸機械工業と石川製作所、そして津田駒工業という3つの流れがある。これらを源流に、高松機械工業や中村留精密機械工業といったユニークな中堅ニッチトップ型企業が次々と誕生している。ところが織機メーカー自身は、高度成長期の終焉とそれに続くドルショック、石油ショックの渦に飲み込まれ、業種転換や廃業に追い込まれていった。北陸機械工業は1976年に経営破たんし、石川製作所は近年、段ボール印刷機など繊維機械以外の比重を高め、繊維機械の主力はレピアルームから撚糸機械にシフトしている。

それにもかかわらず、津田駒工業が危機を乗り越え、織機の超高速化の流れの先頭に立つ、リーダー企業となり得たのは、越馬徳治、そして3代目社長として徳治の後を引き継いだ越馬平治ら経営トップによる「専門内の多角化」という英断があったからだと言われている。成長戦略として事業領域を拡大する多角化が注目されていた時代にあって、徳治たちは苦境から脱出するための土台づくりとして、何よりも専門であり、技術やノウハウなど強みが蓄積されている織機というフィールドに焦点を当て、その枠内で多角化を図っていく選択をしたのである。これによって経営資源を織機分野に集中させ、激しさを増す織機開発競争に真正面から立ち向かうことが可能になった。また、1969年に創業60周年を記念して発表した社是が決断を後押ししたことは言うまでもない。

「われわれは　つねに最高の品質をめざし　社会に貢献する」

協力会の存在も重要である。津田駒工業には、商社や販売代理店などの「津田駒協力会」と、板金や機械加工などを担当する「外注協力会」、そして鋳造に関わる「松任工場協力会」の、3つの協力会がある。世界に誇る津田駒のウォータジェットルームやエアジェットルームは、これら協力会のメンバー企業の存在なくしては実現できなかったと、関係者は口を揃えて言う。津田駒工業と協力会企業との関係は、親会社と下請といった上下関係ではなく、長年にわたって培われた信頼関係と、お客様に喜んでもらえるものを一緒につくろうという技術者魂によって固く結ばれている。

◆グローバル化への対応・新分野への参入

津田駒工業は2009年に創業100周年を迎えた。同社ではこれまでに7人の社長が経営の舵をとってきた。力織機の市場を創造した初代社長の津田駒次郎、その義理の弟で、顧客の視点からK型機を誕生させ、戦後は海外視察を経て準備機械、LMDの開発に邁進、さらには「シャトルレス化」の流れの中でジェットルームにつながるレピアルームの開発を成功させた2代目社長越馬徳治、その徳治とともに「専門内の多角化」を推し進め、ジェットルームの分野で津田駒の名を世界にとどろかせた3代目社長 越馬平治、ここまでが創業者一族による経営であった。

4代目社長は、越馬平治の下で技術部長としてウォータジェットルーム、エアジェットルームの開発に従事した寺田外喜夫が務めた。5代目は人事、教育、総務、経理、調達などを担当し、津田駒の人づくりをリードした戸上一浩が務めたが、在任中に急逝した。そして2004年10月以降、6代目として戸上の後を引き継いだのが、販売担当として世界を相手に渡り歩いてきたビジネスマン菱沼捷二である。

海外営業で鍛えられてきた菱沼にとって津田駒の歴史は、ジェットルームの生産性向上とコストダウンにより、円高の影響をなんとかしのいできた歴史でもあった。そもそも繊維産業、それに連なる繊維機械産業は、昔も今も為替など経済変動に影響されやすい分野である。菱沼の思いは、為替変動や景気のアップダウンをものともしない津田駒を目指して体質を改善・強化していくことであった。

近年、津田駒工業は、繊維機械の売上を落とすことなく、非繊維機械分野の比重を高めていくための戦略を次々に打ってきた。その1つとして期待されるのが工作機械事業であり、大手工作機械メーカーとの提携の下、主力商品である数値制御（ＮＣ）円テーブルの販売強化に乗り出している。自動車やスマートフォン用部品向け、一般産業向けに加え、航空機分野への販売を促進している。さらに、ボールドライブ駆動ＮＣ円テーブルという世界初の製品開発に成功し、新たな業界標準を目指している。

また炭素繊維分野にも力を入れている。炭素繊維は鉄よりも軽く強度もあるため、自動車や航空機業界で注目が集まっている。炭素繊維に樹脂を混ぜた複合材料の強度を高めるには、何層にも重ね合わせる必要がある。同社では、そのための自動積層機の開発に日本で初めて成功し、ボーイング787向けの装置の納入を成し遂げた。現在は航空機業界に加え、自動車業界での炭素繊維素材の普及に向けて、自動車メーカーとの共同研究も進めている。

他方、織機など繊維機械事業も手を抜けるような状況にはない。津田駒の繊維機械はその9割が海外向けである。とくに中国では、様々なリスクに対応し、収益を安定化させる上で、現地生産の強化が鍵となっていた。2013年には、ウォータジェットルームを製造する江蘇省の津田駒機械製造の生産能力を大幅に増強し、陝西省の経緯津田駒紡織機械ではエアジェットルームの製造工場を新設した。

中国では比較的安価な繊維機械が使われることが多い。しかも模倣品の被害にも遭っている。津田駒は、高付加価値製品は国内で生産し、品質に見合う価格で勝負し、汎用機については中国で生産し、現地調達比率を高めつつ利益を出す構えである。

過去数年間の中国市場での不振が要因で、津田駒工業の業績は、2012年11月期から2015年11月期まで4期連続の最終赤字を余儀なくされた。15年には初の社外出身社長として大手商社出身の高納伸宏が社長に就任した。会長となった菱沼との二人三脚で、不断の改革に挑戦し、業績回復の兆しが見えつつある。目指すは「強い津田駒」の復活である。

（牧田正裕）

主要製品

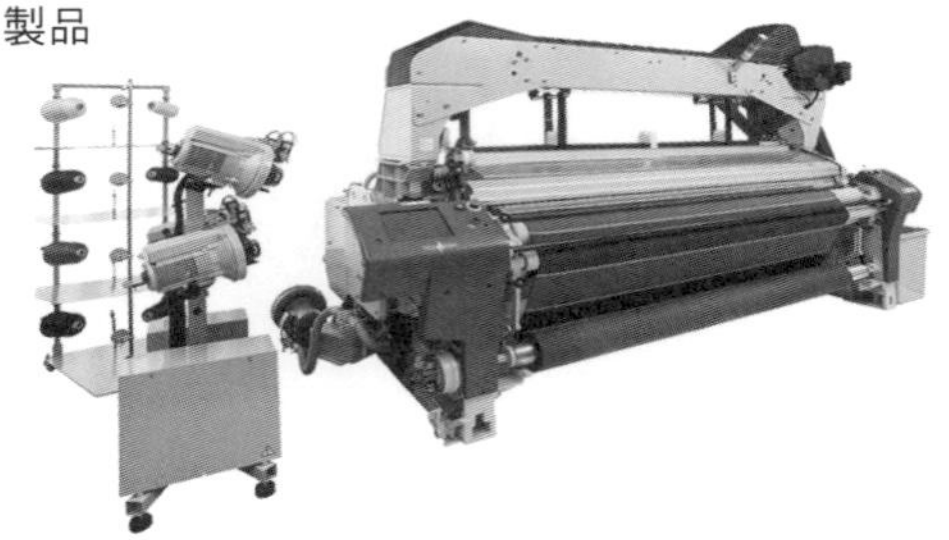

写真１　ZW8100　ウォータジェットルーム

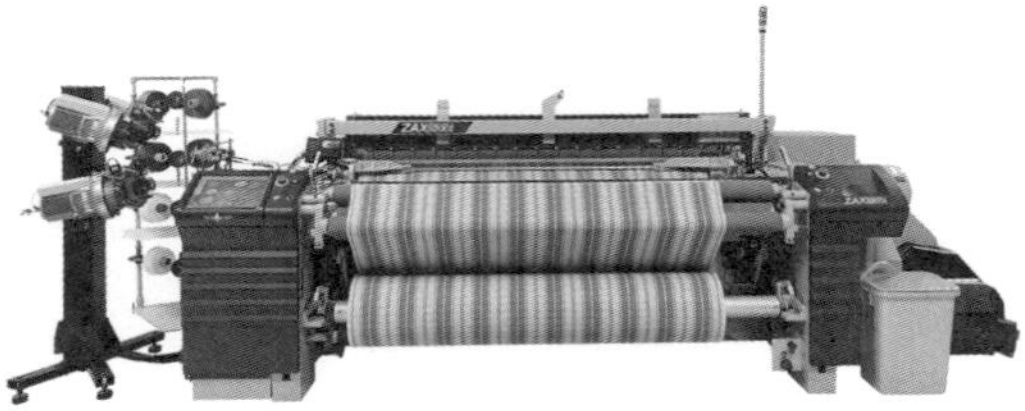

写真２　ZAX9200i　エアジェットルーム

18　東京鐵鋼 株式会社

企業概要

設　　立：1939年
本　　社：栃木県小山市横倉新田520番地
代 表 者：吉原毎文
事業内容：棒鋼及び棒鋼加工品の製造・販売を中心とする鉄鋼事業
売 上 高：435億円（2017年3月期）
従業員数：709名

沿　　革

1939年　東京都足立区に東京鉄鋼株式会社を設立.
1969年　栃木県小山市に小山工場製鋼工場を完成.
1971年　東証の市場第二部に上場.
1974年　東証の市場第一部に上場.
1983年　日本建築センターの評定を取得.
1996年　ISOの品質マネジメントシステムの認証を取得.
2005年　ISOの環境マネジメントシステムの認証を取得.
2014年　経済産業省「グローバルニッチトップ企業（GNT企業）100選」に選定.

18　東京鐵鋼株式会社

東京鐵鋼株式会社（以下東京鐵鋼）は、本店所在地を栃木県小山市におき、鉄筋コンクリート用棒鋼、機械式継手、機械式鉄筋定着金物、鉄筋加工製品、鉄骨露出型柱脚工法等を製造、販売する電気炉メーカーである。主要営業品目は、鉄筋コンクリート用棒鋼ではねじ節異形棒鋼「ネジテツコン」と一般異形棒鋼「トーテツコン」、機械式継手ではねじ節鉄筋継手「エースジョイント」とモルタル充填式継手「トップスジョイント」、機械式鉄筋定着金物では、ネジテツコン用定着金物「プレートナット」とネジ式プレート定着型せん断補強筋「プレートフック」、鉄骨露出型柱脚工法では「スマートベース工法」と「ネジベース工法」などの製品を販売している。

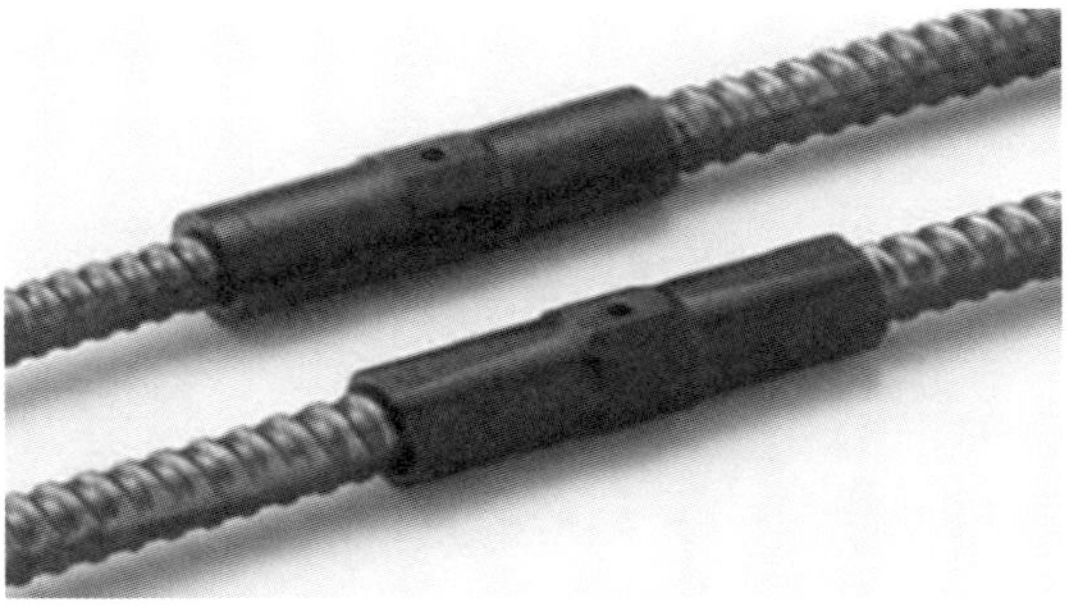

写真1　エポックジョイント

出所：東京鐵鋼（株）提供.

主要事業拠点として本社工場を栃木県小山市、東京本社を東京都千代田区、八戸工場を青森県八戸市におき、さらに中国や韓国に海外事業所を設立している。

１９７１年６月に東京証券取引所一部上場し、２０１５年３月31日現在、株式分布は金融機関28％、外国法人28％、個人その他26％、その他法人14％、および証券会社２％となっている。平成26年４月１日から平成27年３月31日までの第87期の売上高は６３６億１０００万で当期純利益は24億６９００万円である。

コラム　ＧＮＴ企業への道程

◆会社の危機とブランドの確立

１９３９年に創業した東京鐵鋼は、日本の電気炉メーカーで初めて「ネジテツコン」と「継手」の開発に成功し、１９８３年には（一財）日本建築センターの評定を取得している。本製品を開発し、成長させるに当たっては、大学・他企業との連携による共同開発、営業・施工現場からの情報のフィードバック、ニーズに直結した開発体制の整備等を行い、また、鉄鋼メーカーでありながら建築系の学生を毎年採用する等、技術力のレベルアップを図り、顧客であるゼネコンのニーズを具体化してきた。当初は高価なため、ほとんど普及しなかったが、材質と形状の変更によるコストダウン、施工方法の改善、提案営業を行うことにより販売量を伸ばすことができた。

◆海外進出

海外販売については、商品の性能、信頼性及びトータルエンジニアリングサービスによって、顧客から高い評価を得ている。また、採用実績が増加するとともに、多くの照会を受けている。海外展開の具体的な手法としては、製品の良さをＰＲするとともに、よりきめの細かい技術提案を行う営業活動を展開している。海外展開をする上での課題は、商品を現地の要求にあった仕様に改造することや周辺分野への展開を図ることである。そのために、開発体制の整備と海外に現地法人を設立し、製品の良さと高い技術力を理解してもらえるように提案型の営業を行っている。

◆会社の確実な存続と事業展開

鉄筋コンクリート構造建築の市場規模拡大に向けて取り組んでいる。しかし、国内市場だけを対象としていたのでは、建築需要の伸びの鈍化によりいずれ収益力は低下する。そうなる前に、市場を海外に求め収益力を上げたいと考えた。幸い、ネジテツコンと継手は、建築市場全体からすればニッチであるが、汎用品としての鉄筋でなく非常に特色ある製品である。また、当社製品と技術提案営業を合わせたエンジニアリングサービスは国際競争力を持っているので、それを活かした事業展開を図っている。

◆GNT企業選定への道のり

日本では30年位前から居住性に優れた鉄筋コンクリート造で超高層建築物を造ろうという機運が生まれてきた。東京鐵鋼はそのような時代の変化の中で、鉄筋の高強度化と施工の合理化の両方を解決するため、日本の電気炉メーカーで初めて「ネジテツコン」と「継手」の開発に成功した。現在は、その高い技術力と提案営業力を活用し、海外にも展開している。よりきめの細かい技術提案と営業活動を行うために現地法人も設立し、ユーザーニーズを取り入れ、各国の事情に一番合った仕様の製品開発を外部と共同で取り組んでいる。

◆企業におけるリスク管理

開発した独自技術は、海外も含めて積極的に特許申請をしている。また、関連する会社と秘密保持契約を結び、技術保全に努めている。従業員に対しては、規定に秘密保持がうたわれており、一方で有益な提案と特許に対しては報奨金を出している。

（大竹敏次）

19　日本電産テクノモータ 株式会社

企業概要

設　　立：2009年
本　　社：福井県小浜市遠敷36-1-1
代 表 者：廣部俊彦
事業内容：空調家電産業用小型モータ，応用機器等の開発製造販売
売 上 高：870億円（2018年3月期）
従業員数：3027名（2018年3月末）

沿　　革

1943年　芝浦製作所小浜工場発足．

1978年　安川電機製作所飯塚工場発足．

2001年　芝浦製作所を日本電産シバウラに社名変更．同時に，安川電機製作所を日本電算パワーモータに社名変更．

2009年　日本電産テクノモータホールディングス設立．

2011年　日本電産シバウラ・日本電産パワーモータを吸収合併．

2012年　日本電産テクノモータに社名変更．

19　日本電産テクノモータ株式会社

空調用及び産業用中小型モータの開発、生産、販売を行う。旧日本電産シバウラ（１９４３年に芝浦製作所小浜工場）と旧日本電産パワーモータ（１９７８年に安川電機製作所飯塚工場）が合併して２００９年に設立された。

２０１８年３月期の売上高は８７０億円で、主力事業の空調用モータの中でも、高効率・省エネ型ブラシレスＤＣモータ分野では、世界シェア60％を占める。

コラム　"All for Dreams"

同社は、空調関係と産業用の中小型モータのグローバル企業を目指す。売上は５５０億円（２０１４年３月期）、６３２億円（２０１５年３月期）と急成長を見せ、２０１８年３月期の売上は８７０億円であった。

日本のエアコンは、ほとんどが省エネ効果の高いインバータエアコンで、そこにはマイコン制御のブラシレスＤＣ（直流）モータが搭載されているために、キメ細かでかつ効率的なコントロールが可能である。しかし、海外では制御性や効率性の低いＡＣ（交流）モータを搭載した普及型エアコンが主流であるために、今後の成長余地が非常に大きいと考えられる。特に、市場が急拡大する中国をはじめとする新興国、省エネ化が進んでいないアメリカや欧州なども、世界的な省エネ化の潮流を背景に、今後は省エネ型のインバータ

エアコンに切り替わって行くことが予想され、大きな成長市場となることが見込まれている。

同社が生産するモータの用途としては、①空調（ルームエアコン、業務用エアコン、加湿器、空気清浄機、エコキュート室外機など）、②産業・発電（ポンプ、ファンブロア、工作機械、クレーン、繊維機械、風力発電、太陽光発電、燃料電池）、③鉄道分野・建物設備（列車機器冷却ファン、客車空調、ホームドア、可動式ホーム柵、昇降機、自動ドア、エレベータ、防煙シートシャッター）、④アメニティ（電動工具、電動車椅子、電動カート、除雪機、シュレッダー）など幅広いモータを開発製造している。

◆主要製品

主要製品としては、ＤＣモータ（HVAC）、ＡＣモータ（HVAC）、産業・発電用モータ、鉄道分野・建物設備用モータなどに分けられる。

①ＤＣモータ（HVAC）

エアコンの省エネ化・高機能化にとって、ブラシレスＤＣモータは欠かすことのできない存在である。他社に先駆け高効率・高性能のブラシレスＤＣモータを開発することで、エアコンの進化に貢献して来た。また高品質な製品は市場で圧倒的なシェアを獲得している。例えば、空調（インバーターエアコン）用のブラシレス直流（ＤＣ）ファンモータは、世界シェア60％を占める。

②ＡＣモータ（HVAC）

中国やインド等の新興国で販売されるエアコンはＡＣモータが主に使われているが、当社の高性能・小型ＡＣモータはユーザニーズに適合した上に、競争力のある価格で提供されている。新興国での事業拡大をターゲットに、静音化・低振動化を追求し、機種を充実させている。

③産業・発電用モータ

環境負荷の少ないモータの提供によって、風力発電や太陽光発電など、地球に優しい製品やサービスを提供する企業をサポートしている。

産業用モータでは、50Ｗから55ｋＷまでの幅広い容量範囲をカバーする多様な製品をラインアップしている。なお産業用モータの市場シェアは、5～10％を占めている。

④鉄道分野・建物設備用モータ

高性能な鉄道関連用モータは公共輸送の省エネ化に貢献している。従来から

写真１　家庭用エアコンファンモータ

出所：日本電産テクノモータHP（http://www.nidec-tecnom.com/Products/HVAC/products_hvac.html 2019年4月26日閲覧）.

一般的にはＡＣモータが使われて来た自動ドアやエレベータにもブラシレスＤＣモータが採用されつつあり、需要は拡大を続けている。

　これらの各分野で利用される高機能モータは、今後一層の省エネ、多機能化、小型化ニーズに対応することによって事業拡大が見込まれている。

◆成長する事業分野

　当社は世界各国にグローバルのサービス拠点を設置し、営業・開発・生産が連携した機能的なサービスネットワークを作っている。主要拠点としては、日本電産ヨーロッパ株式会社テクノモータディビジョン（オランダ）、インド日本電産株式会社テクノモータディビジョン（インド）、日本電産シバウラ（浙江）有限公司（中国）、日本電産シバウラ（上海）国際貿易有限公司（中国）、日本電産シバウラ（香港）有限公司（香港）、日本電産シバウラエレクトロニクス・タイランド株式会社（タイ）、米国日本電産株式会社テクノモータディビジョンなどである。

　日本とは異なり、海外市場（欧米や中国など）ではまだまだ効率面で劣った交流（ＡＣ）モータの利用が主流である。しかし中国市場などでは新しいモータの受注が伸びており、またインド、中近東、南米などの新興国、さらには米国市場の成長なども大いに期待される。また中東では、サウジアラビアが15年に電源を規制変更による需要も見込める。

　新分野としては、空調のコンプレッサー用や電動工具用のモータを開発している。例えばコンプレッサー用の市場規模はファン用の2倍以上あり、また電動工具などもＤＣ化が進んできている。

写真2　産業用三相誘導モータ：高効率IE3

出所：日本電産テクノモータHP（http://www.nidec-tecnom.com/Products/IndustrialMachinery/products_Industrial_Machinery.html　2019年4月26日閲覧）.

◆同社の変遷と永守イズム

　もともと旧日本電産シバウラ（１９４３年に芝浦製作所小浜工場）と旧日本電産パワーモータ（１９７８年に安川電機製作所飯塚工場）の2社を統合する形で、２００９年に持株会社日本電産テクノモータホールディングスが設立された。また２０１０年にイタリアの家電部品メーカー ＡＣＣ社から家電用モータ事業を買収して日本電産ソーレモータを設立したが、その後日本の前2社を合併し、イタリアの子会社を傘下において、最終的に「日本電産テクノモータ」に社名変更した。

　当社は、日本電産グループの永守社長の「直ぐやる、必ずやる、できるまでやる」の経営方針（永守イズム）を軸に、経営管理を徹底的に行っている。日本電産グループ入りする前の業績は厳しかったが、日本電産流の徹底したコスト削減経営と、大企業系列を離れ新たな製品開発・販路開拓に全力で取り組んだ結果として、堅固な収益構造へと生まれ変わった。

例えば、人件費、材料、外注費を除く、事務用品費、光熱費、出張費、物流費、交際費などを徹底的に削減。また購買費削減なども、複数の調達先を絞り込んでの大量購買、調達先を世界規模に広げた徹底的な見直し、設計や生産方法の改善で原材料を減らすなど、様々な工夫をすることで購買費削減を実現している。その結果、中国の地場企業と（技術的には当然だが）コスト面でも決して負けない生産体制を実現している。例えば、モータの芯は通常銅線を使うが、アルミ線を使ったり、鋼材も中国製を使った新しいモータを開発したりしてコスト競争力を高めている。

また日本電産グループ全体が、ＰＣのハードディスク用精密モータ一本から、家電・商業・産業用モータや車載モータなど、より広範な用途のモータを開発しているが、その一翼を担っているのが当社である。

◆技術開発センター

２０１３年に、空調機器用の中小型モータに特化した研究開発施設として「福井技術開発センター」を新設した。新興国をはじめグローバル市場に向けた先行開発や量産設計、海外生産拠点の技術支援などを行うマザー開発拠点である。

第一期工事（６６００平米、約２０００坪、地上3階建て、３５０人）に加え、２０１５年に第二期工事（1万平米、約３０００坪、同地上3階建て、６５０人収容可能）を完了。福井技術開発センターでは、小型：～１５０Ｗインダクションモータの開発、ブラシレスＤＣモータ：～７５０Ｗの開発、モータ応用製品開発、ドライバー商品開発などを手がける。

それ以外の研究開発拠点としては、九州技術開発センター（中小型：～55ｋＷのインダクションモータ開発）、平湖技術開発センター（中国市場開発支援）、バンコク技術開発センター（アジア市場開発支援）、日本電産中央モータ基礎技術研究所（基盤・要素技術の研究、モータ応用化技術の研究）などを有している。

[参考文献]
日本電産テクノモータ株式会社　会社案内。
C.I. 地域情報　２０１３年7月 No.252　関西電力「地域クローズアップ」。
日経ビジネスオンライン２０１３年11月8日（金）、「最新版・会社の寿命：再生企業をさらに強くする日本電産グループ：日本電産テクノモータ・郷坪智史社長、日本電産サンキョー・堀伸生執行役員に聞く」。

（鈴木勘一郎）

第Ⅱ部　GNT 企業の事例

Chapter 1

ProMinent GmbH
――グローバル・ニッチトップ商品創出と持続的成長戦略――

（1）概　況[1]

ProMinent GmbH（以下、プロミネント社）は、小型の「電磁駆動定量ポンプ」（**写真1－1**）の世界市場で70％のシェアを持つグローバル・ニッチトップ企業（ドイツではHidden Champion[2]と呼ばれる）である。

一般的なポンプは流体（液体、スラリー[3]、気体）を連続的、大量に移送することを目的としており、「移送ポンプ」と呼ばれる。一方、「定量ポンプ」は「所定量の薬液を一定時間に正確に反復的に移送、注入する」ことを目的としている。例えば、水道水の消毒のため、必要量の塩素[4]を正確に注入するのが定量ポンプである。電磁駆動定量ポンプとは、定量ポンプの1つのタイプであり、液体を正確に注入するための駆動力を「電磁力」に依存しているポンプである。プロミネント社は定量ポンプに電磁駆動を世界で最初に活用したパイオニア企業であり、従来、高額のため、入手困難であった定量ポンプを小型・軽量化、低

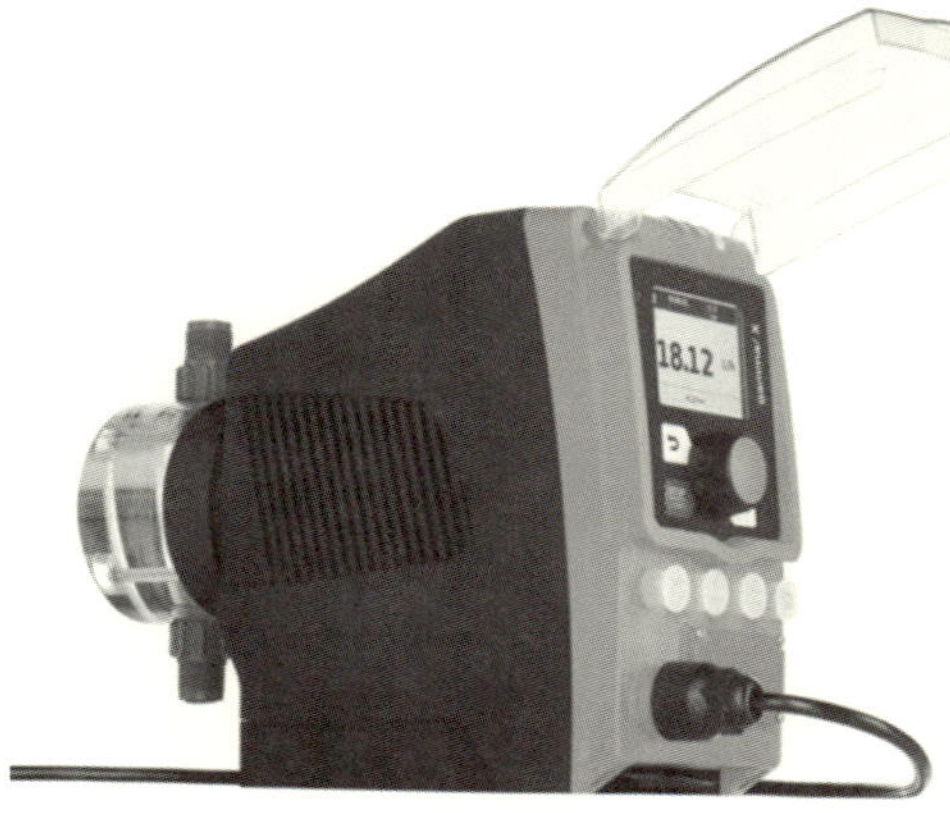

写真1－1　最新の電磁駆動定量ポンプ
（Gamma / Xタイプ，サイズ：30×12×22 cm，3.7 kg）

出所：プロミネント社HP（https://www.chemicalsupport.co.uk/catalogue/pumps/dosing-pumps-prominent/gala-controllable-solenoid-dosing-pumps/　2016年5月3日閲覧）.

企業概要

設　　立：1960年
本　　社：ハイデルベルク（ドイツ）
代 表 者：Andreas Dulger
事業内容：各種定量ポンプ，水処理装置，化学的流体処理装置の製造・販売
売 上 高：393億円（2013年度）
従業員数：2500名

沿　　革

1960年　ドイツ，ハイデルベルグにChemi & Filter社設立.
1968年　世界初の電磁駆動型定量ポンプを開発.
1971年　最初の国際子会社をスイスに設立（現在，100か国以上に販売・生産拠点）.
1971年　オゾン発生装置開発.
1982年　モーター駆動型定量ポンプを開発.
1997年　海水淡水化装置開発.
1988年　ProMinent Dosiertechnikに社名変更.
2010年　石油採取リグ向け定量ポンプシステム納入.

価格化することで世界の産業界に広く普及させ、水処理や多数の産業プロセスで使用される化学物質の消費を抑制し、環境保護での貢献も大きい。

定量ポンプにはいくつかのタイプがある。歴史的には「プランジャー型」[5]、「ダイヤフラム型」[6]を経て「電磁駆動型」[7]に至る。[8]これら3つのタイプを、本ケースでは便宜的に、第1世代、第2世代、第3世代と呼ぶ。[9]

プロミネント社は第3世代の定量ポンプ開発に大きく貢献した。

現在、同社は第1、2、3世代のすべてのタイプを改良・進化させ、豊富な品揃えを有する。

同社の本社はドイツ、ハイデルベルクに所在し、売上高は3億ユーロ（約393億円）[10]で、従業員は世界に2500人を擁するファミリービジネス企業である。海外拠点は生産拠点を含め100か国以上に及び「ハイデルベルクのミニ多国籍企業」と呼ばれる。日本には子会社のプロミネント（株）がある（1988年設立）。

創業者はPro. Dr. Viktor Dulger[11]（ビクター・ドゥルガー。以下、ドゥルガー）で、発明家、企業家、慈善活動家の3つの顔を持っている。企業家としてはビジョナリー・タイプである。ビジョンに基づき自らイノベーションを創出し、創業当初から意欲的に国際化を展開して、短期間でグローバル・ニッチトップ企業に発展させた。同社は2001年、創業40周年を機に、創業者から2代目に事業承継された。その翌年、2002年にビジネ

スモデルをソリューション提供型に転換した。同社の単体製品とシステム商品の売上比率はほぼ半々である。

単体製品については、小型の定量ポンプを基盤に事業を拡大し、現在では、中・大型の定量ポンプまで多様な品揃えを持ち、研究開発、生産技術、販売力の観点から定量ポンプの世界のリーダーの一角を占める。同社の定量ポンプの重量は２kgから15トンまである。注入する化学物質については塩素、硫酸、塩酸など腐食性物質を含み多種類ある。注入量から見ると、１時間に、数ミリリットルから10万リットルまで幅広い。注入圧力は2bar（バール）（約2気圧）から４０００bar（約３０００気圧）まで広範囲である。

同社の商品群が使用される分野は食品加工、化学工業、電力、石油・ガス、鉱業などほとんどの産業を網羅するほか、ホテルや公共のプールの消毒など、業務向けのビジネスも多い。使用現場としては果物・野菜の洗浄、ワイン醸造所、養魚場から石油掘削プラットフォームまで多様である。製薬、医療分野（人工透析、手術中の人工心臓など）においては高精度の注入量の制御が要求される。

定量ポンプ以外の単体製品として、殺菌装置（オゾン、紫外線、二酸化塩素の発生装置）のほかセンサー、制御機器を製造、販売する。同社はオリンピック競泳プールのオゾン殺菌装置を一手に引き受け、快適な競技環境を提供することで、世界新記録の樹立を陰で支えている。

システム商品は顧客ニーズに最適化されたソリューション商品であり、同社の単体製品の組み合わせで構成される水処理装置や化学処理装置などがある。

同社の経営姿勢は、顧客の課題に対し、ソリューションを提供することや新たなサービスを創出することであり、製品単体やシステムそのものはサービスビジネスの１つの構成要素と認識している。

（２）プロミネント社創業の経緯とコア商品開発の背景

創業者であるドゥルガーは１９３５年生まれで、錠前メーカーでの見習工を経て、熟練の錠前職人となった。ついで、１９５７年、バーデン＝ヴュルテンベルク州のカールスルーエ工業カレッジ[12]で機械工学を修了する。

その後、エッセン（Essen）に所在するアメリカ企業、カーネーション・ミルク（Carnation Milk）社のドイツ子会社に就職し、マネジャーとして、コンデンス・ミルク工場における水処理部門（飲料水、工業用水、蒸気、廃液処理）の計画と建設を担当した。彼は現場経験を積み、様々な技術的問題の解決策を講じることで力量を発揮した。それらの業務を通じて「水処理」問題の重要性と課題を認識し、それを解決する使命感に駆られるとともに、水処理事業に関するアイディアを得た。それを実現するため独立を決意、カーネーション・ミルク社を退社した[13]。

この決断の背景には、当時、薬液の注入量を精密に制御する安価な機器が存在していない状況があった。そのため、多くの産業で薬液が過剰注入の傾向となり、環境に負荷をかけていた。たとえば消毒の分野では、通常、必要量の指標はあるが上限の指標がない場合があり、薬液の過剰注入の要因の1つとなっていた。ドゥルガーは、水泳プールの消毒について「大雑把に計った塩素[14]をバケツで適当に希釈してプールに注ぎ込む有様であった」と当時の状況を語っている。彼は薬液注入をミリリットルの単位で計測・制御できる機器の必要性を強く感じていた。

現在、プロミネント社は社是として“As much as necessary, as little as possible”（必要・最小限の薬液注入）を掲げ、顧客にも呼びかけている。

さらに彼はライン川の汚染を懸念していたとも推察できる。１９５０年、水質改善を狙いとする「国際ライン川保護委員会」が設立されていたが、１９７０年代まで汚染が進み、一時、「欧州の下水道」とも称された。ドゥルガーの学びの地、カールスルーエ市はライン川沿いにあり、彼はライン川の汚染に関心を寄せていたと思われる。２００２年に刊行された彼の著書“Wasser（Water）”[15]において、世界の国際河川の汚染防止は国際協力で可能であると説き、ライン川にサケが戻ってきた事例を挙げている（今日、ライン川の水質は改善され悪名を返上している。放流されたサケが北海から遡上しており、２００８年には、上流のスイスのバーゼル市で確認されている）。

１９６０年、ドゥルガーはハイデルベルクにおいてプロミネント社の前身となるChemie & Filter社をほぼ無一文の状況で創業した。その経営理念は世界における安全な飲料水の供給システムを確立し、高品質の水を供給する一方で、水を無駄にしない、「水の経済性」を確立することであった。水処理や化学工業のプロセスで使用される化学物質を量的に「必要・最小限」に抑え、環境を守る考えである。ドゥルガーは、この信念を実現することをライフワークとし、必要となる新たな機器やコンポーネントの開発と普及を事業目的とした。ドゥルガーの創業当初の事業は、いわゆるガレージ小屋で、既存製品を扱う商社活動であった。最初の企画は「薬液の注入」事業であり、既存機器を取り揃えた。自社製品としてリン酸の測定機を製造し、この企画に加えた。この事業で中核を占めるアメリカから輸入した定量ポンプはサイズが大きく重量は２００kg以上あり[16]、高価であるため、化学工業など採算のとれる顧客にしか売れなかった。ここで、彼は新しいパラダイムの定量ポンプの開発を決意する。その設計コンセプトは、「電磁駆動ダイヤフラム型とし、高性能、小型化かつ低価格」であった。

１９６８年、ドゥルガーは制御回路にトランジスターを使用することで小型化（20×20×15cm、2kg）し、画期的な電磁駆動ダイヤフラム定量ポンプの開発に成功した（**写真1－2**）。これは第3世代にあたる定量ポンプであり、片手で運ぶことができ、電子制御によりミリリットルの単位で計測・制御が可能であった。当時、電磁駆動型定量ポンプは数社が開発しており、同社は開発トップグループの1社であった。

しかしながら、１９６８年のハノーバー展示会では、この小型ポンプは、業界人から“Little Pump”と揶揄され、若き企業家は正当に評価されなかった。わずか2kgのポンプが当時の常識であった200kgの定量ポンプと同じ機能を発揮するとは信じられなかったのである。なかには、ニュールンベルグ玩具展示会に出展することを勧める業界人もいた[17]。工業製品ではなく、玩具だ、と言われたのである。

業界人の評価は性能に注目したもので、潜在市場からの視点ではなかった。当時主流であったミルトン・ロイ（Milton Roy）社のプランジャー型定量ポンプ（**写真1－3、4**）の性能は、標準タイプで注入量0・5～1130L/hr、注入圧力は最大345bar（約345気圧[18]）であった。これに対しドゥルガーの電磁駆動定量ポンプは、最新型から遡って推測すると、注入量

写真1－2
1968年に開発・発売された
電磁駆動定量ポンプ
“ProMinent Electronic”（20×20×15cm，2kg）

出所：プロミネント社HP（https://www.prominent.com/en/Company/Company/History/History.html　2016年5月1日閲覧）.

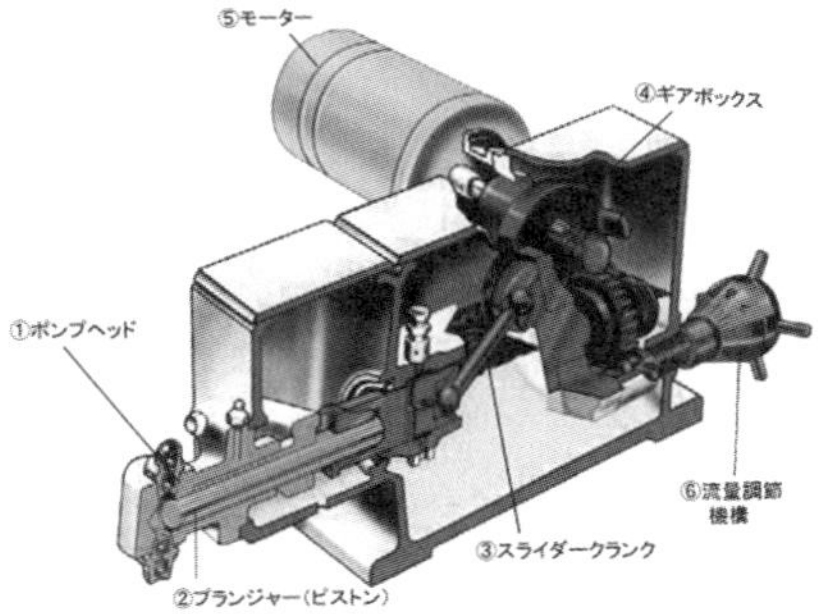

写真1－4
ミルトン・ロイ社の現在の
プランジャー定量ポンプの構造

出所：ミルトン・ロイ社HP（https://www.miltonroy.com/wp-content/uploads/Metering-Pump-Technology.pdf　2016年5月3日閲覧）.

写真1－3
1936年開発当初のミルトン・ロイ社の
プランジャー定量ポンプ

出所：ミルトン・ロイ社HP（http://miltonroy.com.sg/about_post/our-history/　2016年5月1日閲覧）.

表1−1　磁気駆動型とプランジャー型の価格比較
（1968年当時の両社の製品性能に最も近い現機種での比較）

	プロミネント社	ミルトン・ロイ社
1968年当時の両社の機種	ProMinent Electronic	Milton Roy Simplex
現在の後継機種	電磁駆動型 Beta BTSA	プランジャー型 Milroyal B
表示価格（e-Bay）US＄	200	1,500
吐出量L/hr.	0.74~32	42~1,893
吐出圧力　bar	2~25	最大517

出所：筆者作成.

1～10L/hr.で、注入圧力は10barレベルであったと思われる[19]。彼は業界人の揶揄に憤慨しつつも、逆に企業家精神を鼓舞され既存製品との「対決」を決意する[20]。彼は自らの発明の価値を確信し商品名を「世界で最も優れモノ」という意味を込めて“ProMinent Electronic”に変更した。ProMinentブランドの起源でもある、Mが大文字になっているのは、ブランドとしての登録と保護のためである。

ProMinent Electronicの製品特性である「小型・軽量で低価格、メンテナンスが簡単、少量の液体移送に優れ正確な吐出量と簡単な流量調節、各種化学薬品に耐久性あり」は、従来の定量ポンプが高価なため購入できなかった顧客で大歓迎され、需要は急拡大した。注入圧力10barで広範囲の顧客ニーズに応えることができたのである。注入量が不足する場合はポンプを複数台設置することで解決できた。

ProMinent Electronicの重要なセールスポントの1つである価格については、当時のデータが不詳である。そこで、現在の機種から1968年当時の価格差の類推を試みる。**表1−1**は1968年当時におけるプロミネント社の製品とミルトン・ロイ社[21]のプランジャー型定量ポンプのそれぞれの後継機種の価格比較である。両社が保有していた製品の性能に最も近い後継機種を選択した。現在の価格はe－Bay[22]の表示価格に基づく。

その結果、プロミネント社のBeta BTSAは200ドル、ミルトン・ロイ社のMilroy Bは1500ドルで、価格差は1：7.5である。1968年当時の「既存の定量ポンプは高価すぎて採算が取れない」という記述[23]と合わせると、1968年当時では、電磁駆動型とプランジャー型の価格差は、少なくとも10倍以上～20倍程度あったと思われる。

“ProMinent Electronic”の売れ行きに手応えを感じたドゥルガーは、発売翌年の1969年、早くもハイデルベルクに研究開発の拠点を兼ねた最初の工場を建設する。その後、この創造性あふれるエネルギッシュな企業家による開発活動は止まることを知らず、精密で経済性が優先される需要分野で、電磁駆動タイプの標準品としての地位を築きあげる。同社は100以上の特許を保有するが、そのうちの半数以上がドゥルガーによる発明である。

同社の電磁駆動型定量ポンプはそれまで大型定量ポンプが未開拓であった分野に浸透し、製品ブランドとしての

"ProMinent" が世界の顧客に認知された。そこで同社は、1988年、社名をChemie & Filter GmbHからProMinent Dosiertechnik GmbHへ、さらに、2014年、ProMinent GmbHへと変更した。

（3） 定量ポンプ分野への集中と製品多様化

調査会社によれば、ポンプ全体（移送ポンプ＋定量ポンプ）の2015年の世界市場規模は7兆9000億円で[24]、一方、定量ポンプの世界市場規模は、2015年で3900億円、2020年に5400億円と予測されており、年平均成長率は6・8％である[25]。2015年においてアジア市場は世界の38％を占める最大市場であり、第2位は欧州市場である。

この市場規模の推計に基づくと、2015年における定量ポンプの市場規模はポンプ全体に対して約5％を占める。前記の調査会社によれば定量ポンプ市場での主なプレイヤーはプロミネント社のほか、ミルトン・ロイ社、インデックス社など21社あり、プロミネント社はさらに6社を競合と認識している。その上、各国に小規模企業が存在する。単体製品で4000億円規模の世界市場において主な競合だけで27社が競う厳しい市場である。

ドゥルガーがライフワークとした水処理ビジネスの世界市場[26]は2015年は53・3兆円で、2025年は86・5兆円と予想されている[27]。このうち海水淡水化の世界市場は、2015年

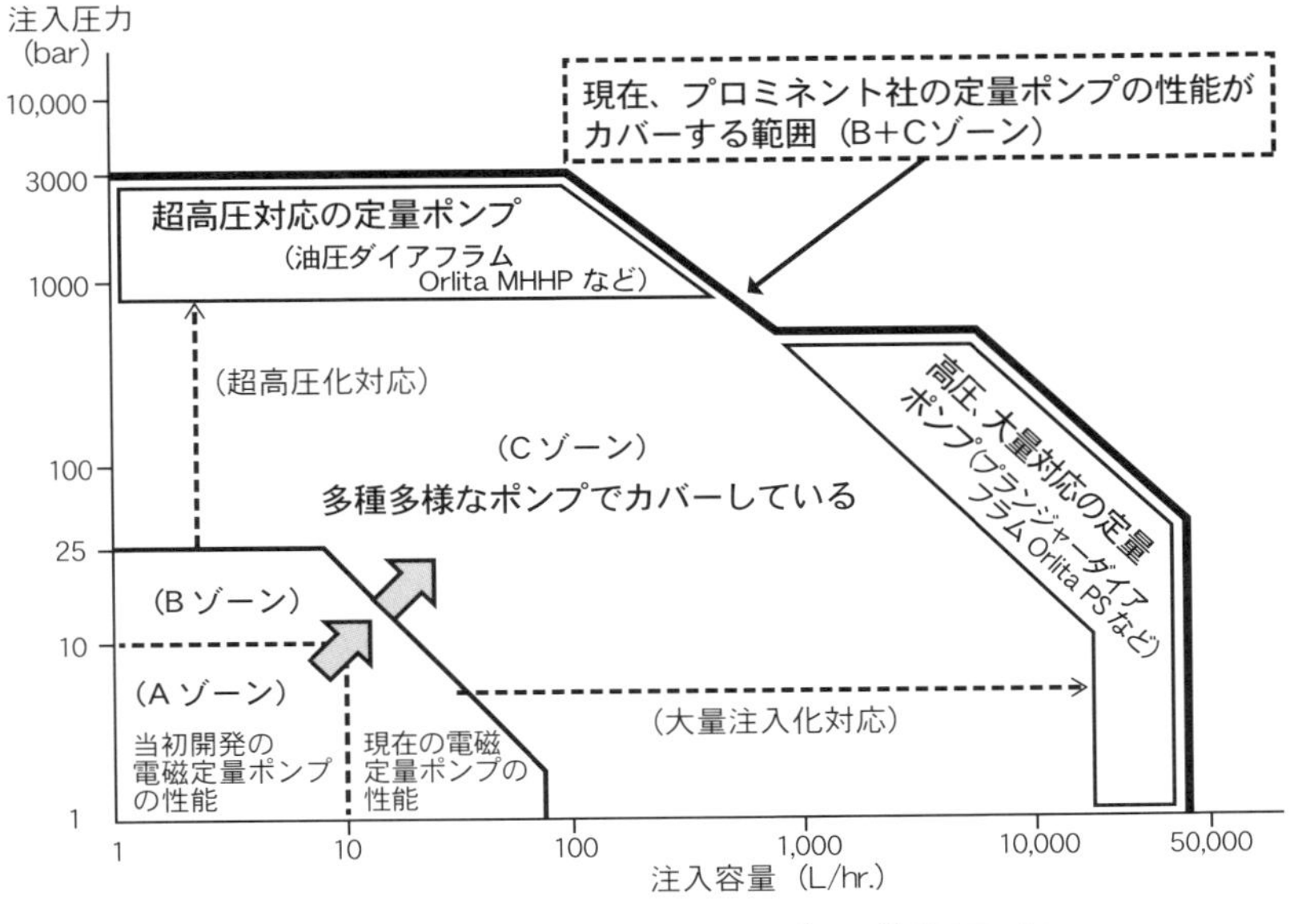

図1—1　プロミネント社の定量ポンプ製品ライン

出所：プロミネント社HPに基づき筆者作成.

は2・1兆円で、２０２５年には4・4兆円に拡大すると予想されている[28]。

プロミネント社は創業当初において、ポンプ全体市場の５％に当たる定量ポンプ市場において、さらに絞り込んだ独自市場である「磁気駆動定量ポンプ市場」を創出し、この市場で経営基盤を確立する。ここから、自社のイノベーションの専有可能性[29]を確保しながら、どのようにして、現在の定量ポンプ全体市場へと事業範囲を拡大していったのであろうか。

イノベーションの優位性を活かした経営基盤確立

定量ポンプの性能は**図1−1**に示すように、縦軸に「注入圧力」、横軸に「時間当りの注入量」の組み合わせで示される。

ドゥルガーのProMinent Electronics は最大注入圧力は約10 barで、注入量は10 L/hr. 程度であったと推定されるところから[30]、その性能範囲を**図1−1**のAゾーンで示す。１９６８年のハノーバー展示会で業界専門家たちが見逃していた領域である。ここには意外にも大きな潜在需要が存在していた。従来型の大型で高価な定量ポンプを購入できない工場、商業施設が多数存在していたのである。その顧客分野は、飲料水の殺菌、野菜・果物の殺菌、製紙産業、製パン工場、排水処理、菓子、乳製品、化粧品業界、製薬業界、化学工業など広範囲におよんだ。

プロミネント社は、まず、小型・精密注入・低価格の競争優位を活用できるAゾーンに集中することで経営基盤を確立した。同社の小型定量ポンプはこれら潜在顧客の間で急速に普及し、新たな市場が形成された。同社にとって、この市場で新たな需要産業を探索し、潜在顧客を開拓することがそのまま成長につながった。

ついで顧客から、さらに高度の性能が求められ、同社は順次、磁気駆動定量ポンプの高性能化で対応した。現在、磁気駆動定量ポンプの性能は注入圧量25 bar、注入量75 L/hr.まで向上した（Bゾーン）。現在、磁気駆動定量ポンプとして３つの基本機種を揃える（Beta, Delta, Gamma/X）。

競合の動向と対応――市場拡大のために定量ポンプを多様化

１９７０年代末になるとプロミネント社が開発した電磁駆動定量ポンプ市場での競争が激しくなり、同社は対応を迫られる。

その第1は直接競合で、電磁駆動定量ポンプメーカーの増加である。プロミネント社の発売直後は数社であったが、第1世代、第2世代の定量ポンプ企業からの参入が始まる。現在、同社が競合と認識する定量ポンプメーカー27社のうち少なくとも11社[31]が電磁駆動ポンプを販売している。

第2は間接競合で、第1世代、第2世代定量ポンプ自体の進化で、多様化、軽量化、低廉化が進み電磁駆動型の市場に接近していた。例えば、他社の軽量タイプのプランジャー型定量ポンプで、重量15 kg、注入圧力50 bar、注入量１５００ L/hr. がある[32]。

１９７０年代を通じ、ミルトン・ロイ社は活発に事業拡大を図った。プランジャー型定量ポンプを経営基盤として、第2世代、第3世代の定量ポンプの製品ラインの拡大を図っていた。１９７０年代に8社を買収した。その中に、電磁駆動型定量ポンプを得意とするＬＭＩ社（アメリカ）が含まれる（１９７４年に買収）。

　さらに、ミルトン・ロイ社は欧州での市場拡大を図る。１９６６年にフランスで製造・販売の合弁会社を設立していたが、ここを拠点に１９７４年までにスペイン、イタリア、ドイツ、イギリスで販売子会社を設立した（Milton Roy Europe社は現在、子会社を含め従業員１０００名の企業となった）。

　第１～３世代の定量ポンプの多様化や市場の相互参入、定量ポンプの業界再編成の結果、プランジャー型の低廉化は徐々に進行したと推測される。

　１９７０年代末に多方面からの挑戦を受けて、プロミネント社は選択に迫られる。電磁駆動型に止まり、競争力を強化し、既存の市場を守りながら、電磁駆動ポンプを基盤とするシステム商品を強化するか、高圧、大量注入市場への参入を決断するか、である。

　同社は両面作戦を選択する。既存市場を守りながら高圧、大量注入市場への参入である。そこで、高圧、大量注入の電磁駆動ポンプを企画するが、電磁駆動ポンプの技術をベースとする高圧、大量注入市場への参入は無理と判断する。電磁駆動型は高圧、大量注入には効率が悪いためである。

　このため、１９８２年、同社は電磁駆動型ではない定量ポンプの自社開発に踏み切った。「モーター駆動のダイヤフラム型定量ポンプ（商品名、Sigma）」である。現在では注入圧力16bar、注入量１０００L/hr. までレベルアップしている。このタイプは定量ポンプの第2世代にあたる。つまり**図１－１**のＢゾーンに止まることなく、Ｃゾーンへ打って出た。その新市場での顧客開拓の手段は、「顧客ニーズ」に最適のソリューションを提供することと多種多様な製品ポートフォリオを構築するための継続的な製品開発である。つまり、同社はＣゾーンを隙間なく新製品で埋め尽くしたのである。さらには革新的なＩＣＴ技術で製品が補強される。当時、日進月歩で進歩していたＩＣＴ技術を活用し、１９８８年、電磁駆動定量ポンプがマイクロプロセッサーと液晶表示盤を装備することで、本格的なデジタル定量ポンプへと進化し、使い勝手が格段に向上した（同社のデジタル元年）。

　このようなＣゾーンでの新製品のラッシュとＩＣＴ技術の取り込みで、同社は急速に業績を伸ばし、創業40周年の２０００年、定量ポンプの出荷台数が１９６８年以降の累積で２００万台に達した。

　この時点で、未開拓分野として残ったのが「3万L/hr. の大量注入」と「３０００bar クラスの超高圧」の2分野であった。ここから超高圧、大量注入に適した大型プランジャー型の開発が必要となった。しかし問題があった。不慣れな大型プランジャー型の開発には時間がかかり、しかも、特殊な市場だけに顧客の信頼性獲得にはさらに年数を必要とすることである。

企業買収による機種拡大（Cゾーンの拡大）

プロミネント社は１９９９年、オルリタ（ORLITA Dosiertechnik）社を買収した。オルリタ社は、社員40名で、プロミネント社が保有していないプランジャー型の高圧・大量注入に適した機種を有し、石油・ガス採掘分野での顧客を持ち、当該分野の知見とソリューションを蓄積していた。オルリタ社が保有していた大量注入タイプの「Orlita PS」は４００barの高圧で３万７０００L/hr. の注入が可能である。同社はこの買収によって、高圧・大量注入に特化した「プランジャー型定量ポンプ」の技術と顧客を獲得し、未開拓であった石油・ガス採掘分野へと事業分野を拡大した。

この結果、最後まで残ったのは「超高圧」分野であり、化学工業向けの超高圧反応容器や反応塔への化学物質の注入に使用される定量ポンプが必要となった。このため２００７年以降、プロミネント社は、順次、超高圧対応の「油圧ダイヤフラムOrlita」シリーズを新規に開発し、２０１６年には３０００bar対応の金属製ダイヤフラム型「Orlita MHHP」の開発に至る。３０００気圧を必要とする事例としては、高圧タイプの工程で製造されるポリエチレンなどがある。

上記の製品開発と買収の結果、プロミネント社は、

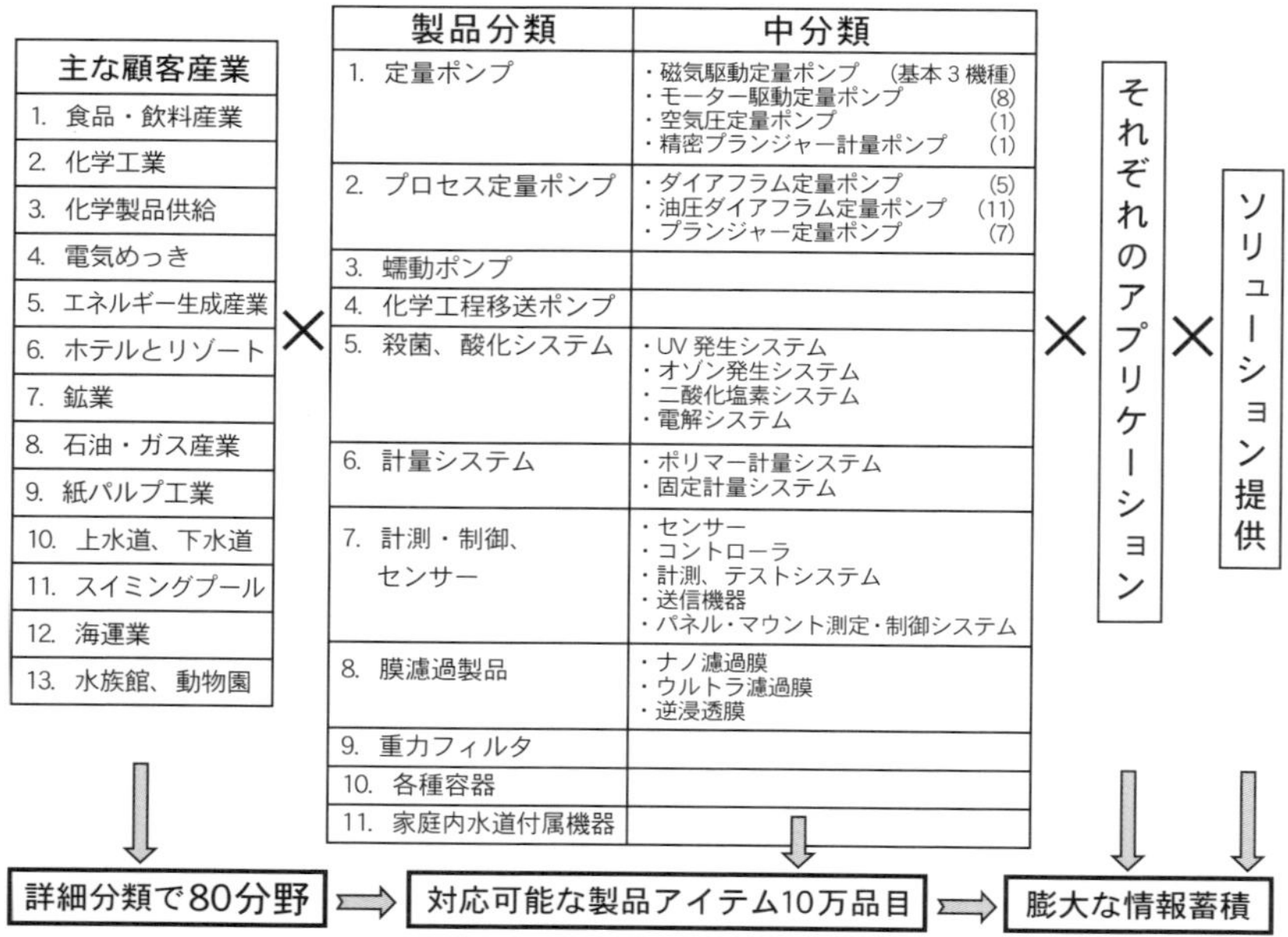

図１—２　プロミネント社のサービス志向ビジネスモデル

注：製品分類欄の「3. 蠕動ポンプ（円筒型のローターがホースに沿って回転し，移送液を前方へ押し出す蠕動効果でスラリー状態物質を移送するポンプ）」と「4. 化学工程移送ポンプ」は定量ポンプではなく，「移送ポンプ」である．また，システム商品は記載されていない．
出所：プロミネント社のHPに基づき筆者作成．

プランジャー型、モーター駆動ダイヤフラム型、電磁駆動ダイヤフラム型などすべての型を揃え、世界的に見ても有数の総合定量ポンプメーカーとなった。

表1－2　プロミネント社保有の世代別定量ポンプの基本機種の数

定量ポンプの世代	定量ポンプのタイプ	動力源	プロミネント社保有の基本機種の数
第1世代	プランジャー型	モーター	8
第2世代	ダイヤフラム型	モーター／油圧	24
第3世代	ダイヤフラム型	電磁駆動	3

出所：プロミネント社HPに基づき筆者作成.

この間の単体製品の品揃えとソリューションの関係を**図１－２**で示す。新たな顧客の開拓には新たな需要産業を開拓する必要があり、それには、その産業における特有のニーズに合致した新たな定量ポンプの品揃えを必要とする。さらにそれぞれの使用現場でのアプリケーション（用途）を知悉し、ソリューションを提供することが受注での前提となる。

現在、同社の顧客が属する産業の数は、細分化すると80にのぼり、また、それらの用途や使用環境は膨大な数に達する。注入する薬液や注入対象の液体の種類、注入圧力や時間当たりの注入量など多彩である。同社はこの多種多様なニーズに対応するため定量ポンプ、殺菌装置、センサー、制御機器など10万品目の製品を用意している。[33] これは顧客ニーズにきめ細かに対応していった結果でもある。

図１－２における「製品分類」欄の「1．定量ポンプ」と「2．プロセス定量ポンプ」の合計を世代別に分類すると**表１－２**となる。**表１－２**において、世代別の機種の中で最多は第2世代（ダイヤフラム型）であり、基本機種が24機種ある。ついで第1世代（プランジャー型）の8機種となる。同社のイノベーションになる第3世代（電磁駆動型）は3機種に止まる。この機種別の数の違いは、**図１－１**における各タイプの性能がカバーする広さに比例している。プロミネント社においては、第3世代の電磁駆動型を起点として、第2世代、第1世代へと定量ポンプの進化プロセスを逆に進む形で定量ポンプ市場全体を網羅する事業展開となった。

１９８２年以降２０００年代にかけて、同社での果敢な製品多様化の効果は売上高に顕著に表れている。同社の売上高は、デジタル元年（１９８８年）の前年である１９８７年の６５００万マルク[34]（３３２０万ユーロ[35]）から２００２年には１億２６００万ユーロに拡大した。この間、15年間に３・８倍となり、２０１３年まで延ばすと売上高は3億ユーロで、26年間に９・０倍となった。この売上高の増加には後述の「国際化」や「ソリューションビジネス」の効果を含んでいる。

しかしながら、20世紀末になると単体製品における価格競争は厳しさを増し、利益を確保しつつ持続的成長を維持するため、さらなる成長モデルの構築が課題となった。

(4) 国際化[36]

プロミネント社の売上高の地域別比率は、ドイツ15%、欧州(ドイツ以外)53%、アジア太平洋16%、アメリカ14%、その他2%である。現在、代理店を含む海外拠点は100か国以上に及ぶ。このうち、43か国で55の現地法人があり、そのうち11社は生産拠点ともなっている。このほかに63か国に販売代理店を配置している。

同社の特徴の1つは早期の国際化にある。電磁駆動ポンプの開発から3年後の1971年、初の国際子会社をスイスに設立した。スイスの選択は、ドイツ国内の顧客や産業との類似点が多く、しかもドイツ語が通じることによる。その後、1976年、初の海外生産拠点をアメリカで、また、アジア最初の販売会社をシンガポールで、開設した。1990年代前半に生産拠点がマルタ、ハンガリー、中国で追加された。中国への進出は他社が認識する20年も前に実施されている。1971年以降、2年に1か所のペースで海外拠点が設置されたこととなる。

この早期の国際化はドゥルガーの強い国際化志向に基づく。「電磁駆動ポンプで持続的成長を確保するにはドイツ市場は狭い、市場は世界である」と認識していた。イノベーションの成果は世界市場で回収すべきとの信念で多数の海外拠点を先行投資として実施してきた。

国際子会社の社長たちは「ドゥルガー社長による決断の的中率は高い」と畏敬の念を表明している。これは同社の経営理念である「世界における安全な飲料水の確保」の使命感とも関連する。彼の著書“Wasser (Water)”ではビジネスの視点を離れ、世界の人口増加と社会・経済の発展による水不足の脅威に対し、地域別、国別に「安全な飲料水の確保」対策が詳細に論じられている。これは、裏返せば、社長自らが世界における水不足の脅威と事業機会を客観的に調査・分析した上で、長期視点に立って事業展開してきたことを意味する。

子会社が55社もあるのはシステム商品ビジネスの複雑性に関係している。プロジェクトの商談の開始、受注、施工、アフターサービスと多段階があり、複数のプロジェクトのフォローが必要なためである。

アメリカ以外の代理店は発展途上国に多く分布している。この狙いは進出国でのトップシェア確保にある。ホテルビジネスは途上国においても観光業として盛んである。世界に代理店網を張り巡らせ、ホテルの水処理需要について常時ウオッチしている。ついで、途上国で工業化が進展すると多様な産業が出現する。同社は特定産業における定量ポンプの最初の顧客を獲得して、その実績を基にして、その産業の顧客を拡大する方針で臨む。国や地域によっては子会社を設置するには需要が十分でなく、コミッションベースの代理店から始めなければならない。一方、需要が見えてからでは遅い場合があり、代理店は需要に先行して同社のプレゼンスと情報収集のために重要である。需要が旺盛となった段階で子会社を設置し、さらに需要が増えると現地生産化し、そこから第3国へ輸出し輸送コストを節減する。

現在、同社は中国に次いでインドを戦略的な重要拠点と見做す。インドには１９８６年に合弁会社を設立していたが、これを１９９７年子会社化し、最新技術を移転して幅広い製品生産と研究開発を開始した。インド市場のニーズに合わせて様々な製品開発がなされ、ムンバイ、ニューデリー、コルカタ、チェンナイの販売ネットワーク経由で販売されている。また、オーストラリア、ミャンマー、中国、マレーシア、シンガポール、スリランカ、タイ、アメリカなどへはインドからも輸出されている。

国際展開はイノベーション創出にもメリットがある。イノベーションにつながる顧客ニーズは、顧客に密着している世界中の子会社から入ってくる。本社で毎年開催される55の子会社社長会においてもこの情報が溢れており、同社はこのルートを製品改善に寄与するチャネルとして重視する。その一方、大きなイノベーションは本社の研究開発部門から生まれている。

（5） ソリューションビジネス

２００1年、創業40周年を機に、創業者から2代目に事業承継された。新経営陣にとっての最大の課題は21世紀におけるプロミネント社の成長フロンティアの設定であった。２００２年同社はビジネスモデルをソリューション提供型に転換した。同社にとってソリューションビジネスは、言わば、ビジネスモデルの先祖返りでもある。

ドゥルガーは創業当初からソリューションビジネスを目指していた。彼の創業の動機は、「安全な飲料水の確保と水の経済性の確立」であり、問題解決としてのシステム化を目指し、順次、定量ポンプを始め要素技術を開発し水処理システムを完成させた。さらに水処理に止まらず、多様な産業における化学物資の貯蔵、移送、処理に関するシステム化商品開発へと発展させ、これが現在のソリューション・サービス志向ビジネスに繋がった。

ドゥルガーが頭に描いた青写真が実現されていくプロセスを追ってみよう。１９６８年に開発した電磁駆動ポンプの事業化に目途がつくと、同社は定量ポンプをコアとする水処理システムのコンポーネントとなる機器・装置の開発に着手し、１９９７年までの約30年間、集中的な開発を継続する。優先したのは殺菌装置である。まずオゾン（O_3）に着眼する。オゾンは、殺菌後、酸素となり、臭いを残さず、また塩素と有機物との反応で発生するトリハロメタン[37]の心配がないからである。

１９７１年にオゾン発生装置が完成し、これが早速、１９７２年ミュンヘン・オリンピックの競泳プールの殺菌装置として採用された。これを契機として、オゾン消毒の特徴である"Crystal – clean sparkling water pool（水が透明に輝くプール）"として、欧州を皮切りに世界に普及した（同社のオゾン発生装置は世界の500の公共プールに設置されている）。オゾン消毒プールでは、水泳での疲れが軽減され、結合塩素による「赤目」や湿疹、子供の喘息などの発生が減少する効果があった。

　同社はその後、オリンピック競泳プール向けオゾン発生装置を、1988年（ソウル）と1992年（バルセロナ）に納入した。しかしながら、1996年（アトランタ）ではオゾンによる消毒方式は採用されず、塩素方式に戻った。その際、ドイツの競泳チームが塩素消毒プールでの競技を拒否する事態が発生したため、急遽、オゾン装置が追加された。その後のすべてのオリンピック競泳プールのオゾン発生装置は同社が一手に引き受けている[38]。

　1975年にはセンサーによる測定と制御システムが完成し、水処理におけるオゾン注入→センサー測定→制御のフィードバックシステムが完成する。

　1980年代の半ば以降、同社はすでに水処理だけでなく、多種類の薬液を対象とする多様な用途へと事業分野を拡大していた。センサーは物質の違いで要求される機能性が多様となる。そこで、1985年、センサーの内製化に転換、研究開発に注力し、センサーの品揃えを広げ、かつ競争力を高めた。

　1997年には紫外線殺菌装置を自社開発し、飲料水、野菜果物の洗浄、食品加工、プール、製薬、研究室での殺菌に使用される。この発展形として、2016年4月、世界初の、水の流量・温度の変化に即応して光量を自動調節できる紫外線発生装置「Dulcodes LP」が商品化された。

　1997年、逆浸透膜による日産500トンの海水淡水化システムを開発し、据え付けタイプのほか「コンテナ収納タイプ」に発展させ、世界の水メジャーにOEM供給を開始する。

　リゾートホテルで淡水の確保が難しい場合、海水淡水化システムを設置し、上下水道のほか、プールの水処理まで一手に引き受ける。今日、安全な飲料水の確保は地球的問題の1つであり、同社の水処理ビジネスは事業の重要な柱に成長した。この段階で水処理システムは創業当初に青写真に描かれた段階に到達する。

　換言すれば、同社は市場規模4000億円の定量ポンプを起点として、市場規模8兆円の水処理分野の一角に参入し、さらに、観光・化学・鉱業向けのシステム商品分野へと成長のフロンティアを拡大してきた。

　たとえば、定量ポンプについては、電磁駆動型→モーター駆動型→プランジャー型へと品揃えを拡大し、システム化については、定量ポンプ、殺菌装置、制御系機器を順次、開発し、それらを組み合わせたシステム商品を逐次、開発してきた。

　まず、「ホテルの水処理」事業に関し、同社はフルサービス・プロバイダーとして、現在まで、数十年にわたり世界のすべての大陸において200以上の一流ホテルで実績を積み上げている。設計段階から施工、操業、メンテナンス指導、修繕までのサービスを提供する。プールの消毒管理は自動化され、制御システムもタブレット化され、ホテルのどの場所からでも水質管理が可能となっている。現在、システム商品としては、飲料水消毒システム、プール管理システム、海水淡水化システム、廃液処理などがある。

ついで、化学プラントにおける「標準パッケージシステム」は化学工業における標準的な処理工程をパッケージ化したもので、これに特注仕様を加えたものが「カスタムシステム」である。

さらに、石油鉱業でパッケージ方式の事例がある。２０１０年、同社は石油採取リグにおいて各種タイプの定量ポンプを組み合わせ1つのリグで56基の定量ポンプを一括システムとし納入した。石油採取リグで原油を海底から採取した状態は、原油、ガス、水、砂の混合物である。原油を移送するには流動性を高め、かつパイプ内の腐食や付着防止のための各種の添加剤の大量注入が必要である。添加剤は有毒である場合が多く、また相互の化学反応を避ける必要があり、細心の注意が必要となる。ユーザー側からは多様な定量ポンプを複数社から購入すると相互接続の問題が発生するため1社に統一し、責任を明確にしておきたいニーズがある。

このような個別ソリューションの実績が積みあがると需要産業に特有の「標準パッケージシステム」に繋がる。ここから同社の多様な製品のポートフォリオはシステム化、ソリューション提供ビジネスで有利に働いている。

さらに、最適のソリューションをデータとして蓄積した大量のデータベースは産業分野別の専門家の知見と結びつくことで新たなソリューションの提供を可能とする。

同社は成長のフロンティアの重点を「製品多様化」から「国際化」へ、さらに「ソリューションビジネス」に移行させてきた。しかし、同時に、「単体製品」、「国際化」、「システム化」の３つの分野での成長を促進し、かつ、全社を「ソリューションビジネス」として統合することが重要なテーマとなった。

（６）プロミネント社の経営体制

プロミネント社は単体製品とシステム商品の売上高がほぼ半々であり、しかも、ビジネスモデルをソリューション志向に転換している。ソリューション志向に重点を置くと単体製品のイノベーションが手薄になり、それがシステム商品自体の競争力の低下につながる恐れもある。一般的には単体製品の販売は、量は出るが価格競争に巻き込まれやすい。ソリューション志向のシステム商品は高付加価値が狙えるが販売量は少ない傾向となる。組織を編制する上でどちらに重点を置くべきか、は大きな課題となる。

同社は、単体製品の競争力を維持しながらソリューション志向ビジネスを展開するため、下記の組織編制で業務分担をした上で相互の交流、協力を促すことで上記のジレンマ克服に臨んでいる。

第1事業部：電磁駆動型小型ポンプとこれを組み込んだOEMシステム事業、ソリューション商品。

第2事業部：生産ライン向け大型ポンプとこれをシステム化したソリューション商品。

第3事業部：オゾンや紫外線の発生装置、センサー、制御機器とこれを統合した監視・制御システム、ソリューション商品。

第4事業部：水処理＆衛生管理システム、ソリューション商品。

すべての事業部が相互依存することで成果達成ができる形をとり、ヒト、モノ、情報の交流を促進する業務分担となっている。

さらに、すべての事業部において、単体製品だけでなくシステム、サービスを重視する事業展開を求められている。つまり、システム商品の競争力を高めるため構成要素である単体製品自体のイノベーションを促進する仕組みである。これが世界市場で最終顧客との対話を維持し、ニーズの直接収集を可能としている。

２００１年、同社の事業は、創業者であるPro. Dr. Viktor Dulgerから2人の子息、Prof. Dr. rer. pol. Andreas Dulger とDr.-ing. Rainer Dulger に承継され、ドゥルガーは会長の座に退く。その後もハイデルベルクの工場現場に出勤し、社員と歓談することを日課としていた。

40年間社長を務めたドゥルガーは事業の拡大だけでなく、多方面で社会貢献に尽力した。音楽療法研究（１９９７年設立、Viktor Dulger研究所）、ハイデルベルク大学のローカル・ホーム・ケア協会などへの基金提供がある。また、Viktor-and-Sigrid-Dulger財団は環境技術分野で毎年、若手研究者の優れた論文を表彰する環境賞を設けている。さらに、彼はドイツの名誉上院議員、マルタの名誉領事、ハイデルベルク大学名誉教授、大連工業大学名誉教授、などを授与されている。

２０１６年3月、Pro. Dr. Viktor Dulgerは80歳で逝去し、同社のオーナーは、ドゥルガーの妻、Sigrid Dulgerと2人の子息、Andreas Dulger, Rainer Dulger の3名となっている。

かつて欧米において、ファミリーによって所有・経営されていた定量ポンプメーカーは多数存在したが、１９７０年代以降の業界再編成を経て激減し、現在では、プロミネント社のみとなった。

明日の定量ポンプの操作は、必要に応じて、遠隔からの無線信号を介して、シームレスに行われ、また、制御変数がデジタル処理も可能となり、さらに、トラブルシューティング、診断を実行することが可能になると予想されている。今後は定量ポンプもインダストリー４・０[39]の組み込みの対象となると考えられる。これらのトレンドの活用はさらに大規模なシステム商品への発展可能性を秘めている。同社にとってはその構想と実現が今後の重要な課題となる。

[注]

（１）　主として、プロミネント社Dr. Andreas Höhler, Director Division 2からハイデルベルク本社にて聴き取り（２０１３年9月19日）

と同社ＨＰによる（https://www.prominent.com/en/Company/Company/History/History.html　２０１６年２月１日閲覧）。

（2）Simon（１９９６）。Hidden Championとは、世界市場において上位３位以内またはその企業が位置している大陸のトップであり、売上高は10億ドル（その後50億ドルに修正）以下、一般にはほとんど無名な企業を指す。

（3）液体と固体との懸濁液のことで、液体中に鉱物や汚泥などが混ざり、粘性の強い流動物であることが多い。

（4）注入するのは、次亜塩素酸ナトリウムの水溶液。

（5）シリンダー内のプランジャー（押し棒）が一定距離を往復運動することで定量注入を行う方式。往復運動する容積が注入量となる。

（6）ダイヤフラム（diaphragm）は「隔膜、横隔膜」を意味し、ヒトの横隔膜と同じ原理で隔膜の拡張、圧縮で液体を吸入、吐出する仕組みの定量ポンプである。動力源はプランジャー型と同じくモーターである。

（7）液体を吸入、吐出する仕組みはダイヤフラム型と同じで、動力源にソレノイドを利用する定量ポンプである。ソレノイド（solenoid）とは「円筒コイル」を意味し、フレミングの左手の法則を応用して電気エネルギーを直線的な機械的運動に簡単に変換する機構である。ソレノイドの活用で劇的に重量を軽減するほか制御が精密となった。

（8）Digital Dosing and the Evolution of Metering Pump Technology: A look back at 70 years of engineering achievement（https://www.pharmamanufacturing.com/assets/Media/MediaManager/grundfos_history-of-dosing-pumps.pdf　２０１６年２月１日閲覧）。

（9）本ケーススタディにおける定量ポンプの「第1世代～第3世代」は筆者による便宜的な呼称であり、必ずしも業界の呼称ではない。

（10）２０１３年度決算。以後、売上高の公表なし。１€＝１３１.１８円で換算（２０１３年年平均為替レート）（http://www.murc-kawasesouba.jp/fx/yearend/index.php?id=2013　２０１６年２月１日閲覧）。

（11）１９３５年12月生まれ、２０１６年３月逝去。プロミネント社ＨＰ（https://www.prominent.com/en/Company/Company/History/History.html　２０１６年４月１日閲覧）。

（12）出所：プロミネント社ＨＰ（https://www.uni-heidelberg.de/presse/unispiegel/us02-2/pionier.html　２０１６年２月１日閲覧）。現在はKarlsruhe University of Applied Sciences　バーデン＝ヴュルテンベルク州カールスルーエ所在。同州においてはシュトゥットガルトに続く第2の規模の都市。

（13）Viktor Dulger, *Wasser, Der Stoff zum Leben,* p.9, p.87（http://www.uwekapfer.com/downloads/Wasser-DerStoffzumLeben_Dulger.pdf　２０１６年４月１日閲覧）およびViktor Dulgerの回顧録：Pionier einer umweltschonenden Wassertechnik（http://www.uni-heidelberg.de/presse/unispiegel/us02-2/pionier.html　２０１６年２月１日閲覧）。

(14) 2次亜塩素酸ナトリウム液。

(15) Viktor Dulger, *Wasser, Der Stoff zum Leben*, p.9, p.87（http://www.uwekapfer.com/downloads/Wasser-DerStoffzumLeben_Dulger.pdf. pp.56-57　2016年4月1日閲覧）。

(16) ウェブ上のミルトン・ロイ社のカタログで確認できないため、現在、高圧プランジャー定量ポンプを製作しているキャピタル工業（株）のカタログ（http://capital-pumps.jp/product/capital-ro/）を参照すると最大サイズは220kgである。また、**写真1-4**の写真を勘案すると、1936年開発当初のミルトン・ロイ社のプランジャー定量ポンプの重量は200kg以上あったと推測される。

(17) ヴィクター・ドゥルガーの回顧録（注13に同じ）。

(18) 音（1953）pp.183-185.　シンプレックス：0・5～1130L/hr.　最大圧力345bar　高圧シンプレックス：3・8～100L/hr　最大圧力1・373bar　デュプレックス：0・95～2260L/hr　最大圧力417bar

(19) 開発当初の電磁駆動型に最も近い現在のベータ型の性能に基づき筆者による推測。

(20) ヴィクター・ドゥルガーの回顧録（注13に同じ）。

(21) ミルトン・ロイ社は現在、Accudyne Industries社の1部門となっているが、本ケースでは、一貫して「ミルトン・ロイ社」を使用する。

(22) 価格比較は新品ベースでカタログ記載の価格で行うべきであるが、工業製品のためアクセスが困難なため、ネットオークション価格で代替した。また、Alibabaでは2つの商品の仕様に合致する価格が特定できなかった。

(23) Digital Dosing and the Evolution of Metering Pump Technology: A look back at 70 years of engineering achievement A Brief History by Grundfos Pumps.（http://www.pharmamanufacturing.com/assets/Media/MediaManager/grundfos_history-of-dosing-pumps.pdf　2016年2月1日閲覧）。

(24) 出所：Freedoniaの調査による（http://www.freedoniagroup.com/World-Pumps.html　1ドル＝110円で換算。2016年2月1日閲覧）。

(25) 出所：Markets and MarketsによるGlobal Metering Pump market size to reach USD 4.96 Billion by 2020 に基づく。1ドル＝110円で換算（http://www.marketsandmarkets.com/Market-Reports/metering-pump-market-949.html　2016年2月1日閲覧）。

(26) 「建設（部材供給、コンサルティングを含む）」と「運営・サービス」を含む。

(27) 出所：Global Water Market 2008　および経済産業省資産（1ドル＝100円換算）予測に基づき、CAGRを使用して筆者試算。

(28) 出所：Global Water Market 2008　および経済産業省資産（1ドル＝100円換算）。

(29) イノベーションを実現した企業が生み出された利益のうち、どの程度を確保できるかという期待の大きさを専有可能性という。

(30) 現在の電磁定量ポンプの性能から筆者の推測。

(31) 17社のＨＰで確認。Idex, Lewa, Milton Roy, Seko, Swelore Engineering, SPX Flow Technology Norderstedt, Alldos/Grundfos, Lutz Jesco, イワキ、ニッキソウ／ハイドロフロー、Neptune.　２０１６年４月１日閲覧。

(32) キャピタル工業（株）のカタログ（http://capital-pumps.jp/product/capital-ro/　２０１６年５月１日閲覧）。

(33) https://www.prominent.com/resources/2015/20151217%205262%20Product-Overview_2016_en.PDF　２０１６年２月１日閲覧。

(34) 「日本に販社、西独プロミネント社定量ポンプ売り込み」日経産業新聞１９８９年２月８日17ページ。

(35) １９９９年１月１日の恒久換算レート、１ユーロ＝１・９５５８３マルクで換算。

(36) 主として、プロミネント社Dr. Andreas Höhler, Director Division 2からハイデルベルク本社にて聴き取り（２０１３年９月19日）。

(37) トリハロメタンは塩素消毒の際、水中の有機物と反応して生成され、発がん性が疑われている。

(38) ProMinent ProMaqua water treatment for the Olympics.

(39) 世界中の工場内の機械設備および製品をスマート化し、それらをインターネットで接続してすべての機械設備、製品および人との間で、「いつでも、どこでも、誰とでも」コミュニケーションできる技術を実用化すること（岩本晃一、『インダストリー４・０ドイツ第４次産業革命が与えるインパクト』、2015, p.66）。

［参考文献］

Simon, H., *Hidden Champions, Lesson from 500 of the World Best Unknown Companies,* Harvard Business School Press, 1996（広村俊悟監修、鈴木昌子訳『隠れたコンピタンス経営――売上至上主義への警鐘――』トッパン、１９９８年）。

音桂二郎『ミルトン・ロイ・ポンプとその応用』計測自動制御学会、Vol.3、No.4、１９５３年。

（難波正憲）

Chapter 2

カイハラ株式会社
――伝統産業から高級デニムの世界トップメーカーへ――

（1） カイハラの概要と事業環境の変遷

カイハラ株式会社（以下、カイハラ）は海外でも高い評価を得ている世界屈指のデニム生地[1]製造企業である。顧客にはＳＰＡ[2]（製造小売業）のユニクロ、ＧＡＰをはじめ、ＮＢ（ナショナルブランド）[3]のエドウィン、リーバイス、リー、プレミアムブランドのＡＧ、Rag & Bone、ＡＰＣなどが名を連ねる。カイハラのデニムを使用しているブランドは３００以上ある。高級デニム市場に限定すれば、カイハラは世界シェア50％を超えるとされ、グローバル・ニッチトップ企業[4]である。

本ケースにおいて、「デニム」は素材の生地を指し、「ジーンズ」はズボンなどの「衣服」を指す。

デニム生地の主な製造工程は①紡績、②染色、③織布、④整理加工の４工程からなり、これらすべてを一貫製造するのは日本ではカイハラのみであり、日本でのデニム生地製造のシェアは50％を占める。輸出比率は35％で、世界30か国へ輸出される。これは日本からのデニム輸出の70％に相当する。

カイハラは２００７年、第７回ポーター賞[5]を受賞、２０１３年には「パウダー・デニムの開発」で「第５回ものづくり日本大賞優秀賞」を受賞するほか２０１４年、グローバル・ニッチトップ企業１００選[6]に選ばれた。

カイハラの本社は広島県福山市に所在し、従業員９３９人（グループ合計）、売上高は１８０億円（２０１８年２月期）である。生産工場は主力の吉舎《きさ》工場をはじめ本社工場、三和工場、上下工場（いずれも広島県内）の４工場のほかタイ工場（従業員３２８名）をふくめ５つの工場を保有する。

カイハラの起源は１８９３（明治26）年に創業した備後《びんご》絣《かすり》[7]の生地製造に遡る。社齢は１２５年の老舗で、創業以来、大株主でもある貝原家の出身者が歴代、社長を務める未上場のファミリービジネス（同族企業）であり、絣織物メーカーからデニム生地メーカーに事業転換した企業である。この歴史の中で少なくとも６回新事業に挑戦している。絣織物メーカーとしての歴史は77年、デニムは48年の歴史である。この間１９５１年に株式

企業概要

設　　立：1893年
本　　社：広島県福山市新市町常1450
代 表 者：貝原　護
事業内容：ジーンズ素材の一貫生産（紡績・染色・織布・整理加工）・販売
売 上 高：180億円（2018年2月期）
従業員数：939名

沿　　革

1893年　福山市に個人開業.

1951年　貝原織布（株）と改組（1991年カイハラ（株））.

1954年　液中絞自動藍染機の開発.

1970年　日本初の藍染連続染色機（ロープ染色機）自社製作.

1978年　吉舎工場開設，スルザー織機120台の織布工場竣工.

1991年　吉舎紡績工場竣工：デニムの紡績・染色・織布・整理加工の一貫生産体制完成.

2014年　カイハラ（タイ）社設立.

2014年　経済産業省「グローバル・ニッチトップ企業100選」.

会社に改組している。

カイハラの歴史で商品転換の契機となったのは、１９５５年以降の高度成長に伴う生活様式の変化がもたらした洋装化による絣の需要の激減である。同社は、洋装化に適応するために広幅の洋服用絣織物および素材をかえたウール絣による打開策を試みるが決め手とはならない。その後、絣入りサロン(8)の輸出が成功し6年にわたり高収益を謳歌した。

しかし、輸出先の政情不安と大幅な為替切り下げにより輸出停止。在庫が大量に積み上がり、売上げの3分の2を占めていた輸出事業を失い、会社存続の危機に瀕する。

カイハラは上記の商品転換の試みは本質的な環境適応ではなかったと認識する一方で、長期にわたる絣事業を通じて蓄積してきた藍染の固有技術が競争優位性を有することを再認識し、１９７０年、デニム生地向けの経糸《たていと》を連続的に藍染するロープ染色事業に転換することに成功し、経営の危機を脱した。ついで、デニム製織へと事業の拡大を図り、高品質のデニム生地の評価を得ることができ経営基盤を固めた。

さらに、１９９１年、高品質で安定したデニム製造には、高品質の原糸を確保することが重要と考え、日本の紡績業が撤退していく中、あえて国内で紡績分野に進出し、デニム製造の一貫生産体制を構築した。

しかしながら、２００８年のリーマンショックの影響でジーンズの需要が世界的に後退した。日本においては購買力を喚起するための１０００円を切る激安ジーンズが出現する。その上、低価格の海外製ジーンズの流入があり、低価格競争の余波を受けて、プレミアムジーンズのブームが終焉する。その結果、プレミアムジーンズ用デニムを中核商品としていた同社は、２００８年秋竣工の新設紡・織工場の償却費負担も重なり、１９７０年以来の赤字決算となる。

その後、２０１０年、ユニクロ、東レとの共同開発の「ヒートテックジーンズ（暖パン）」や「パウダー・デニム」などの新製品のヒットや欧米におけるプレミアムジーンズ需要も回復して、業績が著しく回復、２０１２年に3年連続の赤字から脱却し、黒字基調に転換し、２０１８年2月時点でフル操業の状況である。

カイハラは、生産拠点のグローバル化が進む中でも国内での一貫生産にこだわってきたが、２０１４年、この基本方針を大転換し、初の海外生産拠点としてタイに進出を決定し、90億円を投じてバンコク西部の工業団地に工場を建設し、２０１５年10月からデニム生地の生産を開始した。従来の国内生産主義を変更し、かつ、売上高から考えても社運を賭けた決断であった。

本ケーススタディでは、カイハラはなぜ、需要が急減する絣産業からの事業転換に成功し、「デニム製造・販売の世界トップクラスメーカー」に発展し得たのか、とりわけ、その経過の中で直面した幾多の経営危機をどのように克服したのか、また、タイ工場建設の契機となった市場構造の変化を明らかにしたい。さらに、「日本で最も失敗の多いデニムメーカー」と自称するマーケティングの方法を探りたい。

（２）デニムの製造工程

デニム製造の主要工程は①紡績、②染色、③織布、④整理加工である（**図２－１**）。デニム製造に関して特徴的なのは、②染色と④整理加工である。染色ではロープ染色が特徴的である。これは紡績された原糸６００本を６０００メートルの長さでロープ状に束ねる。糸にテンションを掛けながらインディゴの染色槽に浸した後、空気中の酸素と反応させることを繰り返す。染色槽に潜らせた直後の糸は緑色であるが空中で酸化してブルーになる。しかし、糸の芯は白く残し（芯白）、デニム特有の風合い（「色落ち」による「ヴィンテージ感」）を醸し出す必要がある。このため糸にテンションを掛け、糸の内部まで染料が染み込むことを防ぐ技術が必要となる。

さらに重要なのは染色槽を還元状態に維持することであり、糸に含まれる空気が染色液に混入すると発色に影響が出るためセンサーによる繊細、精緻な管理を実施している。染色工程は備後絣の染色工程で培ったノウハウがデニムに転用された部分が多い。

染色工程の後、束ねた６００本の糸を再び1本1本の糸に分けて織布に備える準備段階があり、これを「分繊《ぶんせん》」と呼ぶ。この準備段階も備後絣時代のノウハウが生かされている。

整理加工の工程では通常の毛焼、防縮加工に加え、デニムに特有である綾織物の捻じれ防止のためスキュー加工を行う。

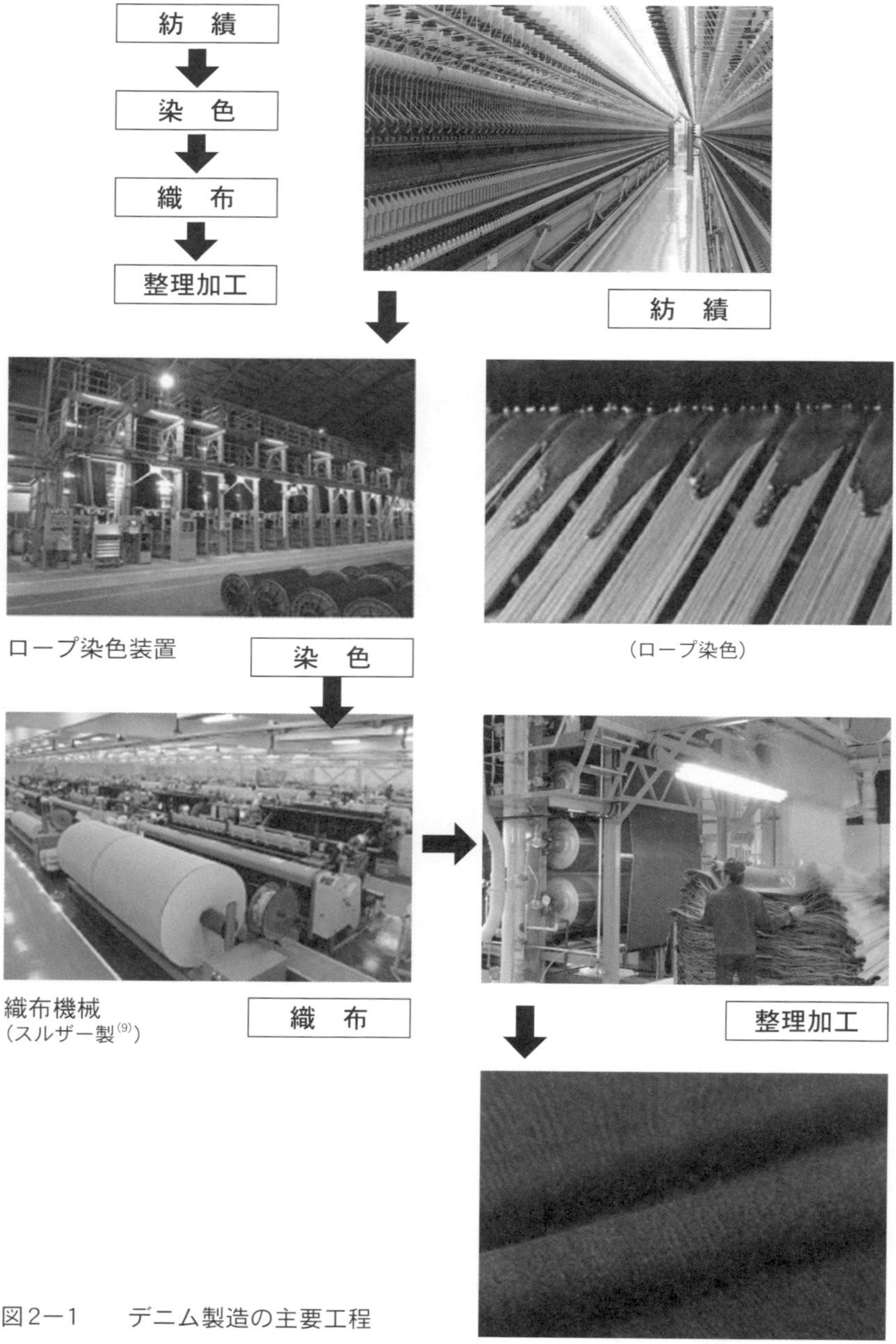

図2−1　デニム製造の主要工程

出所：カイハラ資料に基づき難波作成.

備後絣には必要なかった技術・ノウハウはジーンズづくりの縫製業者、洗い業者および紡績メーカーから学び、独自に発展させてきた。

（3）備後絣メーカーの時代
——発展と試練——

備後絣の起源

備後絣は広島県東部の特産品である。先染め織物である絣は経糸《たていと》、緯糸《よこいと》をそれぞれ束ね、柄《がら》となる部分を糸で括り、藍で染めて作られる。括られたところは白くそのままの状態で残り[10]、経糸、緯糸が織り合わされて柄（デザイン）が出来上がる。

備後絣は日本における三大絣産地（伊予絣・久留米絣・備後絣）の1つである。江戸時代末期の1861（文久元）年、現在の広島県福山市芦田町に在住の富田久三郎（1828［文政11年］～1911［明治44年］）によって、竹の皮巻で防染する絣糸の製法が考案され、井桁絣《いげたかすり》が製作された。当初は文久絣と呼ばれたが、明治初年、備後絣と名付けられた。備後絣は伊予絣・久留米絣に比べて後発であったが、明治以降、全国各地に販売網を拡大したことで知名度が高まり、地場産業へと発展し、大量需要に応えるために生産工程が機械化・分業化され、織機も改良されていった。

戦時統制により綿糸の配給が止まり、備後絣の製造は中断した。1946年には生産が再開され、備後絣を使用した農作業衣のモンペの需要は戦後復興の波に乗り地域で300軒の絣機屋《かすりはたや》は好景気に沸き、ピーク時の1960年には330万反（330万着の着物が作成可能。幅38cm、長さで40万km）を出荷し、全国シェア70％を占めるまでに復活した。しかし、高度成長とともに農村部の労働人口は都市部へ移動し、モンペ（絣）の需要は激減し廃業・転業を余儀なくされた。

現在、伝統的な備後絣は数軒の機屋で製作されるほか、一般人も趣味として製作、愛好している。

カイハラの絣事業変遷

カイハラの絣事業の起源は、1877（明治10）年頃から、創業者である貝原助治郎の父、卯三郎が農業の副業として藍草を仕入れ、藍玉を委託製造し藍染屋へ販売していたのが始まりとされる。

その後1893（明治26）年に、貝原助治郎が芦品郡新市において、手織正藍染絣（38cm幅）製造の織物業を開業した。商標は助治郎のスを採り㋜（「マルス」）とした。

創業に先立ち、助治郎は兄弟とともに、備後絣の考案者である富田久三郎のもとで、備後絣の製造技術を習得（富田久三郎が在住した場所はカイハラの本社所在地から直線距離で7kmの近隣にある）した。

しかし、習得した藍染絣の技術を実際の商売にするには苦労の連続を重ねたとされる。創業当初は主に和服や御祝事の布団の表地に使用された高級素材であった。絣の用途が着物から農作業衣（モンペ）の生地へと拡大したことで、創業10年後の1903（明治36）年には量産化も軌道に乗り、年間生産高5000反（1反＝12.1m）となり、手職機70台、社員30名を有するまでに成長した。

この時代のビジネスモデルは、織物業者が糸を購入・染色した後、手間のかかる絣に特有の束ねた糸を防染のために括る作業と機織りは地域の農家に委託するというものだった。農家にとっては農閑期の副業として歓迎された。

1920（大正9）年、助治郎の息子・貝原覚《さとる》が家業に加わる。家訓であった「桃李不言下自成蹊[11]」（『史記』）の教えのもと、品質を第一とする物づくりに徹し、事業を拡大。織機は300台に増やした。

しかし、戦争中は綿糸の配給が止まり、織物は一時中断し、軍用製品（弾薬箱の把手のカズラ縄）の製造に転換した。また300台あった織機は戦時拠出により34台まで減少した。

戦後におけるカイハラの事業スタイル――品質重視と顧客志向

1951年、貝原織布（株）が設立され、会長・貝原助治郎、2代目社長・貝原覚、専務・貝原定治《さだはる》の陣容で、備後絣の製造・販売が再開される。

定治は1926年生まれで、1943年、福山工業高校（旧制5年）染色化学科を卒業後、備後染色整理（株）の試験室に勤務した後、1948年貝原家の婿養子となり、家業の貝原織布工場に従事する。製造と販売を担当することで、実質的に家業を承継する形となった。主要な資産は織機34台であった。

定治は「着る人の立場になり、本当に良い製品を全身全霊で作ろうじゃないか」と自身の意気込みを社員に伝える。自身も頻繁に大阪や東北の問屋に出向き、備後絣の消費地でのニーズを直接聴きとり絣の絵柄づくりに反映させた。

定治は染色化学が専門でもあり、1953年、全国に先駆けて、伝統的な天然藍染め技法の世界に化学的な染色方法を導入した。このため社員に対し化学のイロハから講義し、学習させた。職人の直感と経験による技能を尊重しながら、科学的な工程管理を導入し、データによる技術蓄積を可能とした。このデータによる管理がデニム分野進出後にも貢献する。

カイハラは創業当時から、品質の高い製品を作ることに集中し、他社が紡績会社から買った原糸からすぐに整経工程[12]を経て、絣の製造をしていたのに対し、同社では原糸の品質を吟味し、精錬（不純物の除去）・漂白などの前処理を経てからようやく整経工程に入っていた。染色に使う水も地元の井戸水が全工程に使われ、芯まで漂白された段階で染色に回すため、堅牢度が高く、染めの回数も多いため染自体は色濃く、加工技術も高いと評価され、他社より高い値段で売ることができた。

顧客や市場の流れを捉え、売れる市場に焦点を定めた商品設計がなされた。特に「15歳から25歳の女性をターゲット」とし、染め上げた絣糸には赤、黄、緑などの多色多彩な色彩をとり入れ、若者向きへ華やかな柄を作成していた。

このように藍染めの基本である漂白の工程技術と色鮮やかな

花柄が組み合わされ、他社では出せない鮮やかな色彩を実現し、カイハラの㋜印の絣は業界内での評価、信頼だけでなく最終消費者の人気を獲得した。

これらの取り組みと執念は、結果的にカイハラにとって競争優位の基礎を作り、さらには中間財の製造業でありながら最終顧客のニーズをふまえた商品開発とそれを実現する製造技術の向上を追求することとなる。このマーケティングと製造技術を融合させる基本的な事業姿勢は今日まで継承されている。

1951年の売上高は3500万円、社員は83名となった。

技術開発と機械改造・開発能力の蓄積

カイハラは自社の近隣地域に機械の修理・改善を緊急に依頼できる鉄工所がほとんどない。この不便さを克服するため自社に鉄工部門を設置して、修繕や改良を内製化し、工程の機械化、自動化にも取り組んできた。

この機械・電気・化学・自動制御にかかわる自社対応能力の蓄積が多様なイノベーションの源泉となり独自技術を生み出し、絣に関わるものだけで約30の特許を取得している。それを基盤にコストダウンや差別化商品を生み出した。

その代表例が藍染め工程の機械化（半自動化）である。貝原定治は、染色工程における問題とその解決のアイディア発想を次のように語っている。[13]

藍染めの工程は糸の束を藍の染色槽に浸して引き揚げて絞る作業を反復して青色に発色させます。これ自体重労働でした（**写真2ー1**）。また、品質上でも大きな課題がありました。染色槽の真上で絞ると空気中の酸素と反応した染料が、還元状態の染色槽に滴り落ち、混濁して純度が劣化します。[14]そこで、糸の束を藍槽から離れた場所で絞ると今度は染料が無駄になり、消費が早まります。

このため、染色槽の還元状態を維持しながら無駄な消費を避ける解決策を日夜考えていました。

ある夜、風呂から上がり床の中に入りウトウトし始めた時に気が付いた。「タオルを風呂の中で絞っても外で絞っても同じ結果になる」と。

つまり、糸の束を染色槽の中で絞り、絞った状況で

写真2ー1　藍の手染め作業（1950年代初頭）

出所：カイハラHP（www.kaihara-denim.com）.

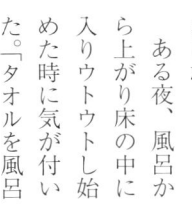

写真２―２　「液中絞自動藍染機」（半自動化）（1954年）

出所：カイハラ資料.

引き上げる機械を造れば、無駄は減り還元状態を維持できるということです。

このアイディアは、１９５４年、業界初の「液中絞自動藍染機」（**写真２―２**）として自社開発された。この結果、精度の高い藍染の量産が可能となる。労働生産性は10倍となり、染色槽内の染液が酸化せず、染料は25％の節約となり、品質向上とコストダウンと、多くの効果を一挙に達成し、絣の製造におけるカイハラの競争優位性を確立した。この技術が後日、デニム向けの「ロープ式経糸染色装置（ロープ染色機）」を自社開発するルーツとなった。

カイハラはこの「液中絞自動藍染機」を外販した。現在も当地区で稼働中の機台がある。

写真２―３　広幅絣織機の自社開発（1956年）

出所：カイハラ資料.

１９５６年には小幅絣織機１２４台、広幅織機30台を保有、売上高は４１００万円、社員は１４５人に増えた。

絣産業における需要の減退と対応

１９５３年の朝鮮戦争休戦に伴い備後絣の需要の成長は減速

し、1956年には需要自体が急速に減退していった。この環境の激変は企業存続の危機にもつながる。

カイハラは、当時、成長を始めた洋装市場への絣の転用を考えるが、絣生地の幅は38cmで和装用の生地であり洋服生地用としての生地採りには不適であった。その頃、商社から輸出向け洋服生地用の広幅絣の製造依頼があり、90cm幅の広幅絣織機（**写真2－3**）の開発に着手し、1956年に完成した。これはカイハラの鉄工部門の技術力の高さを示している。この広幅絣織機で織布した絣生地を、大日本紡績（現ユニチカ）との共同事業で、洋装向けの「ニチボーコニイ」の商標で発売した。貝原定治会長（当時）は開発の経緯を次のように記述している[15]。

米国の商社より日本の商社に、洋服向け用の広幅絣を作ってほしいとの連絡があり、三大紡績に依頼されたが対応できないので、我が社に注文が入りました。見本作成に広幅絣織機が必要となり日本の織機メーカーに打診したが、引き受け手がなく、やむなく、自社開発に踏み切ったものの、クリアーしなければならない技術的な難題が壁のごとく立ちふさがった。一時は絶望感さえ漂いました。気違い沙汰だと言われました。技術陣の血の滲むような苦労が実り、世界初の偉業ともいうべき広幅絣織機が完成し、大手紡績メーカーさんから早速、協業の申し込みを受けました。

しかし、洋装向けの広幅絣は、洋服にすると絣というイメージから脱することができず、合織素材でプリント柄を施し素早くできる織物と比較して見栄えが悪く、コスト的にも勝負にならず、事業転換の決定打とはならなかった。

1959年の売上高は6500万円、社員数185名であった。

中東向けのサロン事業で業績の回復

広幅絣織機による洋装生地への事業転換は成功しなかったが、広幅絣織機の開発によって新たな事業機会がもたらされる。

中近東のイスラムの男性が常用している腰巻き様の服装（サロン、**写真2－4**）の問合せに対し、広幅絣の生産方式でサンプルを提示したところ、受注に成功し、1961年から輸出を開始し一気に業績を上げた。

サロンは通常はチェック柄であるが、その一部に30cm幅の絣柄を入れた絣入りサロンが中近東で好まれ高級なサロンとなり売り上げが急増した。さらに、大人の男性用にさらに幅広の122cm幅織物を求められ、設備を改良して顧客の要望に応えた。

従来のサロンの生産地はインドネシアで、手織りの61cm幅の生地2枚を中央で縫い合わせて122cmに仕上げていた。カイハラの122cm幅の織物はコスト競争力があり顧客にとっても価格上有利であった。

絣入りサロンのピーク時である1966年には外注先の30工

場に広幅絣織機２８５台を貸与し、13万ヤード（約12万km、サロン60万枚相当）を生産した。

この頃、国内向けには小幅絣織機を活用し木綿の絣からウール絣に素材を転換した（１９６１年）。これに対し同業者から「備後の綿絣製品をつぶすつもりか、と吊るし上げを食いました。結局、その後、みんなウール絣に切り換えました」[16]。売上高は１９６２年の１・４億円[17]から１９６６年２・７億円、１９６７年には３億円に達した[18]。

写真2−4　　サロン

出所：https://www.google.co.jp/search?q=Sarong+in+Yemen&source=lnms&tbm=isch&sa=X&ved=0ahUKEwiOkdqZ3rbbAhWGpJQKHQaYBAsQ_AUICigB&biw=1536&bih=757#imgrc=wAMofAKoArTpYM:（2018年３月３日閲覧）.

ポンドの下落と経営の危機

ところが１９６７年11月、英国ポンドが１４・３％引き下げられ、採算割れとなるほか、絣入りサロンの陸上げ地であったアデンは南イエメン（現イエメン）がイギリス領から独立したのを契機に政情不安となり、中近東諸国への輸出がストップした。情勢は悪化し、１９６８年12月、遂に2・５億円相当の在庫を抱えたまま、絣入りサロンの生産を中止するまでに追い込まれた。その結果、収入源の60％を失った。

発注先とは受注量に一定以上の大幅な減少があった場合はその間の収入減を保証するとのモノポリ契約を交わしていたが、この契約書は反故同然となった。貝原定治専務（当時）に対し、「金を貸すから訴訟に持ち込め」との勧めもあったが、貝原覚社長（当時）からは「お前の一生で、これから1億や2億を儲けるチャンスはある。ケンカは絶対にするなと」と厳命された[19]。

当時、輸出高はカイハラの3分の2を支えており、絣入りサロンは国内での転売がきかず、１９７０年度の決算は売上高４億９０００万円に対して、１億５５００万円の大赤字を計上し、給料、手形の決済もままならず、提携先の紡績からの１億円の融資と大幅な従業員の削減（２８５人→１４５人）によって対応せざるを得なかった。人員の削減については、「人員合理化のあらぬ噂が立ち、社員の約半数が自主退職を申し出た[20]」とされる。

1970年、貝原覚は会長となり、貝原定治が3代目社長に就任した。

広幅サロン絣の生産が完全に止まったあと、同社では、受注先が1社でしかも政情の安定しない途上国への輸出に大きく依存することは危険であると言うことを肝に銘じた。

絣入りサロンは芳しくない結末となったが、その一方で、サロン事業は輸出業務や為替に関する実務経験を積むことができ、後日、デニムの輸出を早期に立ち上げることに貢献した。また、1961年から1967年に至る7年間、絣入りサロンはカイハラの収益を支え、売上高を億円台に押し上げ、かつ、絣事業からデニム事業へ転換する中継ぎの商材としての意義があった。日本にジーンズが導入されたのは1965年以降であり、1960年代前半には日本にはジーンズ市場が存在していなかった。

（4）デニム生地メーカーへの変身

デニムとの出会い

1969年、倒産の危機に直面して、カイハラが次なる新事業のターゲットとして着目したのが、デニムだった。当時、日本でも若者を中心にブルージーンズの着用が確実に増えており、そのほとんどのジーンズ生地がアメリカ製であったが、国産デニム生産に乗り出す動きもあった。貝原定治はデニムへの事業転換の経緯を以下のように回顧している[21]。

> 苦境を乗り切るにはやっぱり染色でないとダメだろう。そう思って、まずロープ染色機の開発を手がけ、それからデニムの生産を開始したわけですが、その直接のきっかけは友人の励ましの言葉でした。「今、海外ではブルージーンズというものがはやっているそうだ。一度、お前の技術で国産化をやってみてはどうか」。私は、中近東のアデン行きもこれが最後というとき、あわただしい年の暮れ（1969年）の東京で通行人を観察しました。駅のコンコースに新聞紙を敷いて座り込み、若い人たちのジーンズの着用数をつぶさに手帳に書き込んでいったのです。そして、それを二、三日続けているうちに、「やはり、これからはジーンズをやらんといかん」と思い、デニムへの転換を決断しました[22]。

貝原定治の東京でのタウンウォッチも場所によって結果が異なった。「東京駅では、ジーンズはあまり見かけなかった。しかし、品川駅、渋谷駅、新宿駅と場所を変えると、ジーンズ着用の若者が増えてきた。これはいけると確信した[23]」。

日本におけるジーンズ文化は、米国製中古ジーンズの輸入から始まった。1957年に既製服の輸入制限が緩和され、「リー」、「リーバイス」などの新品ジーンズの輸入が始まっ

表2−1　カイハラにおけるロープ染色数量の推移（単位：千反）

年　度	1970	1971	1972	1973	1974	1975	1976	1977
ロープ染色数量	35	84	183	409	594	1,053	803	541

出所：「貝原歴史資料館」年史・年表.

た。1963年、繊維の輸入が自由化され、日本でも本格的なデニム縫製への取り組みが始まる。日本初のジーンズは、米国のデニム生地を使い、縫製のみ行うところからスタートした。貝原定治によるジーンズのタウンウオッチはこの頃である。

日本市場でのジーンズ需要は1970年代、年間2000万着程度だったが、1980年代には、6000万着まで拡大し、2010年にはSPAのジーンズを含むと約9500万着に達した[24]。

ロープ染色装置の開発

カイハラはデニム進出の突破口を染色工程に絞り込む。これは、「自らの得意な分野であり備後絣製造で培われた固有技術を活かす染色技術」との考えに基づく。デニムの経糸には特有の芯白性が必要である。芯白性とはインディゴ染料が糸の芯まで浸透せず白く残り、これがジーンズ特有の色落ちの要因となる。

そこで、既存技術である「液中絞自動藍染機」で試染したが、芯の中まで染まり、芯白の染色はできない。次に「チーズ染色機[25]」を試したがこれも同様であった。これでは穿き込むほど色落ちするジーンズならではの味わいが引き出せない。本場アメリカでは、デニム用の経糸をロープ状に束ねて染めている。この技術を獲得しなければ本物のデニムは作れないと、定治社長（当時）は自らを鼓舞した。そこでカイハラは芯白となるロープ染色機の開発に挑戦する。カイハラでのロープ染色機開発のヒントは「たった1枚の海外のロープ染色装置の写真だった。しかもその写真は大幅にピンボケしていた[26]」。これをヒントに関連情報を集め、自社で設計図を引いた。経営危機の中での自社開発のため、中古の部材、パーツを買い、自社内の機械の転用（乾燥機のシリンダーやモーター等）で対応した。

1970年11月、7か月かけて国内初の6本建て13回染めのロープ染色機（**写真2−5**）を完成させた。この全自動のロープ染色機は、1954年に自社開発した半自動式の「液中絞自動藍染機」（**写真2−2**）に比べ、労働生産性は100倍[27]となった。

その一方で課題もあった。原糸600本をロープ状に束ねて染色した後、束ねた糸を再び1本1本の糸に分ける分繊《ぶんせん》工程では新たな装置の開発が必要となった。結果的には既存の絣工程の技術を改良して対応し、特許を取得した。

ここからカイハラのデニム事業による新たな歴史が始まった。そこには、同社で蓄積された備後絣の染色技術、分繊技術のほか「液中絞自動藍染機」など自社開発で得た自信が寄与している。

このスピード感ある事業転換について、貝原定治は「デニム染色事業転換への素早い決断が今日のカイハラをつくったと言っても過言ではないと自負しています」と述べている[28]。

日本で最初のロープ染色機の完成を聞きつけ、すでに国産デニムの生産に乗り出していた大手紡績と商社がカイハラの藍染技術を評価し、揃ってデニム糸の染色を依頼してきた。同時期に世界初となるスルザー織機によるデニム製織に大手紡績は挑戦した。

写真２−５　日本で最初のロープ染色装置

出所：カイハラHP（www.kaihara-denim.com/history/history.html　2018年３月３日閲覧）.

カイハラは需要の大きなデニム糸の受託染色を中心事業として再出発を果たし、業績は一気に回復、早くも１９７１年度の売上高は７億円となり黒字に転換した。ロープ染色機も１９７５年までに６機を設置した（その後１９８０年までに10機を設置）。

カイハラのデニム染色受託事業の全盛期である１９７６年には月間染色10万反（１０００km）を達成し、国内のデニム染色の70％のシェアを占め、売上高84億円、利益は19億円に達し、１９７０年に１５０人まで落ち込んでいた社員数も３倍以上増え、４９９人となった[29]。

その一方でカイハラはデニム織布にも着手。同社は将来のデニム織布への進出を目論み１９７１年４月、染め上げたデニム糸で広幅絣織機によるデニム織布を試作したが、デニム用の太い糸では糸の太さによる織物の過重に織機が耐えられなく、織り上げる速度も遅く、やむなく外注でデニム生地を製織し少量の販売を開始した。

１９７４年、ユニチカとの合弁企業である（株）デニーでは当時デニム織布に最適であったトヨタ織機68台を導入してデニム生産を始めた。しかし、すでに紡績メーカーもトライしていた。産業資材用に使われていたスイス製スルザー織機の方が重布であるデニムを高速で織りあげるには適しているとの情報をもとに研究を継続する。

デニムの賃染め加工業の不安定性の克服
――デニム生地メーカーへの発展

ロープ染色によりカイハラは経営危機を脱却し事業を安定軌道に乗せることができた。

しかし、ロープ染色の受注量は市場の動向に左右されやすく、受託加工だけでは再投資も難しくなることも予想され（**表2－1**参照）、さらに絣入りサロン輸出ストップの経験もあり、織布部門へ進出しリスク分散を図ろうと１９７６年８月スルザー織機１２０台の工場建設計画を決定する。

そこで、染色・糊付・織布を結びつけた総合・一貫的な生産システムの構築に向けて、糊付機、織機の技術開発、機器の選定に乗り出した。新工場の設計は自社で行った。大きな課題の１つは「Beam《ビーム》 to《トゥー》 Cloth《クロス》」。１本の糊付けされた経糸ビーム[30]を１本のクロス（布）ロールに２幅同時に大径で巻き上げることであった。従来は１本の糊付ビームを織上げに応じて数回に分け、小巻で巻き上げていた。

ビーム・布のテンション管理、大径に巻き上げるために４トンにもなる重量物の織機よりの切り卸し、運搬のシステム構築に挑戦し、新たな発想のもとに新織布工場構想に臨んだ。

織布工場建設の矢先、１９７６年、国内ジーンズの売上が激減し、カイハラの売上も前年度比の３分の１まで落ち込んでいた。しかし、定治社長（当時）は、売上が落ちたのは１９７５年の国内のデニムの過剰生産によるもので、ジーンズそのものの人気が衰退しているのではなく、在庫調整が済めば、いずれは必ず需要は回復すると読み、大規模な設備投資を決断した。

その背景にはカイハラのほぼ順調な売上高の増加があった。ロープ染色受託開始前の１９７０年の売上高は４億９０００万円であったが、１９７６年には84億円へ急増していた。ところが、１９７７年にはジーンズの過剰生産の影響で売上高は56億円に減少した。同社は方針を変更せず、１９７８年、広島県北部の吉舎《きさ》町に１２０台のスルザー織機を導入して最新鋭の織布工場を建設した。売上高50億円台の時期に社運を賭け、30億円を投資した[31]。

結果は、目論見通りにジーンズの需要は回復した。１９８０年には吉舎工場に整理加工ラインを設置し、整理加工の工程にも進出した。

カイハラは染色受託事業から川下の織布事業へ、さらに整理加工にも事業展開し、吉舎工場を主軸にデニム一貫体制へ歩を進めた。この結果、顧客はデニムメーカーのみならずジーンズメーカーも加わり、その環境の中で、カイハラは狙う市場を高級ジーンズに絞り込み、その分野で世界のリーダー企業を目指し、リーバイスの信頼を勝ち取ることを目標に掲げた。このため積極的な活動を早期に開始していた。

例えば、１９７６年～88年にかけて、リーバイ・ストラウスジャパン（株）に在籍し、１９７８年～82年の間、商品企画本部長を務めた飯山修[32]は次のように説明する。

カイハラとリーバイスとの出会いは、リーバイスが日本のデニムメーカーと取引を開始した1970年代の初めに遡ります。3か月毎の価格会議に、カイハラは大手紡績数社からの染色受託業者の立場で、陪席していました。デニム生地の買い付け価格を決める場に「染屋さん」がいるのは場違いですが、デニム生地の命でもある染色技術はデニム生地への影響も大きいため、染色の技術的課題に関し、デニム織布メーカーとともに迅速に対応に当たられました。当時ジーンズの世界のトップメーカーであったリーバイスからの信頼獲得は大変重要でした。カイハラの技術対応力をリーバイスはたいへん評価しました。

この場にカイハラから出席したのは、貝原良治専務（現会長）で、会議での会話に「驢馬」のように聞き耳を立てていました。ジーンズの世界市場における流行や価格動向のほか、デニム生地に要求される技術条件について、情報収集をしていました。今から思えば、「染屋さん」の時代に、将来、デニム織布分野への事業拡大を目論み、その布石を打っていた、と理解できます。

カイハラがデニム織布メーカーに事業転換してからは、リーバイスとの直接取引となり、技術課題は染色からデニム生地に移りました。リーバイスはデニム生地の受け入れ検査基準を数値化しており、カイハラは、これを1つ1つクリアーすることで高級デニム生地の製造技術を確立することができました。デニム製造の抜き取り検査のラボを自社に設置し、リーバイス基準で検査し歩留りを上げました。なかでも、デニム生地が綾織であるために生じる、捩れ（斜行性）については、Pre-Skew（事前斜行）加工をする必要があった。この技術指導はリーバイスのエンジニアがカイハラの整理加工の委託先業者の工場で実施された。このためカイハラはその重要性を認識し、自社で整理加工の工程を設置しました。

カイハラにとって世界トップクラスのジーンズメーカーであるリーバイスは最高の顧客であるとともにデニムに固有の技術を学習する上での最上の教師でもあった。地道に学習していくうち、技術をすべて吸収し、「リーバイス基準」を上回る製造技術を確立することにつながった。[33]

カイハラは先ず、リーバイス向けのデニム輸出で高い評価を獲得し、次いで、世界の高級ジーンズブランドを順次、顧客開拓し、成果をあげた。世界市場開拓のエージェントとして香港のテキスタイルリソース社を起用していた。この会社の社長はもともとリーバイス香港の原材料検査の責任者であり、世界のデニム生地メーカー、ジーンズメーカーと広いネットワークを構築していた。[34]

その後、カイハラのデニムは徐々に輸出量を伸ばす一方で、大手紡績業者はそれまで染色の委託先であったカイハラが織布に進出したことで、競合と見なし、カイハラへの染色委託量を減らしていった。

1982年カイハラは新たな織布工場として上下工場を竣工

し、スルザー織機を120台導入した。グループ全社としては織機336台体制を確立した。

上下工場の本格稼働に伴う輸出量の拡大の結果、1983年頃にはカイハラはデニムの高級分野におけるグローバル・ニッチトップ企業に到達したとみられる。

1985年のプラザ合意によって円高が進行し、ドル建てでの輸出は採算が悪化し、大手紡績業者はデニムの輸出から撤退していった。間接的ではあったが、円高下であっても、既存の顧客への供給責任を持つ意味でカイハラは受け皿となる。

1985年、カイハラの売上高は132億円であった。

デニム一貫生産体制の確立――紡績分野への進出

このような流れの中、カイハラは繊維産業の中でも最も川上に位置する紡績部門に乗り出していった。

経営体制としては、1990年、貝原定治《さだはる》が会長に、貝原良《よし》治《はる》が4代目社長に就任し、紡績部門を含むデニム一貫体制の確立を託された。

貝原良治は1943年生まれで、1965年大学卒業後、(株)八木商店（繊維製品および原料の輸出入）で勤務した後、1970年貝原織布(株)（現カイハラ）に入社（常務）し、営業統括として特に海外顧客開拓に力点を置いた。

生産面での課題はさらなる品質向上であった。当時カイハラには紡績工程がなく、糸は外部から調達していた。ここで問題があった。品質の良くない糸は織布工程で切れてしまい、織機もストップし稼働率が下がり、織布の品質も下がる。自社で糸を製造し品質を上げたほうがトータルコストは安くなる。海外のデニムメーカーも糸から織布までを一貫生産しているところが多くある。カイハラは、世界で戦うには、自社で高品質の糸を作るしかないと決断した。

紡績への参入を決めた1980年代後半は安価なアジア製品が流入し、日本の合成繊維や紡績メーカーが国内生産を縮小し始めた時期であり、この決断は業界では驚きをもって迎えられた。「過剰投資でカイハラは倒産するのでは」と噂されたが、糸の品質を高めなければ、優れたデニム生地は作れないという信念は揺らがなかった。

デニム生産の上流工程である紡績部門への進出には下記の逸話がある。

> 1979年当時、カイハラは月間約1万2千梱（1梱：181kg、2200トン／月）の糸を使っていた。それに対してある大手紡績会社の社長がこんなことを言った。「1梱の経費は箱代、包装材料、詰める費用、運送費を含め、梱当り5千円は必要。1万2千梱だと月間で6千万円、年間7億2千万円になります。紡績設備の償却年数は10年だから、10年分の72億円あったら紡績設備ができるのでは？」と。[35]

紡績工場建設の決断を契機に、カイハラは紡績の勉強を始める。国内大手や欧米企業の工場も視察し、紡績部門で競争力を確保するには現状の5倍の生産性が必要だと認識した。しかし、紡績分野については設備開発の能力がなかったため、紡績メーカーに指導を打診したが、業界からは反発を受けた。結果的には、提携先の紡績メーカーに技術者を依頼し、生産性の高い紡績工程を開発した。

1991年、月間5000梱規模の紡績設備に77億円を投資した吉舎工場の紡績工程が竣工する。これによりデニムの紡績・染色・織布・加工整理の一貫生産体制が完成した。

これは日本の紡績設備が激減する中で、流れに逆らった大きな挑戦であった。しかし、カイハラは、顧客から要求される品質のデニムを作るには、まず、原綿の選択が重要課題であり、継続した高品質の糸造りは自分でやらねばとの思いを貫いた。

カイハラが当時国内では成り立たないと言われていた紡績工場を多額の投資で建設した理由をまとめると次の3つに集約される。

①糸の品質の高さが品質の良いデニム作りの前提条件である。国内で高質品の糸の入手が困難な傾向にあり、カイハラオリジナルのデニム生産には糸から自社生産し、すべてを自社で管理する必要がある。

②原料の綿花を輸入し、円高での輸出の為替リスクをカバーできる。

③糸を外部から調達する際の梱包代、運送料が大幅に削減でき、年間3億円の節約となる。

結局のところ、一時的には、デニムの染色の1工程まで縮小していた業容を起点として、まず下流（織布＋整理加工）へ展開し、ついで上流（紡績）へと順次、生産工程を拡大して、デニムの一貫生産体制を確立した。家業の創業から数えると、少なくとも6回の新事業を試み、発展を図ったこととなる（藍玉製造販売→絣織布→カズラ製縄→絣織布に復帰→ウール絣、絣入りサロン→デニム糸染色受託→デニム織布→デニム一貫生産）。カイハラにとって絣事業の全盛時代にもなかった紡績部門を保有したことになる。

（5）　カイハラのビジネスモデル

中間財のマーケティング

世界のジーンズ市場の構造は、**図2−2**に示すように、生活・作業着のゾーンが圧倒的に多く80％を占め、カイハラがターゲットとする中・高級価格市場（カジュアル、プレミアム・ファッション）は20％に止まる。[36]

カイハラは素材メーカーにもかかわらず、備後絣の時代から最終消費者のニーズをくみ取るマーケティング志向の姿勢を維持してきた。デニムに関しても2000年頃には独自のマーケティング・モデルを構築していた。毎年、1000品番の新しい生地見本をつくって、ジーンズメーカーに提案するマーケ

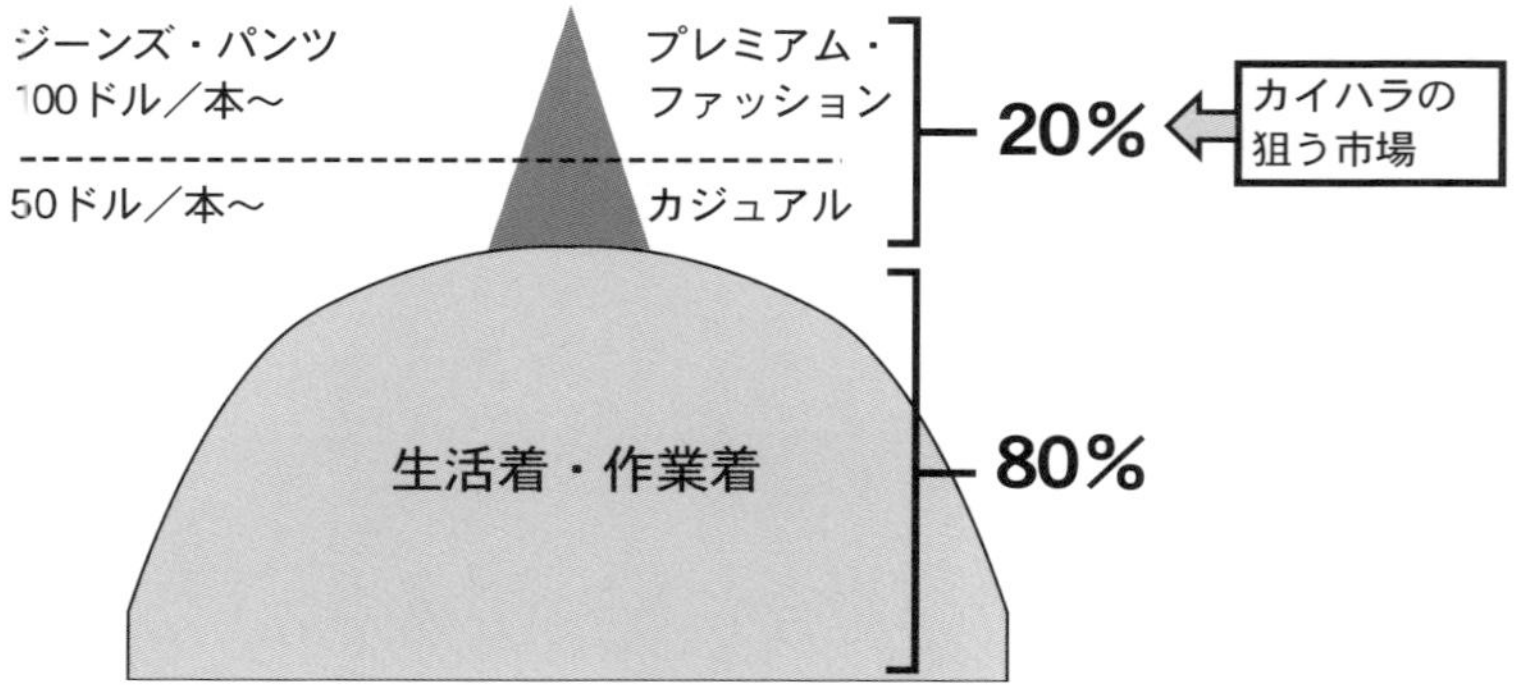

図2―2　ジーンズの世界市場の構造とカイハラの狙う市場

出所：カイハラでの聴き取りから難波作成.

ティング手法である。サンプルに対する受注率は25％程度である。多数の見本の製造は余剰設備で対応しており、製造面での優位性をマーケティングに活用している。東京営業所にはデニム生地で約2000種、ジーンズ製品で約200種のサンプルを展示している。

従来、繊維業者はアパレルメーカーの要望を聞いて、商品を作って納めるというスタイルであり、注文に応じるだけの単純な素材供給者であり、そのため、価格訴求を強いられるばかりの存在だった。しかし、カイハラの毎年の新しい生地見本は、その提案数の多さとサンプル同等の再現率がジーンズメーカーから高く評価された。カイハラはこのマーケティグ手法で、リーバイス、エドウィン、GAP、ユニクロ、セブンジーンズ、ヒューゴ・ボス、ピエール・カルダンなどの顧客を順次開拓していった。

海外の販売ルートは香港のエージェントであるテキスタイルリソース社を通じて世界各地に販売する体制が整えられた。エージェントは販売に関し継続的に新しい提案をし、商品開発についてもカイハラとパートナーシップが組まれた。

さらにカイハラのマーケティンググループは定期的に最終顧客の好みの動向調査を実施している。

このビジネスモデルによりカイハラは高収益を享受し、2003年の売り上げは188億円となった。

世界市場で顧客開拓してきた会長の貝原良治は「日本で生き残るにはまず、世界で生き残らねばならないとの考え方で販売体制を構築してきた」[37]と、その経営哲学を語り、また、「カイハラはデニムについては世界一失敗した会社です。しかし、大量生産している会社は、開発する必要はないのです。いかに安く、いかに大量につくるかが大事ですから。我々は日本でものづくりをしようと思えば、それとは違う形で、それこそニッチのものを徹底的に質や新商品を追求する必要性があります。そういうことでお客様に対してのカイハラブランドが定着してきたのではないかなと思います」[38]と、毎年、提示する大量のサンプルを逆説的に誇っている。

世界のジーンズ市場は２０１７年の19億５９００万本から、２０２２年には６・６％増の20億８９００万本に達すると予測される[39]。

カジュアル＋プレミアム・ファッション市場のうち、カイハラが特に力点を置いている「欧米・ASEAN・日本」の市場規模は、２０１７年でジーンズ２億３０００万本とされる。このうち、カイハラのシェアは10％であり、さらに、プレミアム・ファッション市場に限定すればそのシェアは50％超と推定され、カイハラが常にベンチマークの指標とされてきた[40]。

従来、カジュアル＋プレミアム・ファッション市場ではイタリアのデニムメーカーのデザインが優れ、勢いがあったが最近では欧州市場に隣接するトルコのデニムメーカーが技術力を上げて、手ごわい競合になってきた[41]。

顧客との協業

カジュアル＋プレミアム・ファッション市場におけるジーンズメーカーは、生活・作業着に求められる低価格、堅牢性ではなく、差別化による高付加価値を求めた。カイハラはそれに応えるべく、上述の多様なサンプルを提供し、顧客との協業により、この市場の維持と拡大に努めてきた。

カイハラのマーケティング手法は従来のメーカーの手法を超

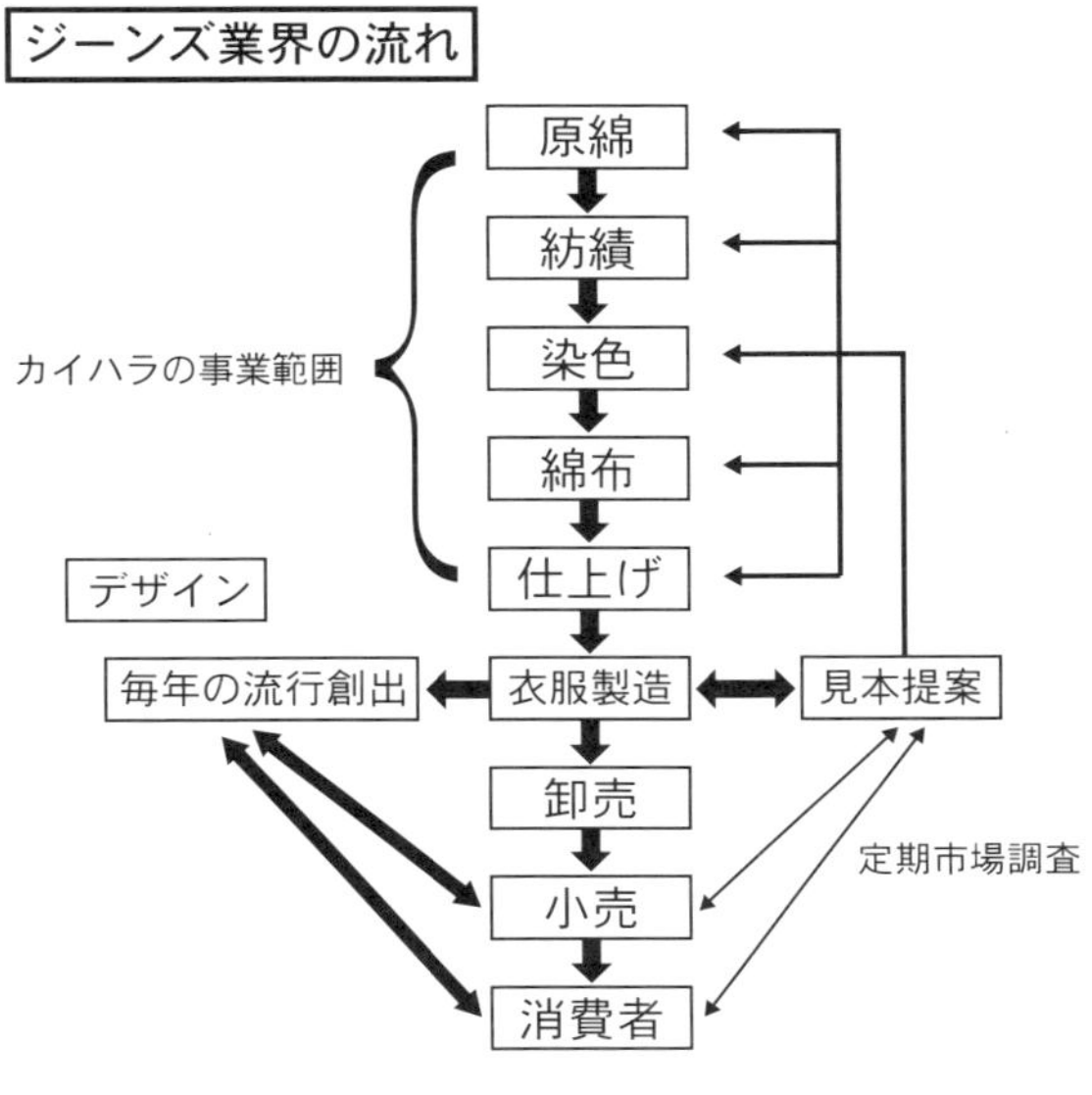

図2—3　カイハラのマーケティング・モデル

出所：カイハラでの聴き取りから難波作成.
（現在は「卸売」を介在しないSPAが主流となっている）

えたものであり、デニムメーカーがジーンズ市場で毎年の流行創出に参加することになり、この手法の確立当初はユニークな存在であった（図2-3）。

２００１年にジーンズ市場は男女別売上高構成比が入れ替わった。女性が主要顧客へと転換したことで、特定の定番商品で数年にわたって商売することは困難になっていた。エドウィンの「５０３」やリーバイスの「５０１」などに代表される、流行にとらわれない定番商品を主軸に据えたマーケティング戦略から、流行に敏感である女性向けに春夏用、秋冬用とシーズン毎に最低年2回新商品を提案していかなければならない(42)。カイハラの大量サンプル提供もこの動向に対応するものである。

近年、カイハラはエンドユーザーのブランド認知を向上すべく取り組んでいる。「カイハラデニム」ブランドの認知はジーンズメーカーの間では高かったものの、エンドユーザーにはあまり知られていなかった。そこで、ユニクロのジーンズの商品タグで「カイハラ（株）と共同開発したデニムを採用」と説明している。ユニクロにとっても「Kaihara Made」で高品質を訴求できる。ジーンズにおける「Intel Inside」である。

（6）設備拡大とジーンズ市場の変化

２００３年、貝原定治《さだはる》は相談役に、貝原良治《よしはる》が会長に、貝原潤司《じゅんじ》が5代目社長に就任した。

貝原潤司は１９４９年生まれで、大学ではマーケティングを専攻し、１９７４年アメリカの大学でMBAを取得した。１９７４年、貝原織布（現カイハラ）に入社した。手始めの仕事は地元、新市町との公害防止協定であった。その後、吉舎工場の建設を担当するなど、主として、総務・製造・技術開発部門を担当してきた。

社長として貝原潤司は折からの世界のデニム需要の拡大を背景に幅広デニム対応織機導入と紡績内製化を高めるため、新立地の三和町(43)新鋭工場（三和工場）の建設に乗り出す。この背景の1つには、カイハラにとって最大顧客であるユニクロ（ファーストリテイリング）からの増加傾向にある供給要求に対応する狙いもあった。

２００５年三和工場の織布設備が竣工し、２００８年には紡績設備が完工し、世界有数のデニム工場となった。ユニクロのブルージーンズのほとんどがカイハラ製のデニムであり中国やASEANで縫製される。

しかし、三和工場の紡績設備が竣工した２００８年にリーマンショックの影響で国内外からの注文が激減した。2万円を越える高級プレミアムジーンズブームは２００４年後半から盛り上がり、２００５年にピークを迎えて２００７年に終結したと見られている。

また、ジーンズの対抗品となるレギンス(44)などの新たなファッション衣料が従来のジーンズによる美脚パンツ市場に参入、普及が進んだ。

さらに2009年、1000円以下の激安ジーンズパンツの出現で低価格化が加速され、海外の安価なデニム素材にとって替わられた。かつて、エドウィンやリーバイスなどナショナルブランド数社によって占有されていたジーンズ市場がユニクロなどのSPAによる低価格なジーンズにより席巻されてきた[45]。この影響でジーンズ専門店では売れ筋が従来の1万円から7000~8000円に切り替わった。これらの影響で、カイハラの2010年2月期の売上高は前期比較2割減の118億円でしかも新設工場の償却負担も重なり2期連続の最終赤字となった。

(7)　カイハラの対応と海外生産

ジーンズ市場の変化とカイハラの対応
——新たなジーンズの開発

ジーンズ市場における変化の中で、ジーンズメーカー各社は商品のライフサイクルを速めるほか、ジーンズの機能の多様化を図っている。

エドウィンは2009年旭化成と共同開発した防風性、保温性に優れた「ワイルドファイアー」を発売し、さらに、2010年には日清紡テキスタイルとの共同開発で、肌ざわりがよく、伸縮性に富んだ「ゼロデニム」生地を使用して「503ZERO」[46]を発売した。

厳しい市場環境の中でカイハラは新たな素材の開発に取り組

表2−2　カイハラの新製品の発表時期，名称，機能

2010年3月：「**D-SPEC**」（濃色で大きな芯白により、洗い加工が容易。排水負担の少ない環境対応型染色）
2010年4月：「**TRINELDENIM**」（ふんわりやわらか新感覚）
2010年8月：「**SHELLNO**」（上品な光沢、「固くてゴワゴワ感」を払拭）
2011年1月：「**MOTION FIT DENIM**」（極細繊維、パウダータッチ、快適ストレッチ、東レとの共同開発）
2011年4月：「**WRINKLE LOCK DENUM**」（リアルな立体皺、形状記憶、ユニチカトレーディングとの共同開発）
2011年8月：「**MOIST BREATHE DENUM**」（呼吸するデニム）
2012年8月：「**想糸奏藍**」（ヴィンテージ・コンセプトの「新・斑（むら）染めデニム」）
2014年3月：「**EX-FIT**」（抜群のフィット感、高伸長・高回復率の両立）
2015年1月：「**AIR TUBE DENIM**」（特殊中空糸で実現した圧倒的な軽量感、ストレッチ性とソフトな風合い）
2015年2月：「**GRAND BLUE**」（進化した染色技術による深い青色、上品な落ち着き実現）
2016年6月：「**SMARTEX**」（高い保色性による生デニム感のキープ、優れた形態安定性でヒザ抜けも防止）
2016年8月：「**SHELLATEC**」（多層構造による高い防風、透湿、防水性能）
2016年8月：「**AIR THROUGH**」（特殊織物設計による高い通気性、立体構造による肌のベトつき軽減）
2016年11月：「**STRETCH ENERGY DENUM**」（旭化成のポリウレタン『ストレッチエナジー』使用で伸縮による持続的に発熱する機能素材）
2017年2月：「**CORDURA DENIM**」（高強度ナイロンによる優れた耐摩耗性、綿100%のような肌触り）
2017年4月：「**RUBBER STRECH**」（特殊ストレッチ糸による圧倒的ストレッチ性能、スタイルをキープ）

出所：カイハラ資料.

む。２００９年、貝原淳之《ただゆき》常務（当時）をリーダーとして若手社員を中心とした新製品開発チームを設立した。「市場にない商品を世界に先駆けて開発しなければならない」との思いからである。このチームは国内外の有力繊維メーカーとコラボする等、従来デニムに捉われない自由な発想による商品開発活動を開始した。その成果は、２００９年、東レとの共同開発である肌にやさしい「パウダー・デニム」の発売や２０１０年、ユニクロ、東レとの共同開発による「ヒートテックジーンズ（暖パン）」として結実した。

　その後もカイハラの新製品開発グループは新製品を連続的に発表している（**表２−２**）。**表２−２**における新製品のコンセプトは直接、最終消費者に訴求している。これは、従来、毎年ジーンズメーカーに提案してきた多数の生地の見本提供とは異なるアプローチである。明確な機能性に絞りB to BからB to Cへの転換を意識しており「Intel Inside」の手法を取り入れ、最終顧客の多様なニーズにシャープに絞り、店頭で「カイハラの生地を使ったジーンズはどれですか」の指名を期待している。

　この結果、カイハラは素材生地メーカーとして、最終消費者のニーズと反応を直接把握する３つのルートを構築したことになる（①定期的な最終顧客の好みの動向調査、②毎年、１０００品番の新しい生地見本、③頻繁な新製品の開発）。これら新製品は、「レギンス」や「低価格パンツ」への対抗製品であり、確立したレギンス市場に対して、柔軟で肌ざわりの良いジーンズの投入による巻き返し作戦でもある。

　このような反転攻勢に止まらず、「MOIST BREATHE DENIM」（呼吸するデニム）は「山ガール」などアウトドア活動向けの新たなセグメント開拓となっている。

　すべての新製品が英語表示で、このまま輸出製品となる点は、自動車のネーミングと同じ考え方である。一部の漢字は日本製のイメージを持たせる狙いが窺える。それぞれの新製品のロゴを**写真２−６**に示す。

　カイハラが提案する新開発商品は取引先企業に採用され、出荷される生地の５、６割が２年以内に開発された商品だという。合繊メーカーとの共同開発もあり、オープン・イノベーションの考え方も取り入れられた。

　新機能を有する新製品ブームの中で、従来のヴィンテージ志向顧客も忘れていない。商品名「Kaihara １８９３　想糸奏藍」である。１８９３とはカイハラ創業の年であり、ヴィンテージ志向を表現している。このデニムを織るのがシャトル織機[47]であり、リーバイスオリジナル創製期のデニム生地の再生を行っている。

　現在、カイハラはこのシャトル織機を２００台所有している。近年では生産性が低いため主要機として使用されてはいなかったが、現在はビンテージ・デニムに最適の機械として現役で活躍し、カイハラは世界のビンテージ・デニム生産の一大拠点でもある。

　リーマンショックからの回復や上記の新製品の貢献もあり、カイハラの２０１２年の売上高は１２４億円となり、３期連続

写真2−6　カイハラの新製品のロゴ

出所：カイハラ資料.

の赤字から脱出できた。

２０１３年では３年前から連続的に発売した「モーションフィットデニム」などの新商品群の売上高が全社売上高の50％以上を占めるまで成長し、前年比２桁増収に寄与した。「消費者にも分かりやすい機能性」が受け入れられたことから、「市場に仕掛ける」新製品開発の有効性が確認された。

日本では高級ジーンズ復活の機運はまだ乏しいが、米国では２０１３年頃からヴィンテージ回復の傾向が見られ、旧式の織機で織られたセルビッジ（赤耳付き）デニムへの引き合いが非常に強くなった、という[48]。デニムオンデニムやオールデニムも見られ、高級ジーンズが回復基調にある。

カイハラは新商品の開発力を梃にして輸出を伸ばし、中長期的には輸出比率を現状の35％から50％に高める方針である。

２０１４年、副会長に貝原潤司《じゅんじ》、社長に貝原護《まもる》が就任した。貝原護は１９５４年生まれで、大学では工学を学び１９７８年卒業後、貝原織布（現カイハラ）に入社、２年後、伊藤忠商事に出向し、捺染織物やニット生地の貿易に携わり、３年間の米国駐在も経験した。１９８７年にカイハラに復帰した。「祖父に当たる２代目社長の故貝原覚は生前、叔父の良治会長、実兄で前社長の潤司副会長、そして護新社長の３人に対し、会社を『よくおさめ（良治）、うるおいつかさどり（潤司）、まもって（護）いけ』と諭していた[49]」、という。

新社長の重要課題の１つは、ジーンズ市場における価格低下と海外製品の流入による国内ジーンズ生産の減少傾向への対応である（日本ジーンズ協議会加盟社のジーンズ［ボトムス］の生産数量は1998年の7500万着をピークとして、2010年には4500万着へと減少した）。

2018年2月期の売上高は180億円となり、三和工場竣工前のピークである2003年の188億円にあと8億円に迫った。

海外生産拠点の決定

2014年3月、カイハラは初の海外進出となるタイで工場を建設するため、子会社、KAIHARA（THAILAND）社を設立した。

タイ工場建設の決断の背景には市場の構造と供給先の変化がある。国内では少子高齢化が進み、デニムのコアターゲットとなる若年人口の消費が落ち込んでいる。さらに国内工場立地も制約がある。従来、カイハラは、多品種少量生産の高品質をめざし、国内生産にこだわってきたが、これ以上の工場増設は困難と判断した。カイハラの工場は山間部にあるため現在は働き手を確保できているが、将来は山間部の工場で人を集められるか不安がある。

また、デニムの供給先も、かつてはジーンズ専用ブランドが主体だったが、2000年頃から女性がジーンズを愛用するようになった結果、今ではファッション商品も扱うSPAがメインとなった。そのSPAが海外市場での展開を本格化させる中で、カイハラにも消費地に近い所に生産拠点を持つことが求められるようになった。

今後ASEANは成長する市場として期待が持てる。タイを拠点にASEAN 6億人の市場やTPPの始動でオーストラリアの市場も視野に入ってくる。タイにはこうした域内商流の中心としての期待をかけている。

ジーンズ業界は国内では市場に飽和感があるが、世界的にはまだ成長し続けると予測する。拡大する市場を取り込むには海外進出しかないと考えての決断であった[50]。

タイ工場はバンコク西部の工業団地に所在し、2015年10月に織布工場が本格稼働した。カイハラにとっては5番目の工場である。投資額は約90億円、敷地は14万平方メートルで、最終的にロープ染色から織布、整理加工までの一貫生産体制を構築する計画で、総投資120億円を見込む。

当初は現地社員200名に対し日本から20名ほど派遣するが、最終的には現地社員450名、日本人出向者10名、月間150万mの生産を目指し、タイの人たちが主体的に動く工場を早期に確立する計画である。

（8）マネジメント

全般管理[51]

カイハラは非上場のファミリービジネス（同族企業）で、貝原家が100％の株を所有する。株主資本を5000万円と小額に維持することで、中堅企業としてのメリットを活かすことと

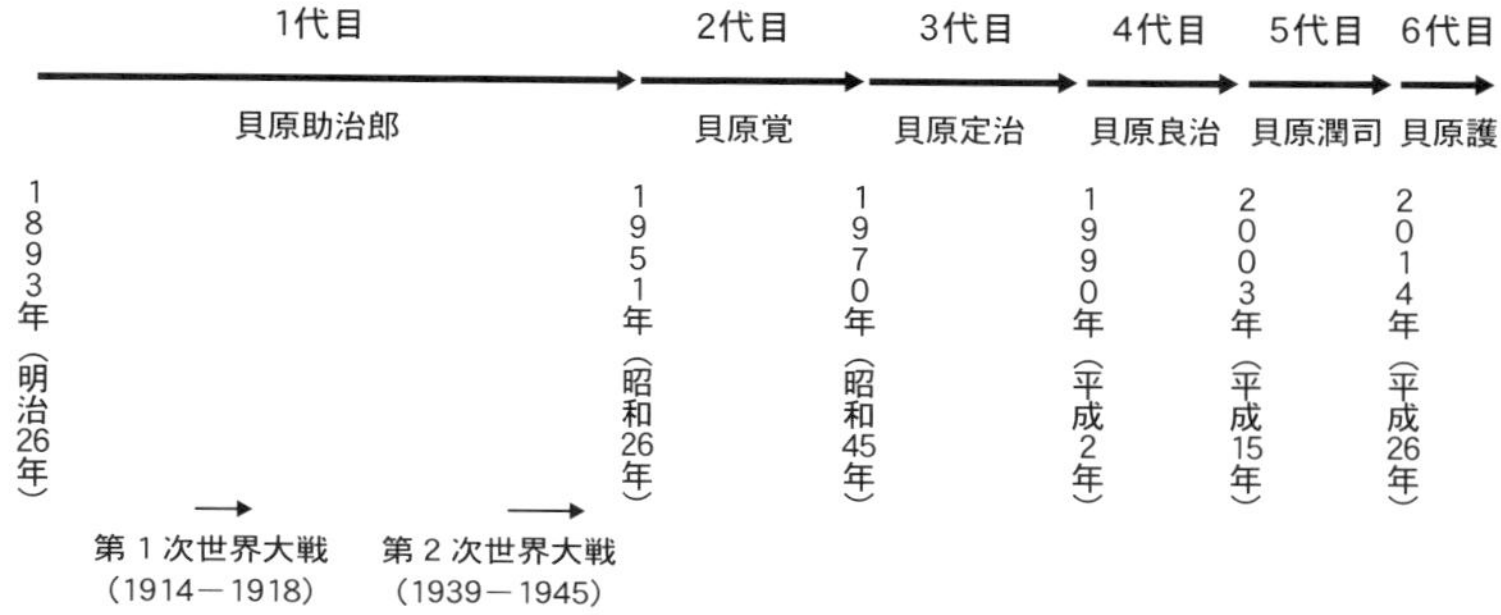

図２－４　　カイハラ歴代社長，就任期間

出所：カイハラ資料に基づき難波作成.

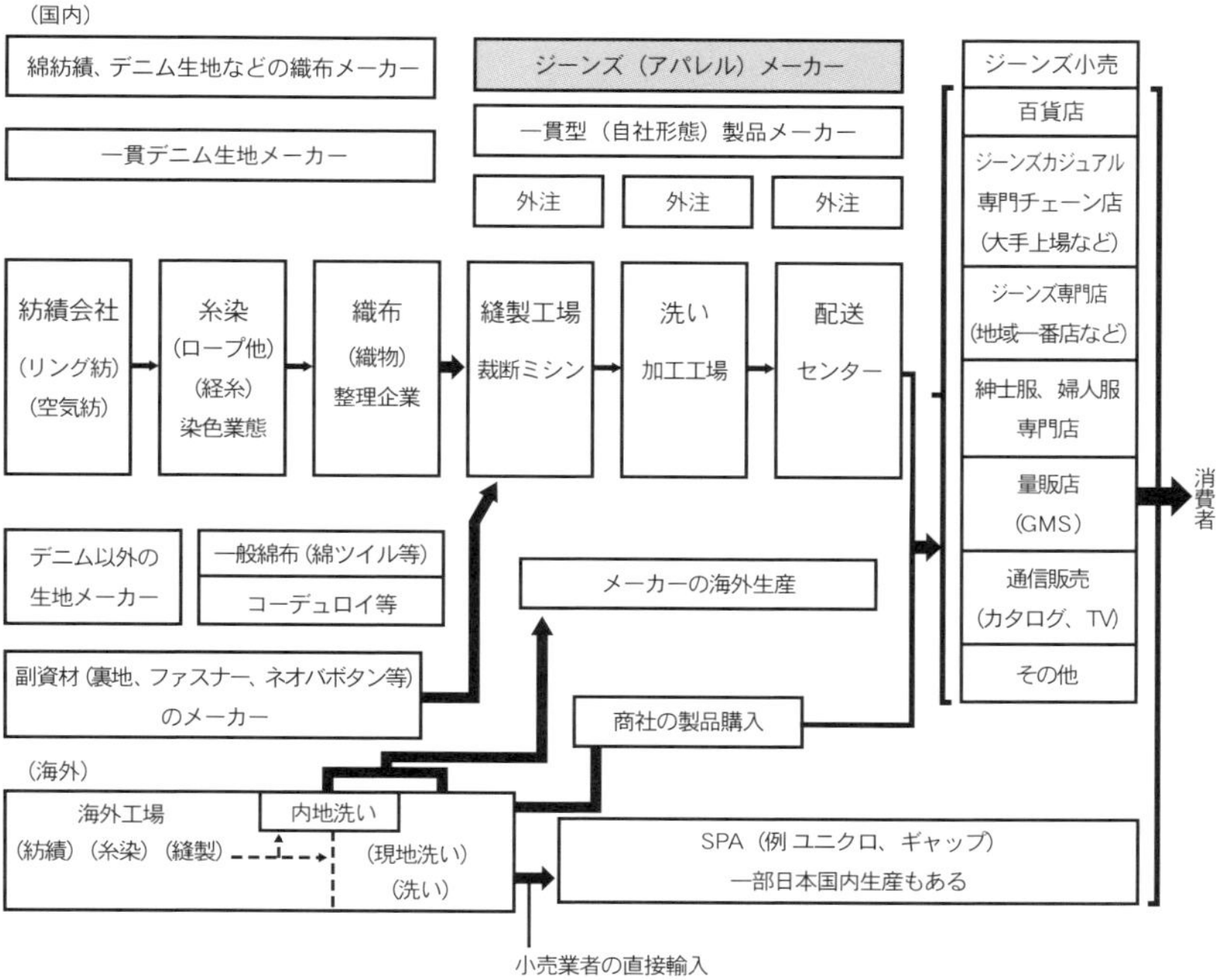

図２－５　　ジーンズの生産，流通経路

出所：繊維流通研究会編（2010）.

ともに、株主としての貝原家への配当を少なくし、内部留保に回されている。

カイハラは、垂直統合を進める際に、リスクを取ってきた。1978年に織布を始めた際にも、1991年に紡績を始めた際にも、単年度の投資額が当時の資本勘定を上回る投資が必要であった。これらは内部留保と商社金融（分割払い）、そして銀行借入でまかなわれてきた。

カイハラでは「社員には毎月初めに月次の経営数値を公表している。前月の売上げではなく、紡績や織布など各工程の加工賃を設定し、社員1人当たりどれだけの付加価値を生み出したのかが分かるようにしている」[52]。

また、経営の長期志向については「現在の売上高は約170億円で、タイに新設する工場の総投資額が約120億円、デニム事業転換後1970年代からの累計投資額は800億円に上る。工場新設後はしばらく減価償却負担が増え、赤字決算になってしまう。株主から短期的な資金回収を迫られず、長期的な視点に立てる同族企業だからこそ、これまでのような思い切った大型投資ができた。目先の利益を追うのではなく、雇用を守りながら10年先に利益を先送りするという考え方で投資してきた」[53]。

人事管理

カイハラは、複数の機能や製造工程を担当できる多能工社員の育成を図っている。たとえば、間接部門の社員であって製造工程を担当できる。この方針は従業員に成長の機会を与えモラールを高めるだけでなく、急激な需要の増減に対応することができる。

カイハラは自動化の進展で多くの作業がデジタル化された後にも、デジタル化が困難な匠の技を競争力の源泉の1つと認識しており、ベテラン社員が退職する数年前から若手に引き継ぐ制度を実施している[54]。

また、カイハラは、工場を工業団地に置かず、広島県北部の山林を自らが買収、敷地造成を行い、工場用地を確保してきた。地域と密接な関係を構築しているため、親子、夫婦で勤めているものも多い。カイハラは全従業員を対象に、所定の生産量と収益を達成すると、期末決算賞与という形で成果に報いている。

今後の課題

カイハラは長期的には「業界の大きな波」[55]に迅速・果敢に対応し、短期的には素材メーカーとして毎年のファッションづくりに参加してきた。

今後の課題は、①グローバル化のさらなる進展による環境の変化を素早く見抜き、それを自社の発展に活用すること、②特にASEAN、中国、インドでの中間層増加に伴うカジュアル＋ファッション・プレミアム市場の拡大を確実に捉え、競争優位を維持・発展させること、そのためにも、③タイ工場を日本並み、もしくは、それ以上の高品質・高生産性の工場に仕上げることにある[56]。

［注］

（1）「デニム」とは、経糸に色糸、緯糸に白糸を用いた厚手の綾織の生地のこと。仏語の「セルジュ・ドゥ・ニーム（serge de Nimes)」（ニーム産のサージ生地）が語源とされている。

（2）Specialty store retailer of Private label Apparel の略。アパレル製造小売りのこと。

（3）製造業者が所有・管理し、全国的に流通しているブランドのこと。

（4）特定分野において世界市場でトップグループに属する企業。

（5）独自性ある戦略を実行し、その結果、業界において高い収益性を達成・維持する企業を表彰するため、２００1年7月に創設された。ハーバード大学のマイケル・E・ポーター教授が来日し表彰している。

（6）経済産業省は、国際市場の開拓に取り組んでいる企業のうち、ニッチ分野において高いシェアを確保し、良好な経営を実践している企業を「グローバル・ニッチトップ 企業１００選」として選定した。

（7）備後（広島県東部）で生産される綿織物。絣は先染めの糸を組み合わすことで模様が織り込まれた。戦後は素材にウールを使用することもあった。現在は伝統的な一部の着物に使用されている。

（8）サロン：中近東のイスラムの男性が常用している腰巻き様の服装。

（9）プロジェクタイル式織機を製作するスイスの機械メーカー。プロジェクタイル式織機とは、杼を用いない織機の一種。小さい鉄片が緯糸を咥え、経糸の間を左から右へ一方方向に走らせることで、緯糸を挿入する方式の織機を指す。緯糸を確実に遠方まで飛ばすことができるので、幅の広い織物が可能になる。

（10）その際、括られたところにも染料が浸透し、予定外の箇所が染まることになり、織りの段階で模様のズレを生じさせ「カスレ」ができる。「かすり」という言葉はそこからきたとされている。

（11）桃李《とうり》もの言《い》わざれど下《した》自《おのずか》ら蹊《けい》を成《な》す（桃やすももは何も言わないが、実がおいしいので人が集まり、その下には自然に道ができる。りっぱな人のもとにも自然と人が慕い集まることのたとえ）。

（12）紡績された原糸を染色するためにロープ状にする工程。

（13）２００４年7月9日、貝原定治相談役（当時）から筆者聴き取り。

（14）藍の色素である「インディゴ」は水に溶けないため、還元して水溶性の「ロイコ塩」の形で染色槽に貯めてある。糸の束を染色槽の「ロイコ塩」水溶液に浸して引き揚げ絞ると、ロイコ塩が糸に吸着され、空気中の酸素と反応して「インディゴ」となり青色に発色する。しかも、水溶性を失い、水で洗っても脱色しにくくなる。

（15）貝原（２００３）pp.50-51、貝原（２０００）pp.15-16。

（16）貝原（２００３）pp.51-52。

（17）カイハラ株式会社（２００３）p.128。

(18) 貝原（２００３）p.52。
(19) 同上、p.53。
(20) 同上、p.50。
(21) 同上、p.57。
(22) 貝原（２００３）p.57。
(23) ２００４年７月９日カイハラ本社にて、貝原定治相談役（当時）から聴き取り。
(24) 江口・小山・大西（２０１０）。
(25) チーズ染色とは、チーズのような状態に巻いた糸を、内側と外側から交互に染液をポンプで循環させ、均一に染料が糸に染着されるように染色する手法のこと。
(26) ２００４年７月９日、カイハラ本社にて貝原潤司社長（当時）から聴き取り。
(27) カイハラ株式会社（２００３）p.90。
(28) 同上、p.180。
(29) 貝原（２００３）p.58。
(30) 経糸ビームとはドラム状の大きな「糸巻き」のこと。織機の両端に経糸ビームとクロス（布）ロールが設置される。経糸ビームは経糸の供給源で、クロスロールは、緯糸を打ち込み、織り上がったデニム生地を巻き取るロールである。カイハラの場合、経糸ビームには並行的に数千本の経糸が６０００メートル巻き取られている。織り上がったデニム生地６０００メートルからは、通常、４０００本のジーンズパンツが作れる。
(31) 貝原（２００３）p.66。
(32) 現、立命館アジア太平洋大学客員教授。２０１５年５月12日聴き取り。
(33) ２００４年７月９日、カイハラ本社で貝原潤司社長（当時）から聴き取り。
(34) ２０１５年５月12日、飯山修（立命館アジア太平洋大学客員教授）から聴き取り。
(35) カイハラＨＰ、２０１５年５月９日閲覧。
(36) ２００５年３月９日、カイハラ東京営業所で貝原良治会長から聴き取り。
(37) 同上。
(38) http://www.chugoku.meti.go.jp/info/densikoho/26fy/h2701/tokushu.pdf　資料のタイトル２０１５年５月１日閲覧。
(39) 出所：英国のリサーチ会社ジャストスタイル（JUST-STYLE）(https://www.wwdjapan.com/456681　２０１８年５月16日閲覧)。
(40) ２０１８年４月16日、カイハラ（株）貝原潤司副会長から聴き取り。
(41) 同上。
(42) 江口・小山・大西（２０１０）。
(43) 現在の広島県神石郡神石高原町。
(44) レギンス（英語：leggings）とは、膝下~足首まである衣類で、タイツ・ストッキングと同じような素材で作ったものが多い(http://ja.wikipedia.org/wiki/%E3%83%AC%E3%82%AE%E3%83%B3%E3%82%B9%E3%82%B9　２０１５年５月１日閲覧)。

(45)　ユニクロは２００５年度ごろから年間１０００万本以上を販売し、２００６年は約１２００万本を販売したとみられる。２００６年3月に発売した姉妹ブランド「ジーユー」の９９０円ジーンズ（カンボジア、中国製）も発売８か月で約１００万本が売れた。２００６年8月発売のイオンのプライベートブランド、８８０円ジーンズ（中国製）も発売7か月で１５０万本が売れるなど、爆発的なブームになった（http://haigyou.very.cx/blog/category_1?page=99&mobile=on　２０１５年5月1日閲覧）。

(46)　５０３はエドウィンの定番商品に因んだネーミングである。

(47)　緯糸を内蔵したシャトル（「杼＝ひ」とも言う）を使い、緯糸を左右交互に打ち込んで製織する旧式の織機。生産性は低いが、時間をかけて織ることで生地に自然な膨らみをもたらし暖かみのある風合いを作り出す。

(48)　２０１４年3月7日、「織研」、貝原淳之常務（当時）の発言。

(49)　繊維ニュース、２０１４年7月15日。

(50)　日経産業新聞２０１５年8月14日「世界が認める国産デニム(10) 貝原良治」。

(51)　ポーター賞選考委員会資料をベースにし、情報を追加して作成。

(52)　日経産業新聞２０１５年8月14日「世界が認める国産デニム(10) 貝原良治」。

(53)　同上。

(54)　２０１８年4月16日、カイハラ（株）貝原潤司副会長から聴き取り。

(55)　同上。

(56)　同上。

［参考文献］

江口智基・小山貴之・大西達矢「EDWIN――押し寄せるSPAの波と９９０円ジーンズの破壊力――」２０１０年（http://c-faculty.chuo-u.ac.jp/˜tomokazu/zemi/works/4_case_edwin.pdf　２０１５年5月1日閲覧）。

カイハラ株式会社『温故創新』２００３年。

貝原定治『苦しい時の〝紙〟だのみ』マインドスケープ社、２００３年。

貝原定治『続・苦しい時の〝紙〟だのみ』カイハラ株式会社、２０００年。

繊維流通研究会編『ジーンズハンドブック 新訂9版』２０１０年。

（難波正憲・藤本武士）

Chapter *3*

株式会社フルヤ金属
―イリジウム製ルツボの世界トップメーカー―

（1）イリジウムルツボで世界トップシェア

株式会社フルヤ金属（代表取締役社長：古屋堯民《たかひと》）はイリジウム製ルツボ（坩堝：耐熱性容器、**写真３－１**）で世界シェア60％を有するグローバル・ニッチトップ企業である。また、ターゲット（高純度材質の板材）を中心とするルテニウム製品では世界トップクラスのシェアを有する。

フルヤ金属の本社は東京都豊島区に所在し、資本金54億円、売上高２１２億円、経常利益34億円（２０１８年度6月期）、社員３０４名を擁する。２００６年、東証ジャスダックに上場した。

同社の前身である古屋商店は１９５１年に創業、貴金属装飾品の製作・販売を事業とし、１９６８年事業拡大に合わせ、株式会社に改組、屋号をフルヤ金属に変更した。社員は５名であった。１９７５年、工業用貴金属分野に参入、事業分野を白金族金属の応用製品に集中、事業を拡大してきた。

本ケーススタディでは、①フルヤ金属はどのようにしてグ

写真３－１　単結晶育成用イリジウムルツボ
（典型的なサイズは，直径：150～200mm，高さ：150～200mm，厚み：2～3mm）

出所：フルヤ金属資料.

企業概要

設　　立：1951年
本　　社：東京都豊島区南大塚2-37-5 MSB-21南大塚ビル
代 表 者：古屋堯民
事業内容：プラチナ・イリジウム等の工業用貴金属各種製品の製造・販売
売 上 高：212億円（2018年6月期）
従業員数：304名

沿　　革

1951年　三鷹市に個人開業.
1968年　株式会社フルヤ金属と改組.
1981年　イリジウムルツボの国内初の製造に成功.
1990年　筑西市につくば工場を設置，東京の本社工場・高田工場を集約.
2005年　つくば工場イリジウムの精製・回収の一貫生産体制.
2006年　ジャスダックに上場（現在，東証JASDAQ).
2008年　土浦市に土浦工場を開設，イリジウム・ルテニウムの回収・精製ライン設置.
2014年　経済産業省「グローバル・ニッチトップ企業100選」.

ローバル・ニッチトップ企業に到達したのか、とりわけ、なぜ貴金属装飾品メーカーから工業用イリジウム・ルテニウムの世界トップグループ企業に発展し得たのか、②いかなる方法で事業機会を連続的に捉えたのか、③当初の少ない経営資源をいかにして補完・拡大して、日本初・世界初の商品・技術を実現したのか、④競争優位の源泉はどこにあるのか、に焦点を当てる。

（2）　フルヤ金属とは

フルヤ金属は経営理念として「プラチナグループメタルを中心とした工業用貴金属製品を通じて科学技術の発展に寄与し、社会の繁栄に貢献する」を掲げ、「イリ・ルテのフルヤ」として需要産業の顧客（企業、研究機関、大学）から頼りにされる存在である。プラチナグループメタル（白金族金属）には、イリジウム、ルテニウム、白金、ロジウム、パラジウム、オスミウムが含まれる。ただし、オスミウムは毒性をもつため、工業用原料としては使用されていない。

同社はプラチナグループメタルの工業製品に特化した国内唯一のメーカーであり、イリジウム、ルテニウムに関しては精製・修理・販売・リサイクルの一貫・統合事業を展開している。白金族金属はその耐熱性、化学的安定性、良導電性、触媒活性等の優れた特性から、エレクトロニクス・光学ガラス・クリーンエネルギー・環境・医療等各分野で活用されている。

製造拠点として、つくば工場、土浦工場および千歳工場の3工場を有し、ここから10か国以上に輸出している。研究開発機能は、つくば研究開発センター（筑西市）にあり、国際子会社2社は米国と韓国に所在する。

フルヤ金属の売上の内訳は、国内53%、海外47%である。海外の内訳は、アジア57%、北米24%、欧州19%である。

同社は2014年3月経済産業省による「グローバル・ニッチトップ企業100選」に選ばれた。

また、2015年4月、ハードディスクドライブの世界トップ企業であるウエスタン・デジタル（米国）からサプライヤー・オブ・ザ・イヤー賞を受賞している。

（3）主要製品と用途

フルヤ金属の製品は主として4つの分野があり、多様な製品を供給している。分野別の主要製品と主な用途を**図3－1**に示す。

電子分野

イリジウムルツボは、携帯電話のノイズフィルターやLED（発光ダイオード）基板となる単結晶サファイア育成などに使用される。高純度のサファイア単結晶を作るにはルツボ成分の溶融混入を防止することが必須条件となる。イリジウムは融点が約2400℃で、超高温用のルツボには必要不可欠な資材である。

（電子部品）	（薄膜分野）
■ルツボ（耐熱性容器） ・イリジウムルツボ ・白金ルツボ **主な用途** 光学ガラス・液晶ガラスの溶解・成形 人口結晶の製造	■ターゲット（高純度の板材） 貴金属スパッタリングターゲット HDD製造用ルテニウムターゲット ■APC（銀合金）薄膜 **主な用途** HDD&DVDの薄膜形成／燃料電池・電極
（センサ分野）	**（ケミカル分野）**
■プロファイル熱電対 ■ウエハ熱電対 **主な用途** 半導体製造用装置に付属する温度計	■貴金属化合物 （触媒・電極材料） **主な用途** 自動車触媒・石油化学触媒等

図3－1　分野別主要商品と主な用途

出所：フルヤ金属の資料に基づき筆者作成.

たとえば携帯電話のノイズフィルター基板で使用されるリチウムタンタレート（タンタル酸リチウム）は融点が1650℃と極高温のためイリジウムルツボでしか製造することができない。

　同社のイリジウムルツボは高純度で、他社品より不純物が一桁低く、2000℃の耐熱性と難溶解性により高純度の単結晶が得られることから競争力が高い。

　白金ルツボは光学ガラス、液晶ガラスの溶解に使用される。

薄膜分野

ルテニウムのターゲット（高純度材質の板材）は高密度ハードディスクの磁性層に成膜され、ディスクの大容量化に貢献している。これはルテニウムが磁気の保存に優れているためであり、近年はサーバー用ハードディスク向けに需要が増加している。

　フルヤ金属の独自製品であるAPC材料はAg（銀）、Pd（パラジウム）、Cu（銅）の合金で、タッチパネルの配線材などに使用される。

センサー分野

熱電対とは温度センサーのことで、イリジウムとロジウムの組み合わせにより2100℃までの超高温域を高精度で計測が可能である。

　主な用途は半導体製造装置に付属する温度計のほか航空宇宙機のエンジン燃焼テストの温度計としても使用される。

ケミカル分野

高純度のイリジウム化合物は有機LED燐光材などに使用される。また、イリジウム合金で作られた「イリジウムプラグ」は着火性がよく、放電電圧を低減させ、加速性と燃費の向上に貢献している。

　ロジウム化合物は自動車排気ガスの浄化触媒や石油化学用触媒として使用される。

（4）フルヤ金属のビジネスモデル

白金族の希少性——鉱山からの直接購入ルートの確保

白金族金属の産出は南アフリカ共和国に偏在している（イリジウム：90％、ロジウム：80％、ルテニウム：75％、白金：72％、パラジウム：37％）。同社にとって原料の安定的な確保は事業継続上、極めて重要な課題である。

　同社は原料購入の安定化を図るため、1990年代初頭、南アフリカに大手鉱山を有する英国のロンミン社と契約し、直接流通チャネルを確保したほか、株主である三菱商事に加え、2011年、田中貴金属との提携により合わせて3ルートからの購入チャネルを確保している。

リサイクル・モデル

(a)　リサイクルの重要性

白金族金属は年間産出量が少ない希少な資源であり、ハイテ

表3−1　貴金属の世界産出量（t / 年）と相場（g / 円）

	白　金　族					（参考）	
	44	45	46	77	78	47	79
元素	ルテニウム	ロジウム	パラジウム	イリジウム	プラチナ	銀	金
世界の産出量	27	22	203	6	176	22,900	2,600
平均価格	200	3,647	2,431	2,137	3,970	60	4,434

出所：銀以外はフルヤ金属資料（2013年産出量）．銀はGFMS社（2010年産出）．
　　　相場は田中貴金属2015年8月平均値．白金族のオスミウム（76）は除かれている．

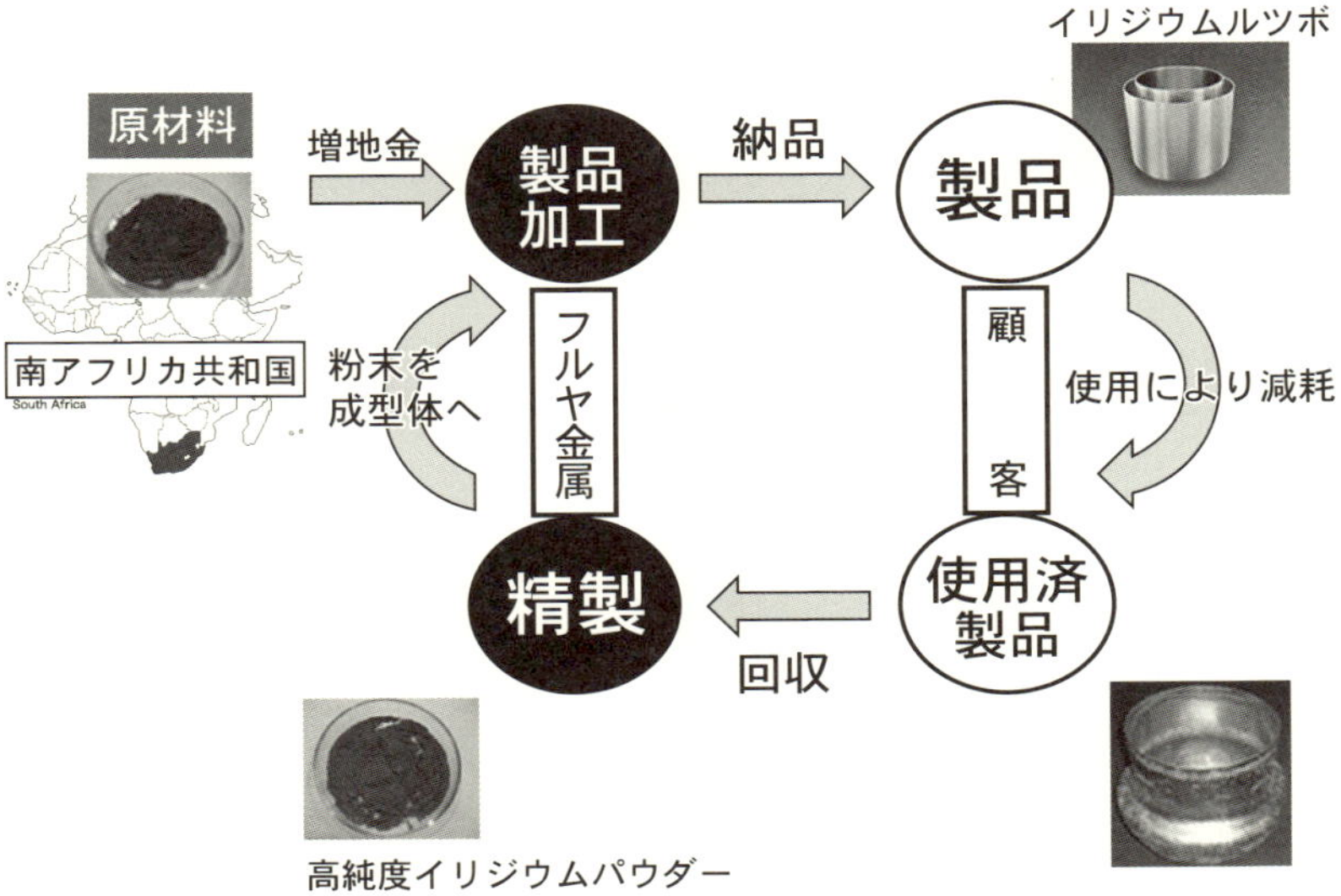

図3−2　フルヤ金属におけるイリジウムルツボの製造・高純度化のフロー

出所：フルヤ金属HP（http://www.furuyametals.co.jp/products/product08/index.html　2018年7月1日閲覧）．

ク産業を有する工業国との輸入競争に直面している。

イリジウムやルテニウムは白金族金属の中でも産出量が極めて少ない超希少金属であり（表3－1）、2013年の産出量は、白金の年間産出量が176トンに対し、それぞれ6トン、27トンしかない。これはイリジウム、ルテニウムが白金やパラジウムの副産物としての生産しかないためである。

そこで重要となるのがリサイクルである。フルヤ金属は日本国内で最初にイリジウム、ルテニウムの完全リサイクルのシステムを確立した。イリジウムは年間4トン、ルテニウムは29トンの精製・回収能力を持つ世界最大級の設備能力を保有し、それぞれ、全世界の年間産出量に匹敵する。

(b) リサイクル工程

フルヤ金属のリサイクル設備の特徴は、スクラップ回収・精製プロセスと新規鉱山パウダーの精製プロセスの2つが一体化されており（図3－2）、スクラップの改鋳においても新規製品と同様の高純度製品となる。この2つの技術を持つメーカーは日本では唯一で、世界でも数社に限られている。

顧客は使用済みのスクラップを提供することで、地金代金が不要となり、「リサイクル加工費＋減耗補填のバージン鉱山パウダー代金」で高純度製品を購入できる。同社はリピータ顧客を確保できるほか地金の在庫を大幅削減でき、しかも、鉱山企業に対して価格交渉力を確保でき、顧客とウィン・ウィンの関係を築いている。

2007年にルテニウムの需要が増加し、価格が3倍となったが、同社がリサイクル量を29トン／年に増強した結果、現状価格に戻った。このリサイクルラインは顧客に対し、「安心感を提供」するビジネスモデルであり、希少資源の有効活用に貢献している。

つくば工場のスクラップの精製ラインには顧客の化学メーカー、電機メーカー等から使用済の摩耗したルツボやターゲット材が国内分だけでなく韓国、台湾、米国など海外からも届く[1]。

（5）フルヤ金属の源流とグローバル・ニッチトップ企業への発展の軌跡[2]

フルヤ金属の前身、古屋商店の創業

フルヤ金属の前身である古屋商店は、古屋堯民社長の父、古屋昌則が1951年東京都三鷹市で創業した。貴金属装飾品の製作・販売の業績は当初好調であった。1968年に古屋堯民の兄、姉、妹らが参加して株式会社に改組して、古屋昌則が社長に就任、商号をフルヤ金属に変更した。5名体制となったことで事業も拡大した。しかし、1970年代に入ると宝飾業界は価格競争が激しくなり、赤字基調となる。

工業用貴金属製品分野に参入

そこで、営業力強化のため、創業者の次男で2代目社長となる古屋堯民が父の昌則社長（当時）の要請で1973年入社し

た[3]（28歳）。古屋堯民は大学卒業後、西村工業（株）（現（株）ニッカトー）に入社、7年にわたり、主として営業部門で勤務する。西村工業（株）は工業用セラミックスや各種電気炉で電機業界、鉄鋼業界の大手や政府系研究開発機関を顧客としていた。古屋堯民は顧客開拓や設備受注を通じて経験を積み、産業界で人脈を広げていた。

古屋堯民はフルヤ金属に入社後、営業部長として1年間、顧客拡大に奔走するものの、宝飾向けの貴金属では限界があり、業績はあまり芳しくなく、「1年間で200社を営業して回ったが、わずか3社から契約を取ったにすぎなかった[4]」。

1975年、営業部長の立場から、昌則社長に「宝飾関連だけでは将来展望が開けないので、工業用の貴金属製品の仕入・販売をやらせてほしい[5]」と提案し、工業向け貴金属製品の分野に参入した。製品は研究実験で使うJIS規格の白金のルツボ、蒸発皿、ビード皿等の分析用器具で、仕入・販売することから始める。持ち前の営業力をフル回転した結果、工業用貴金属の販売が大幅に伸び、会社も黒字化した。

「しかしながら業績が伸長する過程で、顧客獲得で先発企業との競争は厳しくなり、仕入を巡り軋轢も生じたことから、単なる商社機能だけでは生き残れない、何らかの『ものづくり』が必要と痛感する[6]」状況に至った。

車庫を工場に改装して白金ルツボの製造を開始
――商社からメーカーへの転換

1976年、自社製品を製造するため、「分析用器具をつくりたい」と昌則社長を説得する。商社からメーカーへの転換の提案である。この時「父のゴーサインがでなかったら、今のフルヤ金属はなかったかもしれない[7]」と、古屋堯民は述懐する。

三鷹の実家の車庫を工場に改装し、必要な機械・器具を設置した。費用は会社が一切負担せず、古屋堯民の退職金から充当した。

ところが、「機械は揃えたが工業用白金製品の製造技術はないので、前の会社の得意先である工場長にお願いして、製法指導を依頼した。『俺をクビにするつもりか』と拒否されたが、二度、三度、懇願するうちに、10年前に退職していた、深絞りで腕のいい職人を紹介してもらった。本人と面談して承諾を取り、気が変わらぬうちに工具店に行き、不足する工具類を選んでもらった。その職人に入社してもらうための支度金30万円も退職金から充当した。彼には本職があったので、当初は午後だけのアルバイトで仕事をしてもらった。2週間もすると売りものになる品物が製造できるようになった[8]」。古屋堯民が前の会社で築いていた資産（ネットワーク）が早速に活用された。

最初の自社製品は仕入販売していた白金製の実験用小皿や小さなルツボの内製化であった。これら自社製品を企業や研究機関に販売した。

その実績が買われ、ある大手電機メーカーから最初の特注品を依頼される。ＪＩＳ規格にはない白金ルツボであった。古屋堯民は躊躇なく引き受ける。これがフルヤ金属の飛躍の第一歩となる。

折からＶＴＲ（ビデオテープレコーダー）が開発段階から商業化段階への移行時期[9]にあり（図３－３）、各社は高性能の磁気ヘッドに必要となるマンガン・亜鉛単結晶の量産技術の開発に取り組んでいた。その単結晶を作るには１６００℃以上の高温に耐える白金ルツボが必要で、しかも、[10]突沸現象を防ぐ特別仕様であった。

この特注ルツボの製作には極薄の白金板を深絞りした後、溶接が必要で、極めて高度の技能を要求される。同社にとって、深絞り技術だけではなく、溶接技術が必要となった。そこで急遽、「前の会社の部下で私とほぼ同時期に退職していた腕利きの溶接職人に１～２年の約束で入社してもらった[11]」。受注してから必要資源を探す綱渡りであった。

この結果、「深絞り」と「溶接」の組み合わせで大きな壁を乗り越え、国内メーカー数社へ納入することができた。この特注白金ルツボ製造の立ち上げは同社の沿革で最大の難関の１つであった。メーカーとしての経験は浅く、人材がいない時期における大きな挑戦となった[12]。

この種の特注品白金ルツボの競合は、当時日本では、１社しかなく、日本でトップシェアとなり、業績を伸ばすことができた。

電機メーカー各社がＶＴＲの量産を開始すると、特注型白金ルツボの需要先は各社の研究所から工場に移行し、同社の「三

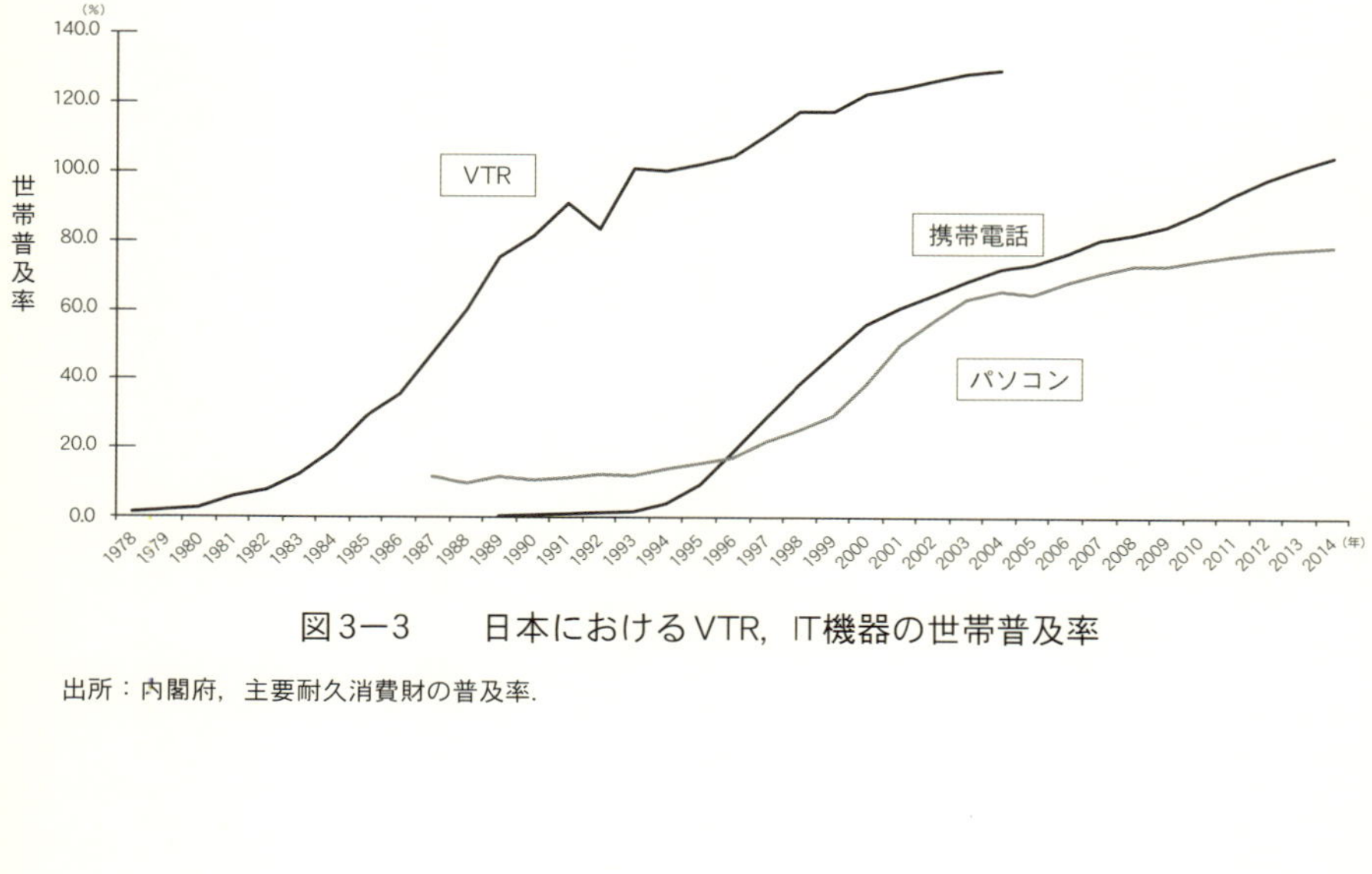

図3―3　日本におけるVTR，IT機器の世帯普及率

出所：内閣府，主要耐久消費財の普及率.

鷹工場」は手狭となり量産に対応できなくなった。１９７７年、豊島区高田に50坪の工場を新設し追加の機械を入れた。同時に本社も移転した。その後もＶＴＲの市場は急速に拡大する（**図3－3**）。

特注白金ルツボは、次のイリジウムルツボが稼ぎ頭になるまで、15年以上も同社の事業の柱となり、かつ、次なる新事業の経営資源を準備した。

イリジウムルツボとの出会いとチャレンジ

１９８０年、すでにビデオ市場のテークオフは明確となり、ＶＴＲ関連向け白金ルツボが同社の利益の80％を占めていた。古屋堯民は、このビジネスがなくなるとダメージが大きいと考えるようになり、次の商売の種を探していた。その時期にイリジウムルツボとの出会いがあった[13]。

ある国内メーカーからイリジウムの小さなルツボを見せられ、「外国製の高価な製品で修理に出すと数か月もかかり、修理費も高く、困っている。せめて修理だけでもできないか」と打診された（当時イリジウムルツボのメーカーは世界で3社程度）。

古屋堯民はイリジウムのルツボはそれまで見たことも聞いたこともなかったが、白金ルツボの製作に手慣れた溶接職人が数人いたので「できると思います」と簡単に受けた。この瞬時の判断が同社を「イリジウムのフルヤ」への契機となった。

しかし、実際は、生易しいどころではなかった。白金とイリジウムの性質は全く異なり、その修理は段違いに難しかった。イリジウムは他の金属にはない非常に有用な特徴をもっている一方、逆に堅くて脆い難加工性の材料である。冷間の加工はほぼ不可能であり、全工程において１０００℃以上の熱間加工となる。

「1年経過して、修理どころかルツボを3つも壊して、お客さんにカンカンに怒られてしまった。何とか修理を完了した4つ目を持参すると、研究所長がゆっくりと見て、よくやった。これなら使える。新品はべらぼうに高価（当時の価格で４００万円、現在は新品が約１５００万円）なので、修理でここまでできれば、海外に修理に出すより納期が早い、と初めて修理代金を頂き、新たに1つ預かって帰った。5個目はほぼ完璧な修理となった[14]」。

同様に、ほかの国内メーカーでは携帯電話向けの単結晶の開発が実用化寸前であったが、イリジウムルツボのひび割れ問題で悩んでいた。それを修理して納めてもすぐに他のところが痛む傾向があった。顧客からのアドバイスで、Ｘ線透視をすると見えないところにもひび割れが見つかった。Ｘ線ですべてチェックし、溶接で修理すると完璧な出来栄えで耐久性もあり、顧客に喜ばれた。この段階でイリジウムルツボの修理技術が完成し、順次、顧客が増え経営基盤を確立することができた。

このイリジウムルツボの「完全修理」のノウハウは現在の加工工程で活用されている。また、修理のビジネス経験が現在の「イリジウム、ルテニウム製品のリサイクルビジネス」につながっている。ただし、リサイクルの技術は「溶接」から「溶解・粉末化・加工」へと飛躍的に発展している。

当時、需要産業ではVTRから次なる大型商品である携帯電話の製品開発が活発化していた時期であり、フルヤ金属にとっては白金ルツボから第2の鉱脈であるイリジウムルツボに出会ったことになる。

イリジウムルツボを日本で初めて開発
――イリジウムルツボで世界一への始動

外国製イリジウムルツボの修理事業が軌道に乗った頃、ある電子部品メーカーから「ここまで完全に修理できるなら自社でイリジウムルツボを製作したらどうか」とイリジウムルツボ本体の国産化の要望が寄せられたのである。特注白金ルツボ、イリジウムルツボ修理に続いて3回目の顧客からの要請（事業機会の提供）である。

しかし、当時のフルヤ金属に必要なノウハウや装置はない。修理と製作では格段の差がある。一方、同社はイリジウムの扱いの難しさは度重なる失敗で十分理解していたため、製作の過程も想像できる。課題はイリジウム素材の入手に絞られた。

そこで世界的な特殊金属メーカーであるドイツのデグサ社（Degussa社）からイリジウム板の供給を受けて、1981年イリジウムルツボを日本で初めて開発し、国内メーカー数社に納入した。

製品加工の工程はすべて職人による手溶接であった。底になる「丸板」と「側板」を溶接してルツボにする工程はすでにルツボ修理で習得済みであった。新たな工程はイリジウム板の熱間切断と曲げ加工であった。

ここで問題が発生した。当時のイリジウム板には品質の問題があり、しかも安定しなかった。その材料由来の欠陥を一々事前にX線検査し、「得意の修復技術」で完璧なものに仕立てて納入することで対応した。注文も増えたので、1982年豊島区高田工場の近くに新工場を新設して対応したが、ここもすぐに手狭になった。

一方、デグサ社に何度もイリジウム板の品質改善の要求を行ったが一向に向上せず、やむなく、古屋堯民がデグサ社本社に赴き交渉にあたる。

ドイツのハーナウ（Hanau）に所在するデグサ社本社で、「いまのイリジウム板の品質は問題がある。改善してほしい」と要請した。部課長クラス6人が応対し、3時間話し合ったが一向に進展しない。

午後になって、工場のトップが遠路訪問してくれたと挨拶に出てきた。そこで、机をたたいて怒鳴った。「午前中、3時間打ち合わせたが何の結論も出ない。私の小さな会社が費用を掛けてここまで来るのは大変だったのに、この対応は何事だ」と。（通訳を聞いて）彼は「分かった。今日はこれまでにしよう。明日続きをやろう。ところで、ホテルはどこか」と聞かれて、「費用のかからない安いホテル名」を告げると「費用は持つから別のホテルに移ってください」と言われた。翌日、会議はトップが主宰し、工場のすべての技術と知恵で対応したので早く進んだ。会議が終わってそのトップは「今まで日本から来たお客さんは皆さん観光気分でした。真剣に怒ったのはあなたが初めてだったので、こちらも真剣に対応した」と言った。(15)

その後、デグサ社は品質向上のため新しい溶解炉を設置し真摯に対応した。また、1982年にフルヤ金属とデグサ社はイリジウムに関し、さらに1987年にはデグサ社の「強化型白金材料（FKS）」について、技術・販売提携の契約を交わした。(16)同社は材料仕入れ面でデグサ社と良好な関係を確立する一方、日本の半導体や電機産業での需要が漸増し始めたため、販売面でも広島、大阪に営業所を開設した。

イリジウムの鍛造・圧延工程においては、厳密な温度管理のもと、板状に加工する。ルツボを作る加工プロセスは、今日でも溶接技術を基本とした「匠の技」の世界である。溶接は、自動化技術を取り入れながらも、基本は手溶接に依存し、イリジウムの溶接加工を10年以上経験した多くの熟練工により高品質を保証している。同社が35年にわたり練磨、蓄積してきた溶接技術と世界最先端の溶解技術とを結合することでイリジウムルツボの世界シェア60％の競争力を生み出している。

1987年、古屋堯民は2代目社長に就任する（43歳）。

イリジウムの精錬工程へ進出
――イリジウムルツボ一貫メーカーへの発展

1985年、NTTが発売した車載・携帯兼用型自動車電話「ショルダーホン」（3kg）は携帯電話時代の幕開けとなった。携帯電話に届く電波の中から特定の周波数のみを選択する電子部品にはリチウムタンタレート単結晶が必須で、これはイリジウムルツボでしか作れない。

さらにイリジウムルツボの次なる大型市場となるLEDも商業化の段階に入った。すでに1981年、電機メーカーがサファイア基盤の上で窒化ガリウムを結晶成長させた青色LEDをサンプル出荷した。(17)その後1993年に製品化された日亜化学の青色LEDもサファイア基盤を利用している。

フルヤ金属にとって、イリジウムルツボ需要増加への対応策が必要となってきた。当時、同社の本社工場、高田工場はすでにフル稼働であり、新立地として800坪程度の土地を探したが、バブル絶頂期のため、東京近郊には見当たらない。

1990年、ようやく見つけた茨城県の候補地は1万4000坪もあった。面積的には10分の1の1400坪で充分であったが、交渉の余地はなく、やむなく半分の7000坪を購入した。当初想定の5倍の広さのため、土地代が大幅に膨らみ、追加の銀行借り入れにさんざん苦労する。(18)

1990年10月、フルヤ金属はつくば工場を竣工し、既存工場すべてを集約したが、それでも工場敷地は空き地でガラガラとなった。そこで空き地を何で埋めるかが課題となり、購入資材の内作を決意し、イリジウムルツボ加工の上流工程である精製（溶解・製板）への進出を決断した。

イリジウムルツボの命は高純度の確保にある。王水[19]でも溶かすことができないため、イリジウムの溶解工程は先行企業においても難題であった。

そこで、材料に品質問題が残る従来の真空溶解炉ではなく、イリジウム溶解では世界初となるプラズマ溶解炉を装置会社と共同開発することで競争優位の確立を狙った。

もともと、大学への製品納入は同時に、先端技術の情報に触れる貴重な機会ともなる。ある大学の教授からプラズマ溶解炉の開発を進めている装置メーカーの存在を知り、教授の紹介で、その会社に対し共同開発を提案した。当初、メーカー側は「試験機の段階であり、まだリスクが高い」と断られたが、強引に頼み込んでイリジウムの現物を持参して試験溶解をしたところ、溶解テストは期待はずれであった。しかし、既存の真空溶解炉に比較して、理論上大きな優位性があると同社は判断する。

試験段階から社員を派遣して量産設備の開発に挑戦した。7か月後に量産型のプラズマ溶解炉が稼働し[20]、真空溶解炉では得られなかった高純度のイリジウム材の製造が可能となった。

装置メーカーに派遣した社員はその教授の門下生であった。古屋堯民はその教授に対し機会あるごとに「プラチナグループメタルを中心とした事業に力を入れていきたい。ついては研究開発のために教授の門下生を当社に推薦してほしい」と要請してきたが、当初は知名度も低く、断られていた。そのうち、同社の実績も上がり、ひとり、ふたりと教授の推薦で入社し始めて[21]、装置会社との共同開発の始まる時点までに開発要員が確保されていた。

プラズマ溶解炉の導入で、つくば工場は、イリジウム原料の溶解―製板―ルツボ加工の一貫生産工場となった。プラズマ溶解炉による品質の格段の向上により、同社はイリジウムルツボ製造技術に関し、世界トップクラス企業の地位を確立する。しかも、従来の設備では回収したスクラップを溶解した際、高純度が得られなかったが、プラズマ溶解炉ではそれが可能になり、リサイクルビジネスの本格展開への布石ともなった。

プラズマ溶解炉の稼働に伴い、デグサ社からのイリジウム板の購入が停止し、フルヤ金属向けに設置されていたデグサ社の溶解炉については、「お世話になった意味を込めて4000万円で引き取り廃棄処分とした[22]」。

イリジウム鉱山パウダーは南アフリカから輸入される。現在、フルヤ金属では99・95％以上の鉱石パウダーについては超高温（5000℃以上）のプラズマにより不純物を除去する工程を2回通過（ダブル熔解法）させて高純度のイリジウムのインゴットを製作する。99・95％未満の鉱石パウダーはスクラップ精製工程へ投入される。

また、同社はその後、EB（エレクトロンビーム）熔解炉を導入し、さらに高温かつ高純度化が可能な熔解ラインを稼働させている。

イリジウムの精製・リサイクルで世界トップクラスへ

２００５年、フルヤ金属はイリジウム・リサイクル設備ラインをつくば工場に新設、イリジウムルツボのリサイクル改鋳ビジネスモデルが確立した。

これは顧客から使用済み製品（スクラップ）を回収、精製して粉状（パウダー）に戻し、その後、加工して新品に仕立て直すプロセスである。

同社では回収したスクラップ品を直接、化学的な手法で溶解し、蒸留して不純物を取り除いた後、結晶化させる。既存の塩素化と呼ばれる標準的な方法では、スクラップ品を粉状にして薬品で溶解する。同社の世界初の化学溶解・蒸留装置では、最初の工程が不要になり、化学溶解に必要な日数自体も短いため、他社ではリサイクルに４か月かかるところを、同社は１か月で顧客への引き渡しが可能である。[23]

イリジウムのスクラップを高純度化するラインでは、不純物の量を他社の10分の１にまで低減することで、高品質なイリジウムの製品（99.999％）を提供している。

この化学溶解の技術は特許取得せず秘匿されている。プロセス特許の場合、特許取得のため、詳細な技術を公開しなければならないが、密かに模倣されても侵害行為等の差止めを求めることは極めて難しいためである。

同社では、他社が開発に成功し特許を申請したときに備え、公証人役場で確定日付だけ取得し、昔から実施している証拠を残している。[24]

このリサイクル工場建設の背景には、イリジウムが希少資源であるため、安定価格による安定供給が必要との考えがあった。さらに重要な採算性の観点で、金属スクラップのリサイクル事業が成功するための下記の５つの条件をすべて満していた。イリジウムルツボやルテニウムターゲット材のスクラップは純度が高い塊の状態で回収できる。

①スクラップがまとまって、継続的に、多量に発生すること。
②成分組成が安定しており、主成分の含有率が高く、他の成分との分離が容易なこと。
③有害成分が含まれていないか、あったとしても完全に分離できること。
④水分や油分の付着が少なく、汚れの少ないこと。
⑤リサイクル成分の価格が高く安定しており、採算がとれること。

１９９０年、フルヤ金属は世界市場への輸出をヨーロッパを皮切りに開始し、１９９８年にはイリジウムルツボでの世界トップグループの一角を占め、グローバル・ニッチトップ企業となる。

ルテニウム精製・リサイクル工場の建設
――世界最大級の生産能力

フルヤ金属は、２００７年、つくば工場にルテニウムの精製・リサイクル設備（精製・回収能力9・6トン／年）を新設した。ルテニウムの場合は、鉱石パウダーを化学溶解で液化したあと加熱して不純物を飛ばす蒸留方式で高純度素材を得たのち、ニアネットシェイプ成型法（ナノサイズの粉末を粉末冶金法で一気に成形する）で機械加工や電気加工の工程を省いて、最終製品の形に加工する。これはルテニウムがイリジウムに比較して展性がなく硬く脆い特性のためである。

ルテニウムの主要用途は大容量のハードディスク（ＨＤＤ）である。記憶容量が飛躍的に増大する「垂直磁気記録方式[25]」において、数原子層のルテニウム膜を記録層の間に挟むことで磁化の方向（0／1の記録に対応）を安定化している。

さらに、２００８年茨城県土浦市に新工場を竣工させ、ターゲット材などルテニウム精製ラインを開始した（精製・回収能力19・2トン／年）。ルテニウム需要の急拡大に対応したもので、新工場の稼働により同社のルテニウム精製能力は年間最大で28・8トンに増加した。

その後、パソコン用のＨＤＤの需要は２０１０年をピークに漸減しているが、最近は、大量の情報を扱うクラウドサービスや、ビッグデータなどのニーズが高まり、ＨＤＤ１台に搭載される記憶メディアの枚数が増え、全体としての需要は漸増している[26]。

土浦工場の稼動開始に伴い、同社のイリジウム、ルテニウムの回収・精製能力は世界最大級となった。これは全世界の鉱石の年間産出量に匹敵する。

同社は、上記の生産能力の構築により結果として、イリジウム、ルテニウムの世界市場における価格形成に影響力を及ぼす存在となり、かつ、グローバル・ニッチトップ企業の地位を確たるものとする。

フルヤ金属のイリジウム、ルテニウムの回収・精製工場の構想は、１９７６年の白金ルツボの特注品製造に遡る。この製品は10日単位で納入する必要があった。使用済のルツボを回収、精製して新しい地金にして新品を納入する。同社はこの精製工程を外注していたが、１か月の納期が遅延しがちとなり、これが２か月、３か月となると大量の地金を準備する必要がありロスが大きかった。

そこで、回収・精製工場の将来構想に向けて経験者を採用した。競合他社の精製工程の経験者で、定年退職で他社に転職していた人である。採用に際しては、もとの会社の社長の了解を取り付けた。しかしながら、もとの会社の精製技術は踏襲せず、新しい精製システムの開発を課題として与え、設備メーカーに派遣して新方式を研究させた。この成果が後日、世界初の高純度、かつ精製時間の短縮を実現した同社のリサイクル工場建設につながる[27]。

（6） 競争優位の源泉

技術・製品開発の基本姿勢

フルヤ金属は他社にはない製品や技術に挑戦するのが基本姿勢である。営業を通じて顧客が困っている問題に正面から取り組み、そのソリューションが日本初・世界初を含む多様な製品構成となった。

このように当該分野で世界トップに飛躍した背景について、古屋堯民は「当社は工業用の白金族分野への参入が遅れたため、逆に、よそにない製品を作るチャンスが見つかりました。お客さんが困っている問題は、解決の可能性があれば、リスクがあってもチャレンジしてきました。プラズマ溶解炉の開発に見られるように、他社が持っていない新しい設備や技術はリスクがあってもチャレンジしてきました。これを社員に強く勧めている。営業にもお客さんが困っていることがあれば、ウチはできませんと言うのではなくて、可能性があるのだから、その案件を開発部門や工場につなげで実現しなさいと言っています」と、説明する。[28]

しかし、同時にそれは未解決の難題でもあり大きな挑戦を余儀なくされ試練ともなった。幸いその多くが成長市場につながった。さらに、顧客ニーズを始点としているため技術開発の効率が高く、難題であるために深みある技術開発につながり模倣されにくい技術の蓄積が可能となった。さらにニッチ市場に絞ることで価格競争を回避することで利益を生み、次の技術開発の資金につながる。

研究所からの「難題」ニーズへの対応で競争優位の確立

フルヤ金属の需要産業の拡大過程は同社の製品の性格に由来している。当初の工業用製品は「分析用器具」であり、その顧客は大学、政府系、企業の研究所であった。

企業の研究所から他社にはない特別注文があるとき、通常、それは将来の大市場となる可能性を秘めている。製品開発の段階において同社にとってニッチな製品であっても商業化段階では大きな需要が期待できる。顧客の開発段階において自社製品を開発、完成させることで、顧客が商業化、量産開始する時点までに、同社はすでに高品質の製品提供が可能となっており、競合に対する優位性を確保している。

つまり、同社は顧客（研究所）からの「難題」ニーズを通じて将来市場のロードマップを俯瞰できる立場にあった。ここから次世代製品向けの自社工場建設を早期に決断することができたともいえる。

人材確保と育成——潜在能力を最大に引き出す

フルヤ金属は、技術開発においては、他社が手掛けていない新製品・新技術、新しい機械・装置に挑戦してきた。その実践にはまず人材の確保が必要となる。古屋堯民は新たな挑戦を敢行する際、人脈ネットワークを通じてまず人材を採用し、その能力を最大に引き出してきた。

同社の知名度が低い時期においては主としてベテランの職人・技術者を中途採用した。つくば工場竣工の１９９０年以降、イリジウムにおける世界トップクラス企業のイメージの定着で、大学新卒社員の定期採用を開始、貴金属素材の可能性に賭ける研究開発型企業への転換に舵を切った[29]。

同社における競争優位確立のための人材採用の狙いは、①「匠の技の製品」から、順次、②「既存技術の改良」、③共同開発による「世界初の設備（プラズマ溶解炉）」、④「自社設計の世界初の設備（イリジウム・ルテニウムのリサイクル）」を経て、⑤「自社の研究開発強化」へと移行する。

この結果、「匠の技」と「研究開発の成果」の結合による競争優位の確立が可能となった。

１９９７年の「ＡＰＣ薄膜付き基盤」は20代の若手社員による開発である。彼らに対し、「10億円の開発費をドブに捨ててもいいから面白いと信じることをやり通してみなさい[30]」と古屋社長が決断、チャレンジさせた結果である。イリジウムのプラズマ溶解炉の共同開発に携わった技術者も若手社員である。

企業家精神を共有する仕組み

上記の（1）、（2）、（3）におけるチャレンジ精神はどのような形で全社員に共有されているのであろうか。

同社の沿革で発揮されたチャレンジ精神を継承・共有する仕組みが設定されている（**図３－４**）。**図３－４**において、まず経

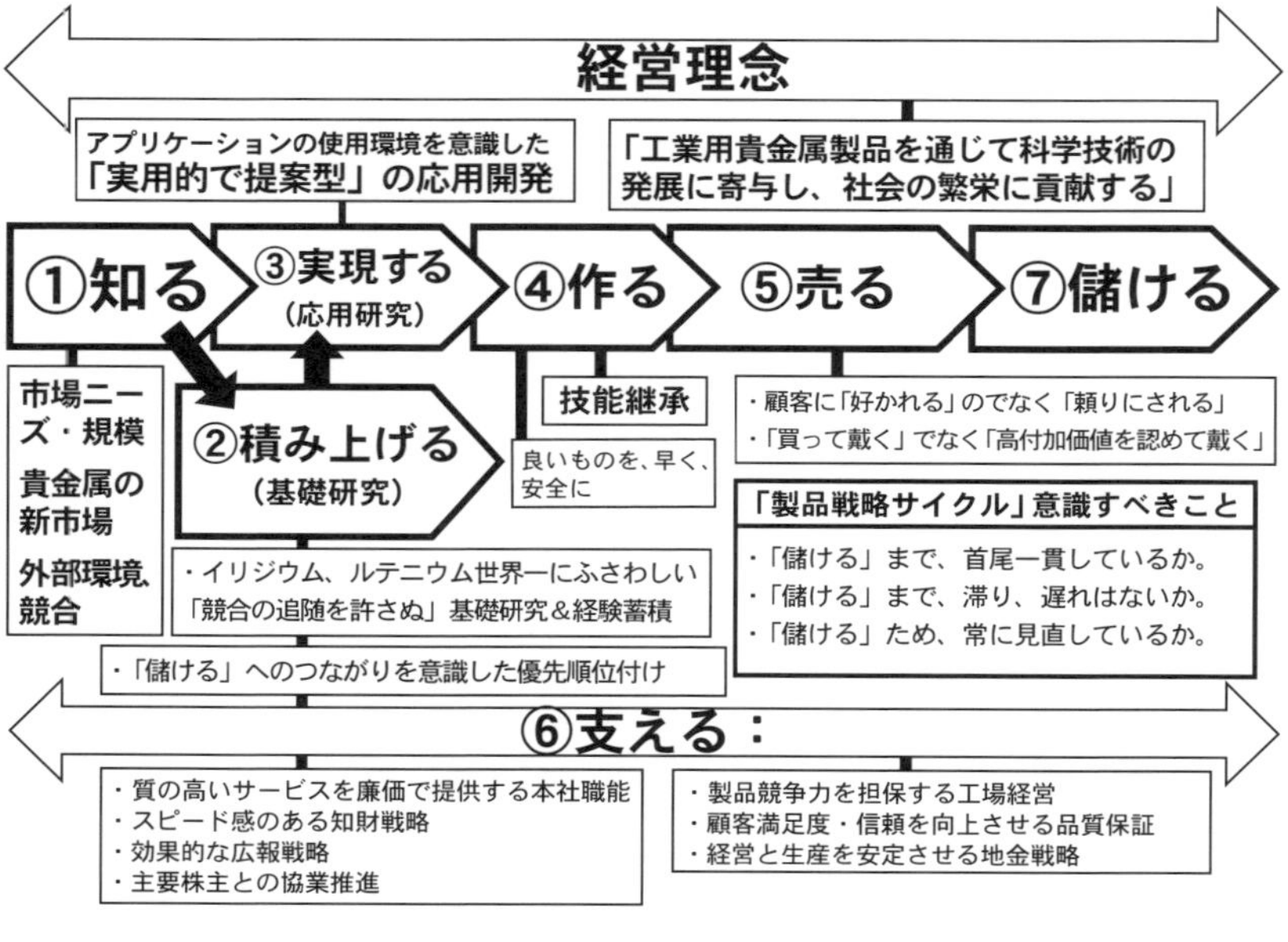

図３―４　フルヤ金属の「製品戦略サイクル」各部署の期待役割

出所：フルヤ金属資料.

営理念を明示し、達成目標は「イリジウム、ルテニウムで世界一」と具体的である。これを達成する価値創出の活動が平易な言葉で①から⑦の流れで表現されている。①市場、顧客ニーズを「知る」ことから始まる製品企画での判断基準は「イリジウムやルテニウムだけが実現できる用途[31]」である。

その製品コンセプトを実現し顧客に届けるために、社員一人ひとりの役割の位置付けが価値創造の流れに沿って記述され、それぞれの専門部署で期待される行動原理が示され「新製品開発」と「しっかり作り込むモノづくり」との2つの活動が日常業務として統合される仕組みである。

（7）市場拡大のパターン

顧客が新市場を創出するためのソリューションの提供

フルヤ金属の対象市場は当初の家電、電機、通信分野から環境・エネルギー、半導体、化学産業さらには自動車へと拡大している。

フルヤ金属の新製品シリーズは、異なる産業において、顧客が新たに切り開く新製品や新産業向けのソリューションを継続的に提供してきた歴史でもある。そのために必要な白金族の金属の種類を拡大してきた（**図3-5**参照）。また、高純度の製品提供のため、「プラズマ溶解技術」や「化学溶解・純化技術」を開発した。その結果、ビジネスモデル自体についても、①宝飾用貴金属の製作・販売から、②工業用貴金属販売に転換し、③白金ルツボ製造、④イリジウムルツボ修理、⑤イリジウムルツボ製造、⑥イリジウム、ルテニウムの鉱石溶解からの一貫製造を経て、現在の⑦イリジウム・ルテニウム回収・精製に至る。

用途の拡大・発展にともなう製品・貴金属の拡大

同社における製品、加工対象金属、用途の拡大・発展を**図3-5**に示す。

図3-5において、当初の分析用器具を始点として、製品・加工対象金属・用途における多様化がほぼ並行的に進んだことを示している。

白金のＪＩＳ規格品から特注品へ、さらに、イリジウムルツボの修理・製造の要請までは一方的な受け身のニーズ対応であったが、その後は能動的なニーズ探索型に転換している。

持続的成長の基本戦略

希少資源を扱うフルヤ金属は単純な量的成長は制約を受ける。その制約を克服するためにほかの元素へ参入するとたちまち先発競合との価格競争が待っている。得意分野の白金族に留まりながら持続的成長を達成する戦略は何であろうか。

イリジウムの場合、その優れた機能が世界的に注目されるものの年間産出量は6トンであり（**表3-1**参照）、これを世界の工業国で分け取りすれば、自ずとフルヤ金属の入手量は限定される。リサイクルで基礎部分を確保しているものの純増は量的に制約される。

ここから「イリジウムやルテニウムだけにしかできない用途を継続的に開発すること」[32]で、より高付加価値製品への転換で価格差を創出し売上高と利益を増加させ、持続的成長を維持することが同社の基本戦略である。

これは、他社が手掛けていない「ニッチ」な市場を開拓し「儲けながら」徐々に市場を拡大させ、他社の視野に入る頃には、同社の技術優位性と市場での技術ブランドが確立し、他社の参入意欲を喪失させる戦略でもある。

貴金属単独の用途拡大だけでなく、貴金属同士の組み合わせで、APCターゲット（銀＋パラジウム＋銅）や熱電対（イリジウム＋ロジウム）など、より高付加価値商品を実現する場合もある。

有機EL燐光材向けイリジウム化合物は同社の高純度化技術を活かしたもので、世界で90％の高いシェアを確保しており、[33]有機

製品	加工対象金属							用途								
	白金	銀	金	イリジウム	ルテニウム	パラジウム	ロジウム	人工結晶の製造	液晶・光学用ガラス溶解器具	各種高温実験	各種化学における耐食素材	超高温センサー	HDD・DVD薄膜	カラー液晶反射兼配線膜。光ディスク、LED反射膜	石油化学触媒	自動車エンジン点火プラグ
分析用器具（蒸発皿、ボート、セル）	○		○	○						○						
ルツボ（耐熱性容器）	○	○	○	○				○	○	○						
メッシュ・板・箔・パイプ・線材	○	○	○	○		○	○			○						
センサー（イリジウムロジウム熱電対など）	○			○				○	○			○				
スパッタリングターゲット（高純度の板材）	○	○	○	○	○	○	○		○				○	○		
APC薄膜		○				○								○		
貴金属化合物（触媒、電極原料）	○			○	○	○	○								○	
スパークプラグ用イリジウムピン				○												○

図3－5　フルヤ金属における製品，加工対象金属，用途の拡大・発展

注：矢印は時系列的拡大を示す.
出所：フルヤ金属の資料に基づき筆者作成.

ＥＬ市場の拡大に伴い需要が増加している。

２０１７年４月に量産技術が完成したFT－eco触媒（F：フルヤ、T：低温で働く、eco：環境にやさしい）は、野菜や果物の腐敗を早めるエチレン、臭いやアレルギーの原因となるＶＯＣ（揮発性有機化合物）を分解する機能がある。一般的な触媒が高温環境下で作用するのに対し、マイナス～常温環境下で作用するのが最大の特徴で、大型倉庫、冷蔵庫、エアコンへの応用が始まっている。

イリジウムターゲットとルテニウムターゲット材の新たな市場として次世代半導体製造装置向けの供給が開始されている。これらのターゲットにおいては９９・９９９％の超高純度を要求されるが、この要求に対応できるのは世界でフルヤ金属１社だけである。

近い将来におけるルテニウムのターゲットの大型市場として注目されるのが次世代大容量磁気メモリであり、「スピン注入メモリ」あるいは「STT（Spin Transfer Torque）-RAM」と呼ばれる。これが実現するとDRAM、SRAMを代替する可能性があり、ＨＤＤ以上の大型市場が期待される[34]。

上記の事例は同社が研究開発型企業へ転換した成果を示しており、グローバル・ニッチ商品の複数化が展開されている。

（８）長期的課題と挑戦
――21世紀型研究開発企業を目指して――

21世紀においては地球的問題（環境、エネルギー、医療、食糧、資源など）のソリューションが求められている。そのソリューションに挑戦する企業は21世紀型研究開発企業と呼ぶにふさわしい。

フルヤ金属が特化している白金族の資源は世界的な「原料インフレ」の傾向にある。これは①希少資源の多くは偏在しており、②供給企業が寡占的であり、③供給量を大幅に増やすことは難しく、④一方で、需要側は新興国での需要が増加する傾向にあるためである[35]。

この課題への第１次的なソリューションがリサイクルである。しかし、今後、新興工業国での生産・消費の急速な拡大が進むと、希少資源とくに白金族の需要が飛躍的に高まることが予想される。ＥＶ自動車への期待は逆にガソリン自動車の排気ガス規制の強化に跳ね返る可能性もある。その際、排ガス処理触媒に使用されるロジウムの需要の急増などで、資源保護や争奪競争も予想される。

このような資源問題の抜本的な解決策を目指すのが「元素戦略[36]」プロジェクトである。「元素戦略」プロジェクトは、日本発のコンセプトであり、現在の最先端製品をつくるために必須の希少元素に関し「ありふれた元素（汎用元素）からこれまで知られていない新しい機能を生み出す」という、「錬金術」の現代版[37]である。アメリカを始め世界の先進工業国に波及し、技術開発競争が展開されている。日本では「元素戦略／希少金属代替材料開発」の国家プロジェクトの下に多数テーマが展開、開発中である。フルヤ金属は国が推進するプロジェクトに参加[38]する一方、自社開発も展開している。

「元素戦略」の著名な事例が京都大学の北川宏による「元素間融合」の研究である。同教授の研究グループは、パラジウム（Ｐｄ）とルテニウム（Ｒｕ）が原子レベルで混ざった新しい合金の開発に成功した（**図３－６**）。

「従来パラジウムとルテニウムは２０００℃以上の液体の状態においても相分離[39]する、言わば水と油の関係であり、原子レベルで混じらないのが常識であった。今回、ナノサイズ効果に注目し、化学的還元法により、パラジウムとルテニウムが初めて原子レベルで固溶した合金ナノ粒子を得ることに成功した。この合金は、周期表上でルテニウムとパラジウムの間に位置する最も高価なロジウム（Ｒｈ）と等価な電子状態を持つことから、価格が３分の１の人工的なロジウムとして期待される[40]」。

ここで合成されたのはロジウムそのものではなく、「擬《ぎ》ロジウム[41]」である。しかし、特殊な触媒作用に限ると、天然のロジウムそのものより性能が高い。

この研究動機を北川は「ロジウム（原子番号45）の両側にあるルテニウム（44）とパラジウム（46）を使って、真ん中に位

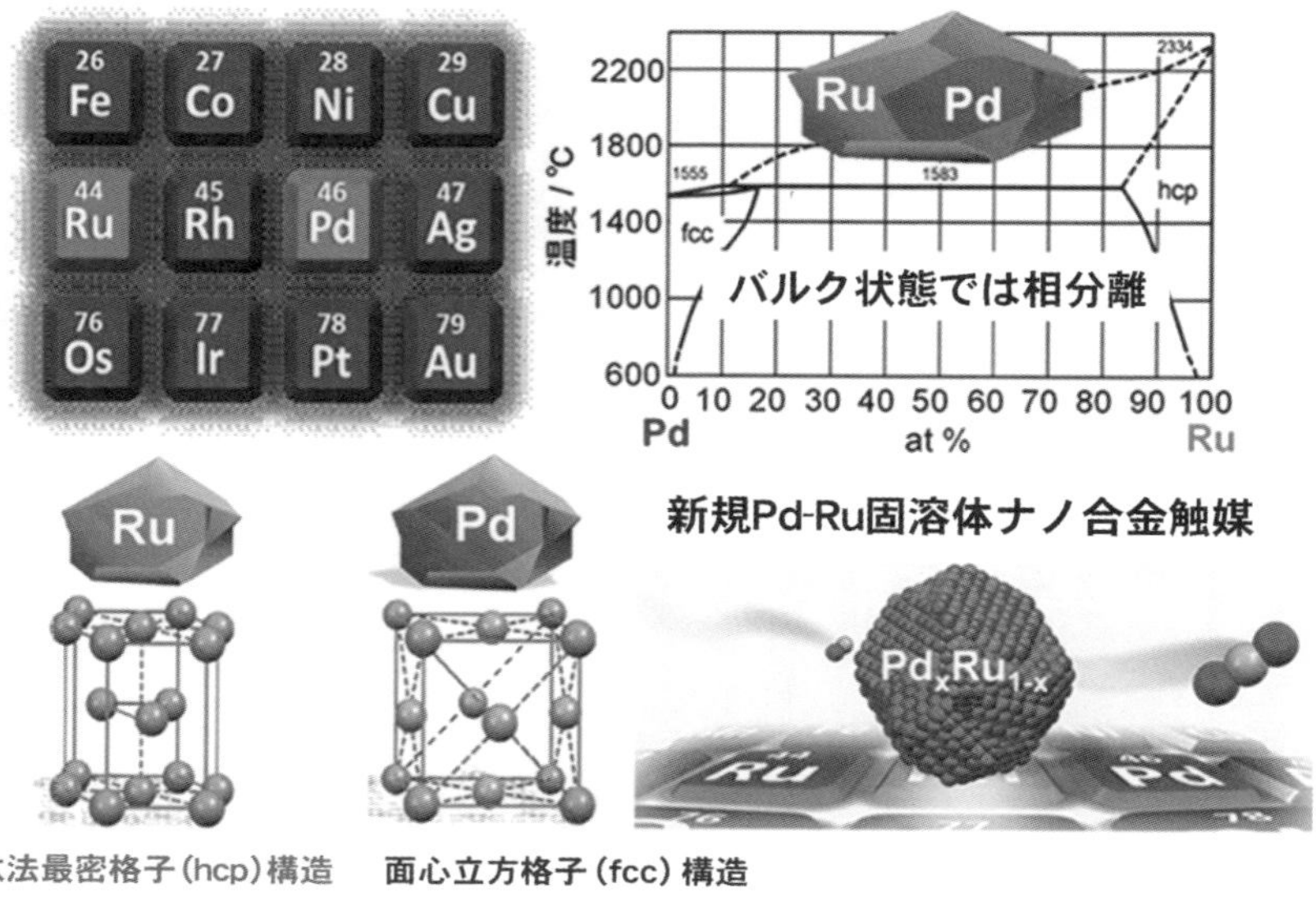

図３―６　パラジウム（Pd）とルテニウム（Ru）による「元素間融合」

出所：京都大学渉外部 広報・社会連携推進室，科学技術振興機構（JST）.

置する高価なロジウムをつくってやろうと考えたのです。ロジウムは一時期3万円していましたが現在は4000円ほど、ルテニウムは現在、200円くらいで、パラジウムは2600円です。もし、混ぜることができれば1400円でロジウムができます。価格は3分の1になります」[42]と語っている。

この研究はフルヤ金属の得意とする白金族分野での先端的な基礎研究の成果であり、同社は2014年5月、北川宏と顧問契約を締結し、共同研究を開始した。その狙いは、①ナノ合金製造技術の習得、商業生産に耐える量産技術の開発、②幅広いアプリケーションへの展開（環境・エネルギー分野の触媒に応用：化学、燃料電池、水素インフラ、自動車触媒など）である[43]。

北川は「フルヤ金属は研究開発陣が若く、イノベーションへの情熱ある企業。そのチャレンジ精神を応援したいと思い、顧問を引き受けました[44]」と話している。

「元素間融合」における基礎研究の成果から商業化に至る過程には多くの課題解決が要求され時間も必要となる。フルヤ金属はそれを解決できるもっとも近い位置にいる企業の1つである。

同社は白金族の6つの元素のうち、オスミウムを除く5元素は同社が通常の業務で扱っており、その経験やノウハウが豊富に蓄積されている。基礎研究での知見、ノウハウが量産化のために移転される際、効果的に吸収、学習する条件が整っている。

将来、フルヤ金属で「元素間融合」により、従来の希少元素にもない新たな機能を開発して商業化技術が完成すれば、現在の「リサイクルビジネスモデル」との組み合わせによる新たな

表3―2　フルヤ金属の収益推移（単位：億円）（6月期決算）

年度	2005	2006	2007	2008	2009	2010	2011	2012
売上高	120	191	259	355	217	247	352	280
経常利益	6	8	18	28	△43	46	42	18

年度	2013	2014	2015	2016	2017	2018
売上高	263	273	216	174	147	212
経常利益	9	12	20	8	9	34

表3―3　部門別売上高，売上総利益（単位：百万円）（2018年6月期）

	電子部門	薄膜部門	センサー部門	ケミカル部門	計
売上高	5,342	6,504	2,446	6,706	21,202
売上総利益	1,261	1,725	756	1,748	5,573

表3－2，3の出所：フルヤ金属有価証券報告書2017年および2018年6月期決算説明.

ビジネスモデルの可能性が開け、21世紀型研究開発企業としての飛躍の機会ともなろう。
フルヤ金属にとっては、現在の機械加工技術、化学処理技術に加えナノ技術を習得し、その上で「元素間融合」技術を商業化する、新たなビジネスモデル構築への挑戦である。

［注］
(1) 「日経ビジネス」２００８年11月17日、p.105。
(2) 古屋堯民社長から聴き取り。２０１４年９月５日。
(3) 同上。
(4) 「週刊ダイヤモンド」２０００年６月10日、p.96。
(5) 古屋堯民社長から聴き取り。２０１４年９月５日。
(6) 同上。
(7) 『発見伝』「週刊ダイヤモンド」２０００年６月10日、p.96
(8) 古屋堯民社長から聴き取り。２０１４年９月５日。
(9) １９７５年５月、ソニー「ベータマックス」発売開始。１９７６年９月、日本ビクターＶＨＳ方式のＶＴＲの発売開始。
(10) 溶解した原料が突然異常な沸騰を起こす危険な現象。
(11) 古屋堯民社長から聴き取り。２０１４年９月５日。
(12) 古屋堯民社長から聴き取り。２０１５年11月19日。
(13) 同上。
(14) 同上。
(15) 同上。
(16) １９９６年、これらの契約は終了した。
(17) 赤崎（２０１１）。
(18) 古屋堯民社長から聴き取り。２０１４年９月５日。
(19) 濃塩酸と濃硝酸で合わせた極めて強い酸性の液体
(20) 古屋堯民社長から聴き取り。２０１５年11月19日。
(21) 同上。
(22) 古屋堯民社長から聴き取り。２０１４年９月５日。
(23) 「唯一無二のビジネスモデル─フルヤ金属の真骨頂」、「東洋経済」２００８年５月17日（http://toyokeizai.net/articles/-/1267　２０１５年８月８日閲覧）。
(24) 古屋堯民社長から聴き取り。２０１４年９月５日。
(25) ハードディスクの記録は、平面方向の磁気信号の密度を高くすることで記録容量を増やしてきたが、密度を上げると、データの安定保存に限界が生じていた。そこで記録磁気信号を垂直に並べて、記録密度をさらに上げる工夫がなされた。この「垂直磁気記録方式」を達成させるためには記録層の下地にルテニウムが不可欠な存在である。
(26) 「フルヤ金属レポート２０１５春、２０１５春号」。
(27) 古屋堯民社長から聴き取り。２０１５年11月19日。
(28) 古屋堯民社長から聴き取り。２０１４年９月５日。
(29) 古屋堯民社長から聴き取り。２０１５年11月15日。
(30) 「週刊ダイヤモンド」２０００年６月７日、p.97。
(31) フルヤ金属上松英俊企画部部長から聴き取り。２０１４年９月５日。
(32) 同上。

(33) フルヤ金属HP（https://ss14.eir-parts.net/doc/7826/ir_material_for_fiscal_ym1/51528/00.pdf　２０１８年８月22日閲覧）。
(34) フルヤ金属HP（http://www.furuyametals.co.jp/products/product08/index.html　２０１５年８月８日閲覧）。
(35) 村田（２０１１）p.36。
(36) 元素戦略とは、物質・材料を構成し、その機能・特性を決定する元素の役割・性格を研究し、物質・材料の機能・特性の発現機構を明らかにすることで、希少元素や有害元素を使うことなく、高い機能をもった物質・材料を開発することである。「希少金属資源に関する我が国の採るべき方策」『科学技術動向』２００７年10月号。
(37) 中山（２０１３）p.20。
(38) 同社の「環境調和型パラジウム触媒を使った機能性分子新規製造技術の開発」のテーマが２００７年度のA-STEP（研究成果最適展開支援プログラム）に採択された。
(39) 物質系が２つの相に分離する現象をいう。ここでは２種類以上の金属が原子レベルで交じり合わず、お互い別々に存在している状態。
(40) 京都大学渉外部 広報・社会連携推進室、科学技術振興機構（JST）、２０１４年１月２日発表（http://www.jst.go.jp/pr/announce/20140122/　２０１５年８月８日閲覧）。
(41) 北川（２０１５）。
(42) 北川（２０１４）。
(43) 「フルヤ金属レポート２０１４秋号」。
(44) 鉄鋼新聞　２０１４年８月20日（http://kuchem.kyoto-u.ac.jp/ossc/pdf/newspaper/tekkou20140820.pdf　２０１５年８月８日閲覧）。

[参考文献]

赤崎勇「青色LED実現への道、未到の領域『われ一人荒野を行く』」『産学官連携ジャーナル』Vol.10、No.4　２０１１年。

北川宏「『元素間融合』が産業に与えるインパクト」ダイヤモンド社書籍オンライン、２０１４年３月13日（http://diamond.jp/articles/-/50033?page=3　２０１５年８月８日閲覧）。

北川宏「革新的な機能をもった物質や材料を発見！」科学技術振興機構元素戦略／希少金属代替材料開発、第９回合同シンポジウム、２０１５年２月24日。

中山智弘『元素戦略』ダイヤモンド社、２０１３年。

村田朋博『電子部品だけがなぜ強い』日本経済新聞出版社、２０１１年。


（難波正憲）

Chapter 4

株式会社金子製作所の海外展開とマネジメント

（1）概　況

埼玉県さいたま市にある従業員わずか100名ほどの企業が、自社製品を海外に向けて積極的に売り込んでいる。2010年ごろからこれまでに、米国・ドイツ・フランス・中国など、のべ20回以上にわたって海外展示会に出展している。海外出展は手間も費用もかかるが、なぜ、あえて海外出展しているのか。

金子製作所は創業者金子元吉が1955年に浦和市で開業し、いまでは金子晴房が3代目の社長となる。初代は光学機器の部品製造で開業したが、晴房は多視点裸眼3D内視鏡システムをつかった医療用画像システムを手がけ、海外からの受注獲得に挑む。

同社は2010年ごろから海外展示会（メッセ）への出展を開始し10年も経たない。しかし、世界で20回以上も出展をしてきたペースはかなりのものである。世界では、グローバル市場の拡大は2000年頃から急拡大してきたが、同社の海外展開は2010年と、比較的後発かもしれない。しかし、出展を成功させたことで、いまでは海外からの受注実績もすでにある。海外との取引を増やすことによって、マネジメントはどう変わったのか。どのように視点がかわり、イノベーションをうみだしたのか。

金子製作所の主力事業は3つある（**写真4－2**）。光学機器、内視鏡部品の医療機器、航空機部品である。同社の創業は光学機器の部品製造から始まった。晴房の父の金子元吉が開業した当時、富士写真光機（現、富士フイルム）の100％下請けをしていた。富士写真光機との関係は、戦後の開業で顧客がおらず、困り果てていたとき、通産省（現、経済産業省）に務めていた親戚が、元吉に富士写真光機を紹介してくれたことがきっかけだった。そして、金子製作所は富士写真光機とともに事業をすすめ、1981年には内視鏡部品の製造も開始した。晴房の兄が専務をしていた当時、富士写真光機の社長が医療機器を手がけるにあたって、父元吉氏に内視鏡事業に着手することをすすめた。同社は、内視鏡の先端部品を納品するために、NCフ

企業概要

設　　立：1955年
本　　社：埼玉県さいたま市岩槻区古ヶ場1-3-13
代 表 者：金子晴房
事業内容：光学・医療・航空分野の金属・樹脂の精密切削加工・組立
売 上 高：約12億円（2015年12月期）
従業員数：106名

沿　　革

1955年　浦和市に個人開業.
1971年　株式会社金子製作所と改組.
1981年　岩槻市工業用地に本社工場を新築移転.
2004年　ISO 9001，航空宇宙品質規格：JIS Q 9100 認証取得.
2006年　薬事法に基づく医療機器製造許可の認証取得.
2007年　経済産業省「元気なものづくり中小企業300社2007年」に選ばれる.
2009年　さいたま「テクニカルブランド企業」認証.
2013年　経済産業省「ダイバーシティ経営企業100選」選出.

写真4－1　　金子製作所のHP

出所：金子製作所HP.

写真４－２　　金子製作所の主要製品

出所：同社提供資料より.

ライスをつかって本格的に製造をすすめた。当時はめずらしいＮＣフライスを導入したことで、金子製作所は富士写真光機からも一目をおかれていた。いまから40年ほども前の話である。

　軟性内視鏡市場は日米欧企業がほぼ全体シェアを占めており、２０１２年の市場規模であるが、日本は６５４億円、米国14億６６００万ドル、欧州６億６７００万ドルとなっている。社長の晴房は軟性内視鏡の市場について次のように述べる。「軟性内視鏡の世界では70%がオリンパスであり、のこり3割が富士フイルム、ペンタックス、その他が占めている。その3割の市場であるが、金子製作所では内視鏡に特化し、当社売上の5割以上を医療機器が占める。内視鏡市場自体は増加傾向にあり、競合で市場を奪い合うと言うよりも総市場の拡大にむけ各社協調関係にあり、アジア、インド、ロシア、東欧で拡大を続けている」。

　つづいて、同社が航空機エンジンの部品を手がけるようになったのは、晴房が製造部長の頃であった。だが、じつは創業者元吉も現社長の晴房も、もとはエンジニアではなかった。晴房はもと化学メーカーに勤務しており、１９８０年金子製作所に入社、１９９３年に社長として金子製作所を引き継いだ。

　航空機エンジン部品も特殊な分野であるが、同社は、とくに防衛省の純国産戦闘機である、次世代ステルス戦闘機の、先進技術実証試験機のエンジン部品を手掛けた。また、将来戦闘機用のエンジンの燃焼制御部分の主要部品であるバルブも納めている。将来の戦闘機にむけた実証機の部品の検査は３８００か所以上もの検証データを得るために使われる。練習飛行機のエンジン部品はとくに特殊な部品だが、定期的に分解して清掃と再組立を繰り返す。そのため、エンジンの部品は、まるで使い捨てのように、消耗品化している。

　以上が同社の光学機器、内視鏡部品の医療機器、航空機部品の三事業であるが、現在、金子製作所ではあらたな挑戦が始まっている。特殊な技術への追求と未開拓分野への探求は、航空エンジンの技術をいかして、さらなる医療へ磨きをかけている。それは、腹腔鏡手術に使う画像システムをはじめ、手術を支援するロボットの開発である。

　中央大学教授鈴木寿と開発した医療用画像システム（**写真**

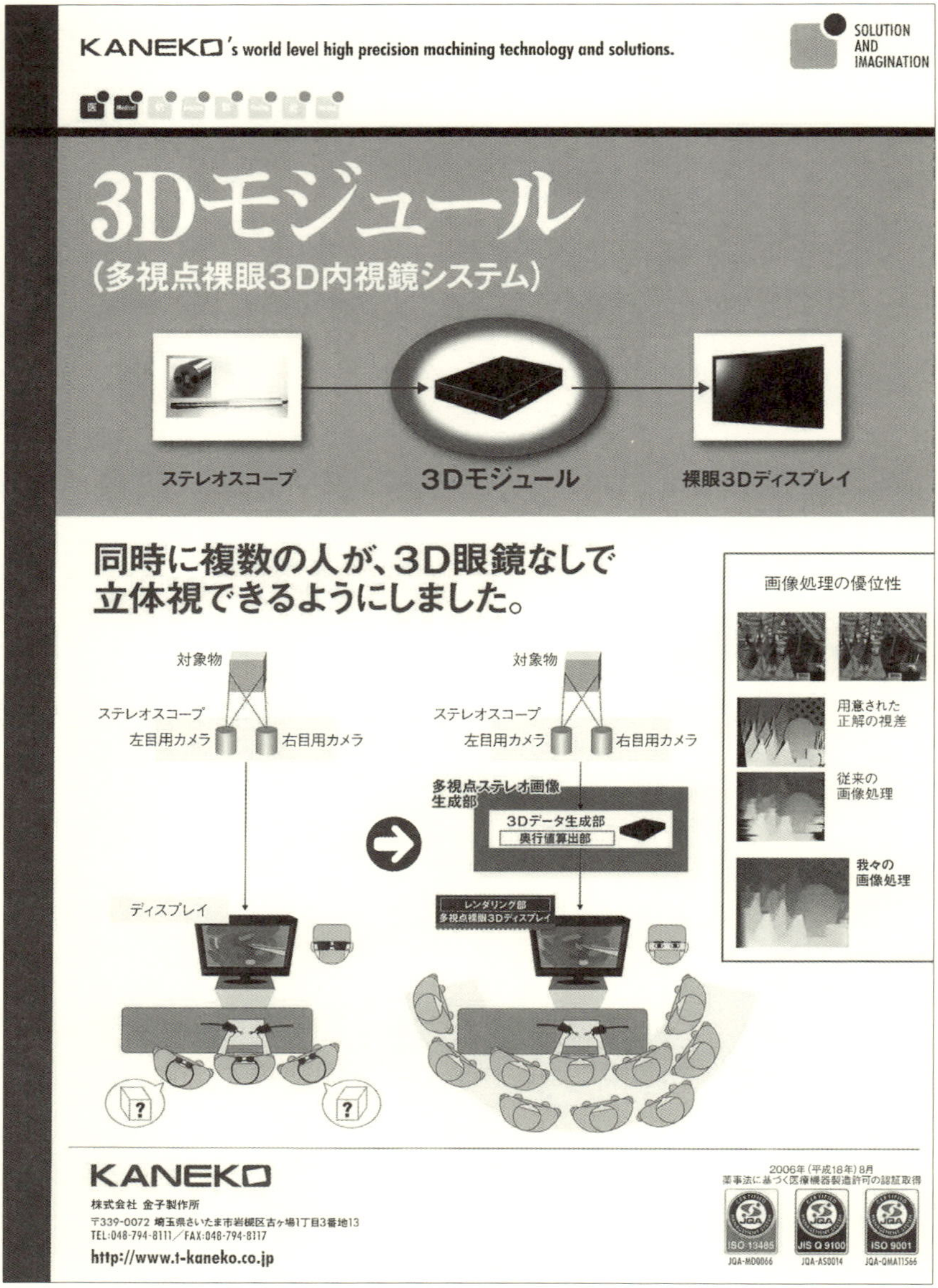

写真4－3　　3D内視鏡システム

出所：同社提供資料より．

4－3）は、裸眼で3D映像を見ることができる仕組みで、どこから画面を見ても、ゆがみなく立体を確認できる製品である。この3Dシステムをつかえば、3D眼鏡を必要としない。3D眼鏡を不要とし、複数の医師がどの位置からも、ゆがみなく、正確な画像を見ることができる。これをつかえば、遠隔治療はもちろんのこと、手術に携わる医師の手伝いをロボットでも可能となる。手術の場合、執刀医の体制をロボットが支援したり、小型化をすすめたりなど、効率化を目指すことができる。

（2）　市場を見る目が変わり始めた背景

同社の変革にあたり、2009年、金子製作所はひとりのキーマンに出会う。電気通信大学教授の久野美和子である。久野はもと経済産業省関東経済産業局に勤め、退職後、埼玉大学客員教授を務めていた当時、内視鏡や航空機エンジンの事業で活路を求めていた金子製作所に、さまざまな改革をすすめた人物である。

同社の海外展開は取締役の秋山朋子が率いた。もと経理で入社した秋山は、当時を次のように振返る。「2009年ごろ、久野先生から電話がありました。さいたま市からの支援ということで行政からの支援の電話でした。秋山が『行政にはなにも期待していません』と伝えると、『じゃあ、秋山さんは面白いから、今からいくね』と言って、金子製作所に来社されたのが、

写真4－4　　左から，久野美和子先生，秋山朋子取締役副社長，金子晴房社長

出所：筆者撮影.

表4―1　主な海外出展の一覧

2010年2月	MD&M West 2010出展	(米国)
2011年2月	MD&M West 2011出展	(米国)
2011年3月	Asian Aerospace 2011出展	(香港)
2011年4月	CMEF Spring出展	(中国)
2011年6月	フランス・パリ・エアショー出展	(フランス)
2011年11月	MEDICA 2011出展	(ドイツ)
2012年1月	Arab Health出展	(ドバイ)
2012年2月	MD&M West 2012出展	(米国)
2012年2月	KIMES出展	(韓国)
2012年4月	CMEF出展	(中国)
2012年11月	MEDICA 2012出展	(ドイツ)
2012年12月	Aeromart Toulouse 2012商談会参加	(フランス)
2013年2月	MD&M West 2013出展	(米国)
2013年3月	KIMES出展	(韓国)
2013年4月	CMEF Spring出展	(中国)
2013年11月	MEDICA 2013出展	(ドイツ)
2014年6月	MEDTEC出展	(ドイツ)
2014年11月	COMPAMED出展	(ドイツ)
2015年4月	MEDTEC出展	(ドイツ)
2015年11月	COMPAMED出展	(ドイツ)
2016年2月	MD&M West出展	(米国)
2016年4月	MEDTEC出展	(ドイツ)
2016年11月	MEDICA 2016出展	(ドイツ)
2017年3月	CeBIT 2017出展	(ドイツ)

久野先生との初めての出会いでした。」

しかも、現在は海外展開に積極的な社長の晴房も、当初は海外展開に反対だった。だが、今では、すっかり海外市場に関心が高く、海外からの引き合いは、想定外の連続だという。晴房は次のようも述べている。

「海外では、引き合いが強い。今は、イスラエルからも来る。イスラエル北部の都市、ハイファには技術開発の集積地があり、グーグルやインテルも進出する都市だ。同社は、そこの有名な世界企業からも受注した。同社が発注先に理由をたずねると『地元には実現する企業がないから』だという。これまで金子製作所では機械加工を中心とした、収益が比較的低いビジネスをやっており、強みはないと誤解していた。しかも、国内の下請けをつづける中で、大手納品先からの要求に応えられなければ、中国や韓国の企業と価格で比べられてしまう。これまで続けてきた国内の取引では、同社にアピールするところなどないと誤解していた。ひとたび、主力事業である医療機器の分野で、海外に出てみると、新しい世界があることに気づいた。収益が乏しいと思われていた機械加工にもかかわらず、中国や韓国でも作ることができない製品があることに気づかされた。それを出展してみると高く評価される。納品先で使われる主力部品は、海外市場では高評価なのだ。東日本大震災やボーイング787の試作機が相次ぐ延期で生産激減となっていた当時、それら何重苦もの状況を救ったのが海外展開と、久野先生からのさまざまな改革のすすめだった。」

秋山も当時の様子を次のようにふりかえる。「当時は、赤字をいかに改善するかであった。当時、社長は航空機エンジンをやりたくて仕方がなかった。納品先の大手企業からは『やめてもいいよ』とか、『ほかにもやるところはあるからね』とか言われた。しかし、値下げをしてでもやろうとする。その繰り返しだった。当時、大手の下請けとして、高品質な製品を納品しても、大手納品先は『よくやったね』とは言わない。しかし、いざ海外出展してみると、お客さんが、わたしたちを、ほめてくれるのです。」

(3) 突破口のマーケティングとイノベーション

金子製作所は、創業時から、医療機器、航空機をへて、海外展開し、いまでは3Dの技術にあらたに挑戦している。ふりかえれば、事業の成長機会は、依存度の高かった事業が下

表4－2　売上高の推移

		2008年	2009年	2010年	2011年	2012年	2013年	2014年	2015年
売上高（百万円）		902	823	924	865	921	973	1,026	1,170
内訳	光学機器	7%	1%	5%	6%	1%	1%	1%	1%
	内視鏡医療機器	64%	76%	66%	58%	57%	52%	64%	69%
	航空機部品	14%	12%	16%	20%	29%	34%	22%	21%

出所：同社提供資料より．

請けというビジネスモデルのなかで、受注をひたすらこなすことの中にはなかった。ひたすらこなす繰り返しが閉塞感を生み、かつて上手く機能したはずの「下請け」という従来のビジネスモデルが機能せず、みずから同社を苦しめていた。

海外展開をめざした2010年当時、金子製作所は輸出するなどまったく考えていなかった。当時は、ひたすら技術の探求であった。民生用カメラの部品を製造していた。富士写真光機への依存度は高かった。

だが、東日本大震災やリーマンショック、富士フイルムがレンズ付きカメラからデジタルカメラへ移行し、さらにデジカメ部門の不振で、富士フイルムは内視鏡部門を吸収再編した。在庫一掃のため、一斉調整した。それにより、金子製作所の受注は激減した。久野からのアドバ

写真４－５　　2016年２月MD&M West海外出展の様子

出所：同社提供.

イスが、リーマンショック後の、まさにその時を救った。

技術に強い金子製作所も、光学機器の依存度が高かったビジネスに危機感をいだいていた。そして、同社は、航空機事業へも着手してきた。比較的に工期が長いこともあり、安定が見込まれる判断だった。防衛省は１９９６年ごろから開発航空機を民間転用にも考慮していた。防衛庁の航空機のエンジンはIHI（旧、石川島播磨重工）がライセンス生産していた。エンジンの製造は外注化され、燃料部品の依頼が金子製作所に来た。同社が関わる自衛隊航空機のブルーインパルスＴ－４で、１機にＦ３－IHI－30エンジンを２基搭載する。民間航空機は一度生産されると、その後はメンテナンスが主となるが、同社が手がける自衛隊の練習機は部品単位まで分解して清掃・再組立を行うオーバーホールを行う。その部品を同社は手掛けている。

社長の晴房は航空分野について、次のように述べる。「米ボーイング社の最新鋭旅客機７８７の機体部品を生産する川崎重工業にも、機体部品を納品してきた。これまで約30点の機種を納入しており、現在飛行中の航空機まで納品してきた。MRJの試作品も納品してきたが、量産する段階で値段を下げられた。どうしても、中国・韓国との価格競争を強いられる。日本が勝ち誇る防衛や航空宇宙の分野でも、同社はオーバーホール事業にも特化している。精密微細加工を可能とする牧野フライス製ＮＣフライスを導入し１９７６年頃から内視鏡の先端部品に着手してきた。その技術力を評価され、今に至る」。

写真4－6　　2016年11月MEDICA出展の様子

出所：同社提供.

また、当時の海外展開について、次のように述べている。「航空宇宙の防衛関連事業は海外に出ないので、国内大手の取引先とビジネスをつづけることで、海外展開にはまったく志向が向いていなかった。かつては、JETROがGEとの商談も準備してくれたが、そもそもIHIを飛び越えてGEと直接取引してよいものか戸惑いもあり、最終的には断っていた」という。

（4）未開拓の領域に着手する「あらたな動き」

海外展開の価値に気づいたのは、初出展の米国に行ったときだった。日本での「下請け」だった苦労は、金子製作所の事業を、計画的なものにも、能動的なものにもしていなかった。完全受注生産であったが顧客からの注文に振り回され、わずかなリードタイムで生産する。着手する材料が出たときには、既に納期遅れということもあった。自社で管理ができない取引関係だった。秋山は当時を振返る。「海外出展してみると、ほめられる。事業として欧米はやりがいがある。欧米は厳しいが、日本は欧米に比べると、ゆるいかもしれない。初めてのぞんだアナハイムの米国出展では、医療機器の展示会にもかかわらず、すべて航空機部品をもちこんで出展した。もっと絞り込んで出展すべきだった反省もあるが、加工専門家からみれば、ちがう分野でも、技術の差に気づく。幸いにも顧客が来た。言語は国際会議レベルの通訳をJETROに紹介してもらった。出展準備はすべて自前で行った。空港から展示場までの交通の手配・宿泊などすべての準備を自前で行えるようになった」。

初出展から1年、2010年10月にはドイツの医療関連メーカーから精密部品の受注を獲得した。2013年には米国企業からの初受注にも成功した。2014年にはイスラエルからも受注した。2011年の輸出比率は5％であったが、2016年には10％近くにまで成長した。

（5）企業の今後の成長へ向けて

同社は、これからの世界市場に向けた取組みで、意識すべきことは競争ではなく、コラボレーションだとする。海外で事業をアピールすると、国内での産官学連携では出てこないような、あらたな要望や課題事案が湧き出てくるという。海外案件で増えた取扱事項は、たとえできない範囲でも、行政や大学と協働することで、あらたな挑戦を生み出している。同社は、海外のリクエストに産学官で向き合っている。

これまで切削加工には興味を示さなかった関係者も、医療分野では関心を示す。それがあらたな事業を生み出している。「大学と連携すれば従来10年かかっていたことを短縮できる。欧米が30年かかったことも、日本は早期に世界シェアを取り戻す」と同社のたくましい取組みは続く。2016年11月にはドイツのメディカにも出展した。2017年にCeBITドイツ出展となった。

付記

本章は２０１６年４月28日、金子製作所社長金子晴房氏・取締役副社長秋山朋子氏へのインタビューにより作成した。本ケースの作成にあたり聴き取りさせていただいた金子製作所の皆様に厚くお礼申し上げる。

〔参考文献〕

『日経ビジネス』２０１１年11月17日。
金子製作所、内部資料。
２０１４（平成26）年度特許出願技術動向調査報告書（概要）内視鏡、２０１５（平成27）年３月、特許庁。

（藤本武士）

第Ⅲ部　GNT企業の国際比較

Chapter 5

ＧＮＴ企業の持続的成長への政策的提言

はじめに
──革新的なグローバル企業のリーダーシップ―「ＧＮＴ１００選」が示す新たな評価軸──

２０１４年6月に経済産業省が「グローバルニッチトップ（ＧＮＴ）１００選」を公表してからしばらく経つ。グローバルニッチトップ（Global Niche Top：以下、ＧＮＴ）企業とは、グローバルな市場でニッチな分野だがトップである企業で、製品やサービスで世界トップシェアをもつ象徴的な企業である。

一般的に、国際展開する有名な製品やサービスの企業といえば、歴史のある大企業を思い浮かべるであろう。しかし、「ＧＮＴ１００選」では、資本金3億円以下で、従業員３００人以下の中小企業も含まれる。

内訳としては、大企業の場合、特定の商品・サービスの世界市場規模が１００億～１０００億円程度の特定分野で世界シェア20％以上の企業が選ばれている。中堅・中小企業の場合、世界シェア10％以上の企業から選出されている。それらに加えて、従業員一人当たりの売上高・営業利益率・海外売上高比率・販売国数なども基準に含まれている。

グローバル社会の動向にあわせて、中小企業でも世界シェアを10％以上もつ企業が選出されており、インパクトがある。「ＧＮＴ１００選」は、２０１３年6月14日閣議決定の安倍内閣「日本再興戦略」にもとづき選出されており、企業がもつ多くの事業が国際化を当たり前とし、規模によらない企業の強さとして選ばれたことになる。

「ＧＮＴ１００選」が示す企業の象徴的な意味は、国際化を前面に出し、規模にかかわらずグローバル市場に挑戦している企業を評価した点である。しかも、中小企業であっても、世界トップシェアであり、グローバル社会でのあらたな国際社会に向き合う挑戦をたたえるものである。従来、中小企業は大企業になる途上段階と理解され、相対的に弱者的な存在であった。規模が大きくなるにつれて、地元地域へも影響力を持つようになる。

しかし、グローバル市場で示す企業の存在感に焦点をあてると、規模が大きくならずとも、あるいは大きくなろうとせず、専門組織の企業が個別にそれぞれ増えることで、雇用を強くし、連合となるようなグループ共同体のような形もありえるだろう。たしかに、欧州では、そのような特定の分野にも関わらず、世界的に有名な企業がある。それらの企業は、じつは法人を顧客とするBtoB企業が多い。一般消費者からは無名であり、テレビCMでの企業イメージもまったく確立されていない。知られざる企業の存在を示す上で、「GNT100選」は、これまでの評価軸を大きく変える選定と考える。

（1）グローバル企業の強みと課題
――最前線の情報の獲得――

グローバルニッチトップに選ばれた選定100企業の事業モデルは、海外展開することで飛躍的に成長するモデルであり、多くの企業にとって参考となる。(1)一定の市場にとどまればニッチは経済的に大きくならないが、海外でも視野にいれて同様な需要へ対応していくことで、世界に大きな市場となる。そのため、海外へ向けてステップアップする取組みとなる。技術や市場展開の両面で、国内だけの顧客よりも専門性をいかしながら海外の顧客にも応えていくノウハウが高まり、大きく成長することができる。ニッチがゆえに、特定分野だが国境を越えて、グローバルに展開する。規模に関わらず、グローバル社会において、多くの着眼点をベンチマーキングできることが組織を強くすることにもつながるであろう。

これらを確認することは、大企業にとっても、成長の可能性を示すものである。たとえば、GNT事業が、世界の第一線で挑戦する事業である場合、最先端の情報をいち早く入手できるメリットがある。(2)ニッチな分野でも、業界大手のアセンブリーメーカーが顧客となる場合、どのような技術を求めているのか、どのようなメンテナンス・サービスを求めているのかを、いち早く知ることができる。(3)そのため、高度な技術を持つ製品や半製品である供給側が、積極的に提案型のアプローチを示すことができる。それにより、ディファクト・スタンダードを確立することや、需要側と供給側の良好な関係を構築することができる。つまり、組織の規模ではなく、どのような産業であっても「情報」の重要性は高く、どの企業にとってもすぐれた「情報」で事業を再定義することにより変革できることが改めて確認できる。(4)ニッチだがグローバルな市場でトップをめざす企業のように、情報の最前線に常に接する努力を重ねることは、情報の専有化により、常に未来の事業の方向性やニーズを、あらかじめグローバルに見定めることができる。このように、ニッチな分野でもグローバルに第一線を挑むことは、情報の入手という点が大いにビジネス展開に役に立つということが1つである。

ふたつ目には、「グローバルニッチトップ」ということばは日東電工の登録商標になっているが、経済産業省でもこうしたコンセプトに注目し「グローバルニッチトップ企業」を支援する方向で動き出してきた。国が積極的に国際展開する企業を支援することで、世界の各国・地域で持続可能な経営を模索・展開することになる。そして、国際展開は、政治的な国際関係ならびに企業の国際成長へ向けた連鎖となる。グローバル企業である日東電工でさえ、グローバルな環境で事業を展開するには、日本人だけでは限界があり、つねに課題を抱えると理解されていた。その解決のためには、まず外国籍社員は必要で、事業の状況を判断・解決する上で、多様な国・地域の視点が必要になること、迫りくるグローバル・リスクにつねに向かい合うため、多様化した状況で、さらなる国際基準の進化形をつくるには、やはり欧米企業の取組みは示唆に富み、日東電工のようなグローバル企業でさえも、やはり参考になるとしていた(5)。

そのように考えると、GNT企業のように、グローバルな視点で経営を見つめ直すことは、未来の方向性に国際化の切り口を確信的な動きとして身に着け、国内だけでは対応できないグローバル・レベルのダメージにでさえ耐えうる対応力・忍耐力をつけることになる。国際化をもとに考えれば、企業の成長はもちろんのこと、国内で最適化された見方や、たとえ大企業であったとしても無視のできない課題に向き合うことがでてくるだろう。その点で、もはや、規模にかかわらず、マーケティングやイノベーションの課題を、グローバル・レベルで多様化させることにより、輸出事業を増やし、同時に、グローバル・レベルで押し寄せるリスクやコストに対して、国としてどう守る体制がとれるのか、リスク・マネジメントとしての課題と捉えることができるであろう。

（2）国家財政の健全化をもたらす、GNT企業に対する支援強化
―― マネジメントの課題から、国の再興へ ――

グローバルに展開するマーケティングとイノベーションの課題が、規模に関わらず、規模というよりも多様化への能力、多様化の課題に深くかかわる。ならば、たとえ比較的中小規模な組織であっても、大規模組織に匹敵する経済効果をどう生み出すか、また、グローバル社会から受けるダメージにどれだけ耐えられるかが課題となる。そして、どうやってそのような最強組織や連携コミュニティをつくることができるか、それら企業連携を作っているかが、国・地域を比較する上でも重要な視点となる。比較的小さな国・地域（あるいは、人口の多い都市圏ではなく、人口が比較的少ない地方圏）でも、持続可能な起業モデルや経済効果、グローバル社会のダメージに耐えうる防御モデルが築けるのかは、今後の課題となるであろう。

かつて、多国籍企業がマーケティングをすすめる国・地域などは、先進国や一定規模の経済圏を対象としたものが多かった。しかし、2000年以降、BOPビジネスの展開が広がりを見せるにつれて、大企業はこれまでとは異なる基準をつくり、事業を再定義している(6)。小さな商圏・経済圏でも成り立つモデル

に変更し、ビジネスモデルの多様性と柔軟性を高めてきている。かつてから、グローバル社会の恩恵をうけ、小国でも生存できる社会があることも指摘されてきた。(7) かつてほど費用をかけずに生存し、負荷に耐えうる経済規模とその体制・制度を保持し、一方で、全体主義的・世界的な統一見解に対しては、政治と文化の面で自立する意識も強くもつ、それらの課題に向かい合うことが、グローバル社会の課題となってきた。

そのため、グローバルな課題に目をむけ、ニッチであったとしても挑戦する企業は、国・地域の対象数が増えるにつれて、不安定な状況に向き合うこと増えて、それによる組織としての学習機会が増え、ますます対応能力を高まることで持続可能性とグローバル・リスクへの制度的対応に目を向ける。

近年、世界経済は、経済発展が著しいアジアの国・地域に注目する。次はアフリカだという場合も出てきた。しかし、プラスの経済成長率をもつアジア太平洋の国・地域が、ひとたび不振になれば、注目している市場なだけに大きな影響を受けてしまう。こうむるダメージをふまえると、いま一度準備することは、東南アジアや中国・インドなどの国・地域に依存せずとも、自立できる対応の準備ではないだろうか。

財務省は２０１５年8月10日、国債と借入金、政府短期証券の合計が、日本は１０５７兆円と過去最大になったと発表した。その内訳は、国債が８８８兆円、借入金が53兆円、政府短期証券が１１５兆円であり、日本のＧＤＰが約５００兆円と考えると、すでに約2倍である。

一方のドイツは、２０１４年9月に国債発行がゼロとなることを発表した。当時、２０１５年には初めて新規の国債発行がゼロになる見通しを出していた。ドイツは、失業率が相対的に低く、経済も安定成長が続いており、先進国ではお手本とされてきた。税収も増加傾向にあり、社会保障や教育への投資がプラスに働いている。２０１５年も新規の国債を発行することなく、実質的に、46年ぶりに財政赤字が消滅し、借金をしなくとも輸出が賄える状態である。財政的に均衡状態だが、限りなく黒に近い「黒いゼロ」と呼ばれている。２０１６年も赤字国債を発行せず、財政黒字と見ている。リスクゼロの安全資産と見なされてきた国債は、黒字となった国にとっても、もはやリスク資産とする見方が出てくる兆候である。まさに、競争軸の転換が起こり、これまでの古い指標で測ることは難しくなる。(8)

ドイツの経済復興は、グローバル社会で向かい合う姿勢を教えてくれる。経済復興の主な対策は、税収をあげることで、借金を減らし均衡化を図ることであった。その際、企業にとって負担となるコストを減らし、利益が増えることを支援し、税収を増やした。

さらに、ドイツにおいて、企業数で大半を占める中小企業（ミッテルシュタント）が、輸出する力をつけることを重視した。規模が大きい数少ない大企業ではなく、企業数で圧倒的に多い中小企業を力強くする支援をしてきた。先進国であるドイツは、中小企業を主導とした経済復興で確実に成功したモデルとなる。ドイツは、この成功モデルを、ＥＵのみならず、他の先進国とは違うモデルとして示したことになる。大企業の主導で赤字を膨らませる復興策とは異なるため、大いに参考となるであろう。

日本の産業政策は大企業偏重がゆえに、ベンチャー企業含め、国外の中小企業に対する理解が多様化していない。大規模でないが、世界で活躍するＧＮＴ企業のような企業への、投資や開発を支える助成金の制度も、さらに多様化する必要があるであろう。今日のＧＮＴ企業の存在も、かつての助成金など支援があってのことであるが、投資と開発の形態が、今後ますます多様化することが考えられ、経済復興にも深く関わるようになる。ドイツのミッテルシュタント（中小企業）の存在は、ＥＵ内でも理解が深まってきた。ドイツが勝ち残る強さはミッテルシュタントにあると理解されてきた。[9]

（３）革新的企業の領域から生まれる次世代のリーダー

グローバル企業に求められる新たな事業モデル

２０１５年６月30日に安倍晋三内閣は、日本再興戦略の２０１５年度版を改訂版として出した。目標指標を重要業績評価指標（KPI）で設定し２０２０年までの具体的な方向性を示した。その中で、中小企業の国際化を目指す取り組みが出された。今後、中小企業の中で国際展開する企業を増やし、輸出力をつける、海外で稼ぐ力をつけることが目指されている。

だが、輸出力をつけるというものの、日本にとっては失われた20年をふまえると、アジア太平洋を含む新興国を含めた先進国だけではないモデル、新興国でも稼ぐ事業モデルが求められる。大企業主導や大市場主導のモデルとは異なる反省を迫られている時期にある。たとえば、先進国からみて経済格差の大きな国で持続的な事業を営むには、最低限のインプットでも最大限のアウトプットが出せるような、効率的で効果的な理想的モデルが求められる。それが可能となるならば、それを大企業に注入すれば、相当な経済的効果も見込まれる。新興国のビジネスモデルを先進国にも適応するリバースモデルというものである。そうした高い生産性を発揮できるモデルが求められ、次の経済のリーダーをどこから生み出すかに積極的にかかわるモデルである。

企業は事業を組み立てる上で、経営の内部環境と外部環境は重要であるがゆえに、色々な側面で優先順位の変更が求められる。企業の外部要因はつねに変化が激しく、ビジネスモデルのライフサイクルも短期化している。それゆえに、外部環境の変化が、次の事業の機会となるように、常に臨戦態勢が組まれたイノベーションとマーケティングの進化が必要となる。

国際競争に打ち勝つために海外企業から学ぶ

日本を始め、フランスでも大企業を重視する傾向はある。若者の就職希望も大手企業は強い。そのため、海外についても大企業は一定の魅力をもつものである。そのため、どちらかといえば中小企業は目立たない。

しかし、かつて、「欧州の病人」といわれたドイツが、いまや

EU内では独り勝ちし、その強さの源が中小企業であるミッテルシュタントにあることは再考すべき点である。今のドイツの成功は中小企業が担っているのである。

EUが統合される前の、また東西ドイツの統合の前には、1980年代半ばごろ、日本は、欧米諸国にとって、戦後の加速度的経済成長を遂げる国として恐れられた[10]。当時ドイツのシュピーゲル誌には、日本の自動車企業を恐れるドイツが描かれている[11]。だが、時がたち、日本がドイツより優れていた過去とは異なっている。それよりも、ドイツは当時の反省から、先進国の中で、さらに急激な経済成長を成し遂げた国となった。かつて欧州の病人と呼ばれたドイツは経済の勝ち組となっている。

1985年当時、ドイツだけでなく、世界経済大国であった当時の米国も、日本を恐れていた。西ドイツ同様に、第2次大戦後に、想定以上に復興・成長する日本を米国は恐れていた。米国・西ドイツの先進国側が、急成長する日本の競争力を分析しきれずにいた。戦後の快挙とする日本の強さを理解できずにいた。そして、米国の成長を阻害する要因を理解しようしてきた[12]。

1981年のOECD加盟23か国＋NICS（新工業国群）5か国の計28か国の産業競争力レポートの国際競争力ランキングでは、1位日本、2位スイス、3位米国、4位西独であった。日本は欧米との貿易摩擦が深刻化し、黒字累増に対する批判が強まっていた[13]。

戦後半世紀が経った。日本はバブル崩壊後にGDPが伸び悩み、アジアの新興国の1つに追い抜かれた。GDPで世界第2位の座を中国に奪われたのである。経済発展を続けるアジア市場では、日本のシェア獲得の競争で苦戦する。輸入を凌ぐ輸出には至らず、貿易赤字だけが懸念される。世界の競争力減退が、年金など国内の社会福祉の課題と、その解決策や予算設定に影を落とす。まさに、日本はいかにして世界との競争に向かい合うのか。中国はじめアジア諸国にはない魅力をどのように示すのか。欧米にはない強みで、いかに競争するのか。さらに、中国や欧米に頼らなくとも、持続可能なモデルをみずから構築できるのか。

2009年の世界不況のようなグローバル規模でのダメージを避けるためにも、中小企業を成長させ、ダメージに耐えうる強さをもつ大きな戦略が求められる。

米国が日本を分析した1980年代当時、米国は自らを批判した。ドイツが日本を分析した時、シュピーゲル誌は自国の姿勢を責めた。米国とドイツを見てみると、欧米は日本を奇跡とせず、なぜ自らが弱いのかを分析した。そのため、両国とも現在に至るまで、経済の強さを回復し維持している。ならば、日本も未来の復活のために、欧米のベンチャーや中小企業のたくましさと国際比較すべき宿題ではないだろうか。

手掛りはいくつか考えられる。かつて欧米が日本の競争力から学び反省したように、日本も近年の欧米から何を学び、中国はじめアジア諸国から何を学び、何を反省できるのか。ドイツの改革計画は、ＥＵの計画である２０００年の「リスボン戦略」と２０１０年の「欧州２０２０」に連動して設定された。それは、ＥＵの目標と連動して「ドイツの改革計画２００５－２００８」「ドイツの改革計画２００８－２０１０」「ドイツの改革計画２０１１」として成長戦略がつくられた。今日の流れも２０２０年を見据えた動きであり、１９９０年にドイツ統合、１９９８年から２００５年までのシュレーダー政権の「アジェンダ２０１０」による政策であった。２００３年から２００４年にかけて、失業手当の支給期間短縮や失業扶助の廃止による大規模な労働市場改革が行われた。そのため、その頃からドイツの改革は「欧州２０２０」の計画が前提にあるため、国内の推進課題でつまずいても、ＥＵの計画があることを理由に、改革をすすめることができた[14]。

米国は国際的地位で首位を維持しつつも、ドイツは日本に追随され、再び挽回し、復活した。中国はじめアジア諸国は、低コストを強みに世界の工場となった。かつての日本が高品質で低コストを強みにしたことと同様である。その結果、中国はアジアの経済大国と化した。今の日本に問われていることは、かつての欧米のように、中国はじめアジア諸国から何を反省し、かつて欧米が日本に勝てない要因を探ったように、日本は新しい競争の型をつくらなければならない。その新しい競争戦略が、現在、世界の第一線で挑戦するＧＮＴ企業のような企業の事例に多く見ることができる[15]。

日本企業の課題と分析の視点

日本経済は、多くの日本企業が中国に進出することで、中国の経済成長を活用しつつ取り組んできた。しかし、当初低い人件費を強みとし世界の工場といわれた中国も、もはや人件費の高騰と高止まりで、それまでの魅力はうすれ、企業の経営を圧迫している。

そのため、人件費の安さに頼る経営よりも、国際的なビジネスにおいて今後の課題設定は、「低い人件費に依存しなくとも、国際的に経営ができる事例はあるのか」である。いいかえれば、「人件費が比較的高くとも（先進国であったとしても）利益が大きく確保できる経営に切り換えられるか」である。価格を引き下げることで顧客の満足を得るよりも、「ぶれない」価格で欧米にはない日本独自の手法を育て、世界経済に貢献する取り組みと

表5－1　ニッチトップ（NT）マトリクス

		機能	
		機能向上	新規機能
市場	顧客対応	対応深化	対応拡大
	市場拡大	横展開	新事業

出所：藤本・牧田（2015）p.205.

は何か。日本以外から見ると「日本だけができること」とは何か。日本国内の課題を国際的課題から改善する、あるいは、国際化・多様化の流れをふまえつつ、国際社会における東洋の片隅にある日本を見直す、あるいは国全体から日本の地方を見直す、あらゆる点で日本を外からみる日本の分析が問われている。

データ社会の到来と日本の製造業の対応

日本の製造業はＧＤＰの2割を占める。熟練の技が強みであり、良質な雇用の場である。しかし、熟練になるには約10年要し、従業員数・製造業入社志望者も減少傾向である。米国やドイツで進められている、IoT（Internet of Things、モノのインターネット）を中心とした技術革新では、すべてがデータ社会となり、はたして製造業はどう生きるのか。

ドイツでは、労働者を投入しなくても、高い生産性を発揮する取り組みが進められている。人件費をかけなくともこれまでと同様のアウトプットを出せるように努力している。２０１４年から「インダストリー４・０」を代表とした第4次産業革命による標準化である。

この取り組みは、可能な範囲から機械や設備による無人化によって生産性を高める動きである。ドイツは輸出を積極的にすすめ、税収増で財政のさらなる健全化を進める。

ドイツと同様に、日本企業も、知識社会であるがゆえに、生産性を高める学び方に切りかえる必要がある。人材を採用する企業が変わり、高等教育機関も変わることで、学び方を変えるイノベーションが日本の組織に求められている。

第4次産業革命といわれる「インダストリー４・０」は、生産工程をデジタル化するもので、ロボット・人工知能・ＩＴを組み合わせ、生産性を高めるものである。ドイツの工場では、足りない部品を自分で判断・発注し、ロボットが自動的に補充する。これにより、生産コストを大幅に削減でき、生産効率の向上が期待されている。

指導者不足・若手不足が課題である日本では、２０１５年3月に「理工系人材育成戦略」が策定され、工学系大学と高専・専門学校で、女性研究員も含めた職業教育・若者の学び直しを充実化させる方向性が示された。技術は国際競争に貢献するため、大学と企業の効果的な協力関係を構築し、高付加価値化を目指すとされている。

（4）　新たな競争の類型化
――「グローバル・ニッチのアントレプレナーシップ」――

イノベーション・エンジン（ＩＥ）とマーケティング・エンジン（ＭＥ）

日本の新しい競争の型を考える上で、世界の第一線で挑戦するＧＮＴ企業の事例の中から、いくつかの論点を整理してみたい。

ＧＮＴ企業がグローバル展開して業績を飛躍的に高めたのも、匠の技術をうみだした「エジソン」的なキーパーソンと、それを海外で売り出した「外交官」的なキーパーソンの存在が大きい。[16] それを機能軸や市場軸で区分すると、[17]「エジソン」は技術のイノベーションを起こすイノベーション・エンジン（ＩＥ）、一方で「外交官」は海外展開などマーケティングで市場を牽引するマーケティング・エンジン（ＭＥ）となる。

異なるコードと異なるニーズ

国際展開する際の類型化としては、ローカルな汎用品から、グローバルな独自品に向かう複数のルートがある。[18] ＧＮＴ企業を汎用品を扱うローカル企業と比較して見ると、相対的にＧＮＴ企業が優位性を発揮できる理由は、**図５－１**の中のＡ～Ｄの境界を越えることにある。つまり、この境界を越える際に、異なる文化コード（評価・規範の基準）で、事業を再定義したり、挑戦したりする現象が起こるのである。

　また、挑戦する企業は、その境界となる異なる文化コードを、異なるあらたなニーズと理解する。そもそも、異なる文化やコードとは、国・地域が異なると社会文化が異なるように、何が積極的で、何が消極的なのかに違いが生まれる。そこには、異なる評価の基準があり、「こだわる・こだわらない」のような、一定の規範がある。挑戦する企業には、将来的に、そのような新たな基準を、多様な価値観に応えられる上位の基準へ刷新し、さらに上位へ目線を変えていく規範がある。

　ドラッカーは欧米企業のような優れた側が、未熟だが努力する日本企業のような側から、何を学ぶべきかを、１９６０年頃に初めて提唱した。[19] 今日の日本企業は、まさに当時欧米企業が直面した、このような問題に直面している。かつて成功した１９８０年代当時のビジネス・モデルを日本が自ら問題視することは至難のわざである。日本の成功体験はあまりにも偉大すぎたため、欧米が日本を分析したように、いかに学びに切り替えることができるのか。

　かつて、日本がまだ先進国入りしていない頃、後進国として先進国からますます学び、キャッチアップしてきた生産性の高いアプローチは、相対的に後進性の理論につながる。[20]

シリコンバレーのアントレプレナーシップの視点

同様の視点は、シリコンバレーにわたったアントレプレナーの視点と重なる。国を渡った起業家は、アルゴノーツとよばれ、シリコンバレーで技術や起業力に磨きをかけ続け、母国の後進に対しても、なんらかの立場で、貢献しようとする。シリコンバレー流のやり方を母国に持ち帰り、母国の古いやり方を拒み、改善しようとする。[21] その意味で、日本はこれまでの成功で実効性のあった方法はなく、大企業ではない企業の強みを前面に押し出したような「全く新しい強み」を考えるべきである。グローバル社会で直面している新しい時代の新しい課題に応えていく企業をしっかりとみる必要がある。

ドイツのミッテルシュタント

１９８０年代の日本が当時のドイツを見る上で、かつてのド

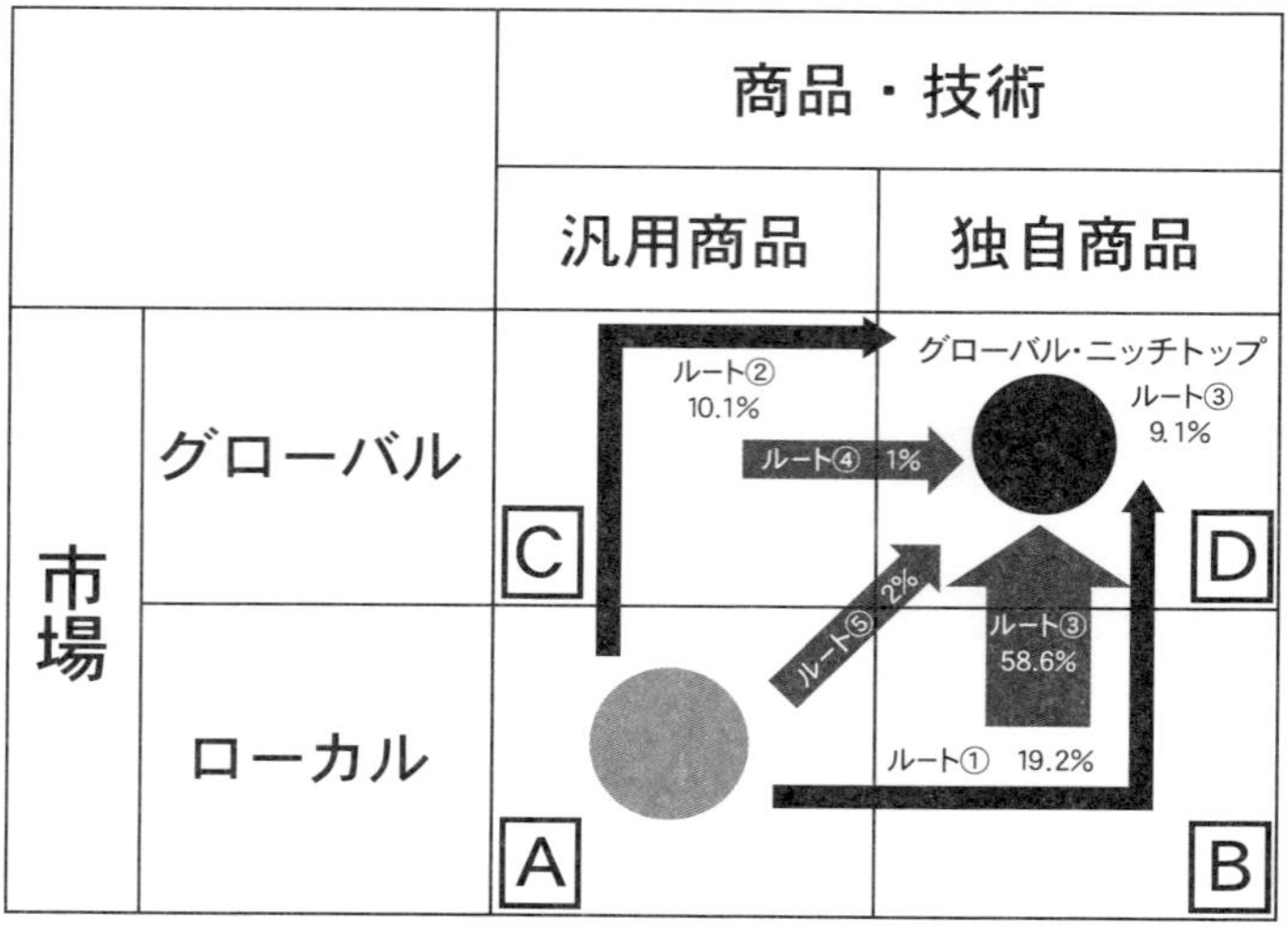

図5－1　GNT企業の起源と経路

出所：モデル：難波・福谷・鈴木（2013）p.43，数値：『ものづくり白書』（2014年版）p.67.

イツの中小企業（ミッテルシュタント）の存在を、気づかず「隠れた存在」としてみてしまったのは、なぜなのか。日本の大手企業は、欧州進出にあたり、現地ドイツの中小企業（SME：Small and Medium-sized Enterprise）よりもむしろ、BMWやシーメンスなど、ドイツ大企業を主に注視してしまっていたからではないだろうか。ドイツでは、じつはドイツの経済力で注目されるヒドゥン・チャンピオン（Hidden Champion、隠れた世界チャンピオン企業）とよばれるミッテルシュタントの存在が大きい。世界的シェアをもつ「隠れたチャンピオン」の存在は、大いに参考となる。[22]

表5－2　中小企業とミッテルシュタント

SMEとミッテルシュタント			
	ドイツ	米国	日本
従業員	＜500	＜500	＜＝300
売上高	＜5000万ユーロ	―	―
資本金	―	―	＜3億円
企業数	99.6％	99.7％	99.7％
被雇用者数	61％	49.1％	62.8％
付加価値	52％	43.9％	49.3％

出所：通商白書.

ドイツのミッテルシュタントは一般的に非上場であっても日本よりも比較的規模は大きい。老舗の家族経営（ファミリー・ビジネス）も多い。[23]家族経営だが、日本の特徴とは異なり、子息が必ずしも承継するわけではない。**表5－3**と**表5－4**に示す調査企業の中でも1社を除き、すべてドイツ流のファミリービジネスである。同族から引き継ぐ場合や外部から招聘し経営を任せる場合もあり、方針はしっかり伝授し、経営を任せる傾向にある（**図5－2**）。ドイツの家族経営は外部から招聘した人に経営責任を任せ、家族経営を3世代

表5−3 ドイツ調査企業，2013年

社名	主要商品	世界シェア	社員数	所在
Giesecke&Devrient	紙幣、証券印刷、クレジットカードセキュリティ、紙幣処理システム	80%	8,000	ミュンヘン
3B Scientific	理科教材、医学教材（分娩シミュレーター）	20%	432	ハンブルグ
Omicron Nano Technology	走査電子顕微鏡	70%	200	タウヌスシュタイン
ProMinent	水処理システム、電磁駆動定量ポンプ	70%	2,500	ハイデルブルグ

注：Omicron：2011年，Oxford Instrumentsが買収.
出所：難波作成.

表5−4 ドイツ調査企業，2014年

社名	主要商品	世界シェア	社員数	所在
Becker	真空ポンプ	10%（世界3位）	750	ウッペンタール
SCHWARTZ	工業用プラスチック部品（大型歯車、滑車）	60%	250	クサンチン
SMA Solar Technologies	自然エネルギー発電インバーター（DC to AC）	40%	4,500	ニーステータル
Alfred Kärcher	高圧清掃機	55%	10,000	ヴィンネンデン

出所：表5−3に同じ.

視点で永続させ任せるような傾向がある。日本のような長男を事業承継させる傾向の家族経営とは異なる。

ドイツの家族経営は事業の強みをさらに伸ばす経営であって、日本の家族経営のようなネガティブな事象が起こりがちという認識ではない。

また、従業員も長期的に地元で雇用がなされ、安定して働くことへの誇りを持っている。米国の短期志向ではなく、日独とも長期的視点にたつことには共通する（近年、日本も短期的視点が強い方へ変わってきたかもしれない）。

長期的な視点で進歩のはやいデジタル技術をどう見るのか。たとえば、IoTをおしすすめるドイツでは、近年、あらゆる技術の進歩がデジタル化されており、家族経営であるドイツのミッテルシュタントも同様に、新しい技術を積極的に導入している。かつて、高度な技術を生み出してきた設備機器から大きく変わりつつある。これまでの設備の経営はかつて開発・製造・流通分野にあった。しかし、デジタル化の流れは、設備機器にインターネットや無線センサー・バイオ・化学塗料などの最先端が結びつき進化する。そのため、家族経営であるミッテルシュタントも、他業界ですすむ発展に詳しい人材を、自らの業界へ引き込み経営を任せて行く。それを経営の発展につなげている。招聘する側も、つねに他業界の最前線でなにが起こっているかを知っておく必要がある。その点でファミリービジネスにおける事業の持続可能性を考えるうえで、ファミリー側は、「外」の文化を活用する着眼点をつねにもち、技術の導入のみならず、新しい人材に経営を任せる。ドイツが日本のファミリービジネスよりも強い理由はそこにあり、これは日本が学ぶべきポイントではないだろうか。

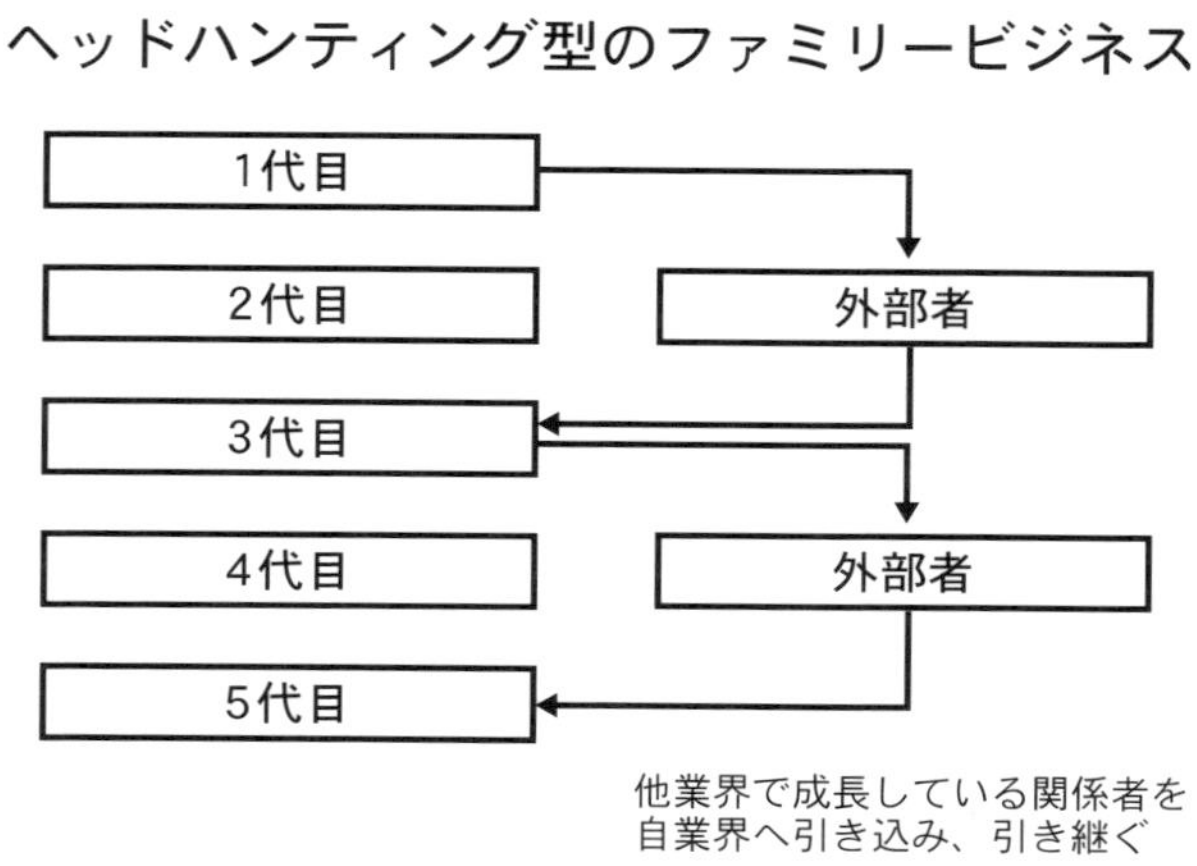

図5―2　ドイツのファミリービジネスの特徴

出所：藤本作成.

日本企業への課題

ドイツのミッテルシュタントを参考にすると、日本の場合は、独自の文化・世界観・美意識を保持・強化しつつ、今後、課題は何かを理解し、応えていく必要がある。

社会人の再教育や高等教育機関で学ぶことができる教育の体制は、日本ではまだこれからである。ミッテルシュタントが強さを維持しているのも、ドイツには再教育しやすい背景がある。つまり、制度として、大学の教育が無償化されている面や、週のうち学校で学んで現場で仕事する、学びと実践の繰り返しができるデュアル・システムのように、大学と職業訓練を二重で行う仕組みが関係している。だが、日本にはそれがない。実践してわからないことを理解するために学ぶため、学びが実践の目的に直結しており実践が学びを高度化する。それと比べると、臨床実験のような制度が日本の教育現場にはない。

つまり、先に触れたイノベーション・エンジン（ＩＥ）やマーケティング・エンジン（ＭＥ）について、日本では次世代のＩＥやＭＥを育てる必要があり、それらを育成していくには、国・地域のボーダー（境界）を、ボーダーレスにする視点だけではなく、組織や企業の垣根を越えて人材が移動できるような考え方・文化が求められる。まさに、それが当たり前である国・地域と比較すれば戦略や効果が全く異なってくるので、比較・競争しても勝ち目がない。

もし、それらが実現し、国内で優秀な技術をもつニッチ・トップ（ＮＴ）企業の事業が、世界で活躍するＧＮＴ企業と結びつき、負荷やコストを下げながら、世界一へつなげる挑戦や、ＧＮＴ同士が束となって、あらたなＧＮＴを創るようなこととなれば競争のあり方が変わるので、垣根を越えて積極的に情報が融合できる支援や制度が求められる。

そのため、ドイツでは中小企業であるミッテルシュタントがフラウンホーファーなど研究機関と共同で製品開発する事例が多い[24]。異なる文化である組織がお互いを受入れる組織があり、高度化する規範がドイツの強みとなっている。そして、その考え方・文化がドイツは進んでおり、多様化が進んでいると言えるであろう。

これまで九州地方を中心とした**表5−5**のＧＮＴ企業の調査をしてきた企業も[25]、自社の強みはそれぞれの組織がもつ考え方・文化コードを超えることだと気づいている。それを組織の内外でどのように新しい知識や情報を社内に取り入れるか、どう浸透させ制度化できるかを重視している。次のイノベーションのボーダー、次のマーケティングのボーダーを越えることを、ＧＮＴ企業はイノベーション・エンジン（ＩＥ）か、マーケティング・エンジン（ＭＥ）か意識しながら、つねに挑戦している。事業開発戦略の特徴も、**表5−6**のように、機能軸か市場軸かに類型化できる[26]。

当然、そのような企業は、地元企業からは、すでに知られた存在であり、地場産業をリードする手本やパートナーとして、地場への新しい貢献にも挑戦している[27]。ＧＮＴ企業のように、大きな飛躍へ挑戦する企業を増やし啓蒙する意味でも、ＧＮＴ企業への投資や開発を支える助成金の存在は大きい。

その意味で、地方の成熟産業を、先進性あるアプローチと技

表5―5　GNT調査対象企業

調査対象企業の概要						
社名	主要商品	世界シェア	社員数	所在	創業	会社設立
(株)中山鉄工所	世界最大級自走式クラッシャー	世界トップグループ	149	佐賀県武雄市	1908	1964
(株)エルム	全自動湿式光ディスク修復装置	90%	45	南さつま市	1977	1980
環境テクノス(株)	環境技術コンサルタント	中国拠点	73	北九州市	1973	1976
(株)筑水キャニコム	農業・土木・林業用運搬車・草刈機・産業用機械	製品により100%	233	福岡県うきは市	1948	1995
森鉄工(株)	各種プレス機械、ファインブランキングプレス	30%	115	佐賀県鹿島市	1904	1922
岩尾磁器工業(株)	工業用セラミックス、水処理装置、景観材		180	佐賀県有田町	1921	1936
(株)同仁化学	生化学関連試薬、キット(生菌選択的蛍光染色キット)	世界トップシェア	107	熊本県上益城郡益城町	1978	1978
(株)石橋製作所	風車用増速機		145	福岡県直方市	1932	1955
日特エンジニアリング(株)	精密コイル製造用自動巻線機	26%	334	さいたま市	1972	1972

出所：難波作成.

表5―6　NT企業の事業開発戦略の特徴

機能軸での事業開発	市場軸での事業開発
①徹底した顧客密着	①独自直販体制の構築
②機能からの技術需要開発	②ニーズ対応のシリーズ展開
③創造的リーダーシップ	③サービス重視のトータルソリューション
④外部企業とのアライアンス(国内や海外の企業との連携)	④M&Aなどの外部資源活用(M&Aの活用、販売提携で競合回避)
⑤公的な研究開発支援の活用	

出所：藤本・牧田（2015）p.219.

術によってよみがえらせ、多くの誘発事例が経済効果につながるような支援策が求められる。

海外に事業を展開する場合には、直接的な費用だけではなく、間接的にも費用が軽減されるような支援策が求められる。ドイツの隠れた世界企業であるヒドゥン・チャンピオンは、成熟産業であったとしても、立派に輸出展開している企業が多い。たとえ、縮小傾向にある業界であっても、国際展開をバネに経営を刷新するたくましい事例が多い。それならば、国内の企業数で大半を占める中小企業のなかから、強力な特徴も持つ企業を束ね、巨大化することにより、成熟産業をデジタルと融合し活性化すれば、これからの潜在的な市場の可能性は、日本にとって大いに期待できる。

つまり、比較的新しい産業の場合には、国内に強い需要があるため、多くの場合、まずは国内首位を目指して巨大化する傾向にあるが、成熟産業の場合には、国内に需要が見込めず縮小傾向にあるため、デジタル化をすることで条件を刷新し、そして海外へ展開してGNTを目指すことが解決策となるのである（図5－3）。

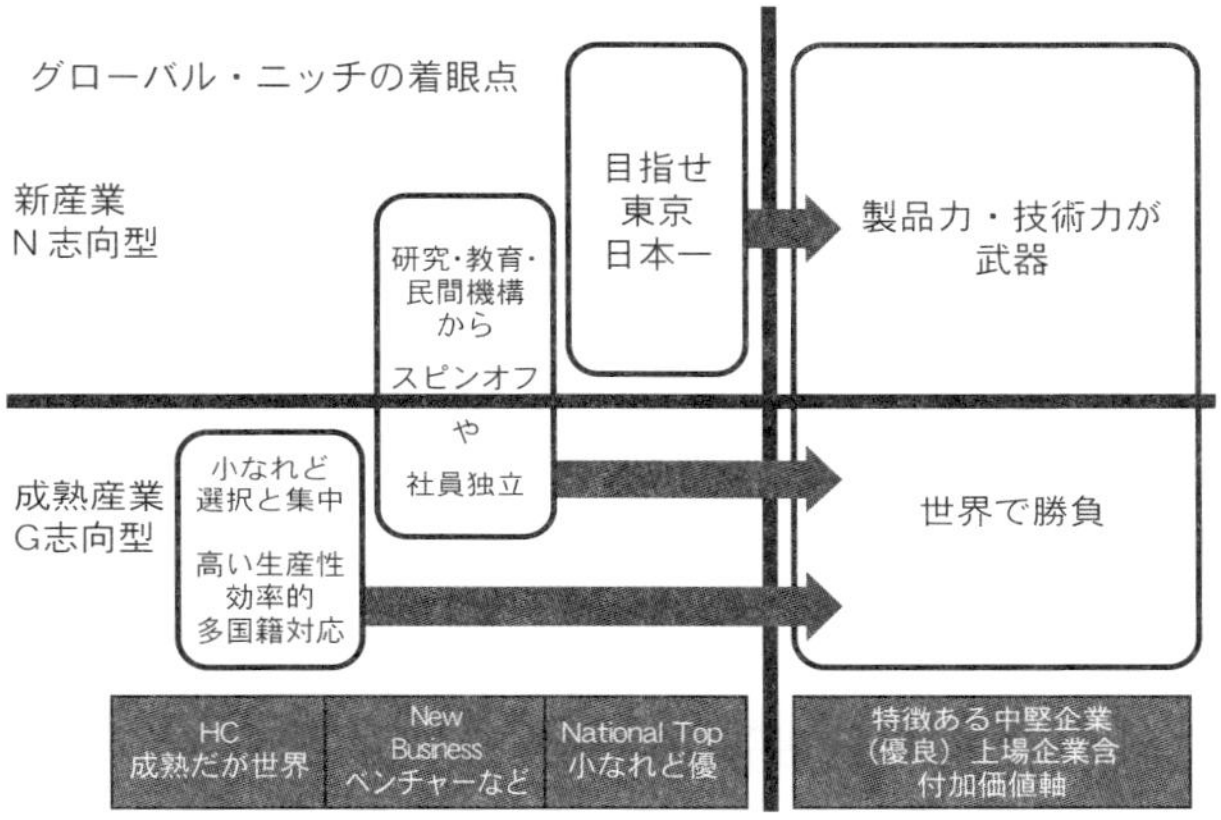

図5—3　グローバル・ニッチな着眼点

出所：藤本作成.

（5）マーケティング戦略の日独差異

ドイツ対日本の比較

世界の多くの多国籍企業が、先進国に比べれば経済的に弱い新興国の市場でも経営が成り立つビジネスへ改めなおしたことは、BOPビジネスのように、近年、さまざまなところでパラダイム・シフトを引き起こしている。経済圏の市場規模が小さくとも成り立つ仕組みを目指し、先進国でのみ通用してきた既存の仕組みを切り替えていく方向性にある。

同様にGNT企業の事例を国内に照らし合わせてみると、GNT企業の場合、都市部か地方かの地理的な利便性では、たとえば、研究開発は地方で、販売は東京で分けるというように、

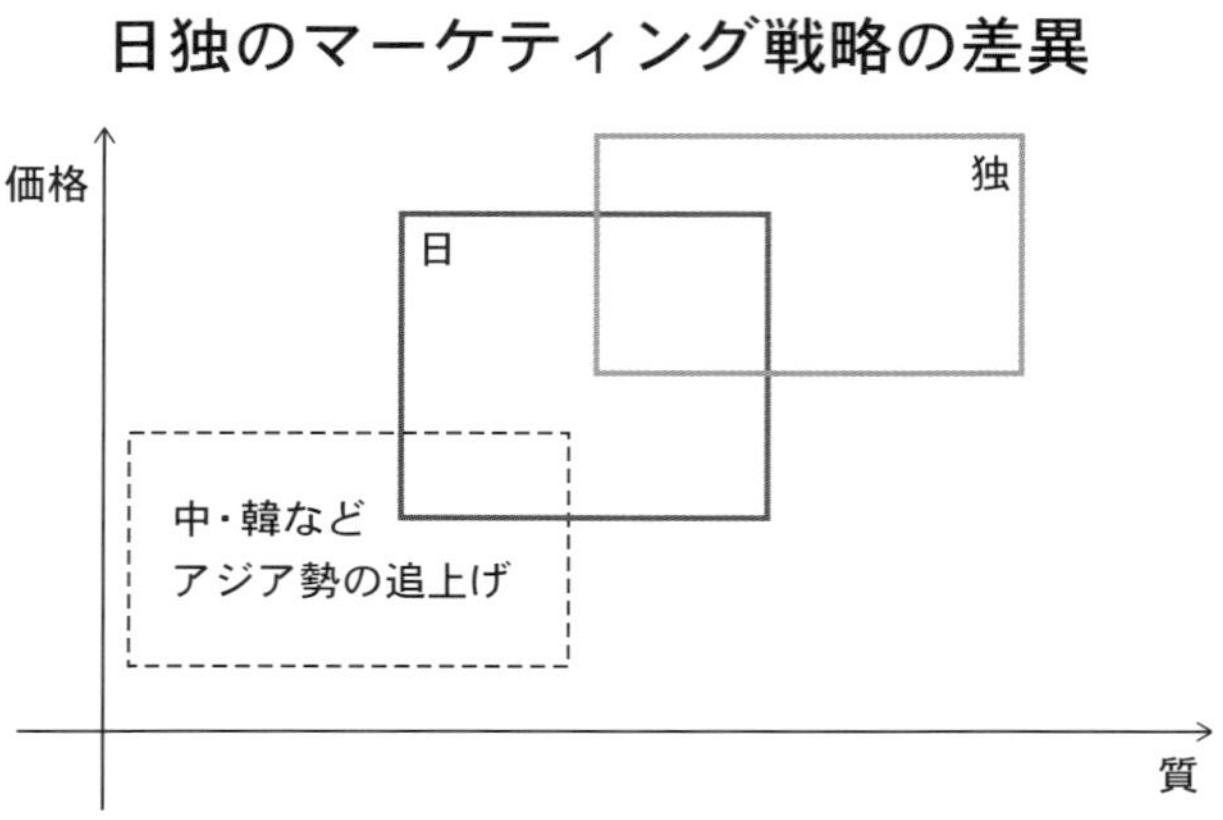

図5―4　マーケティング戦略の日独比較

出所：藤本作成.

特性を都市部と地方で使い分けるGNT企業の事例もある。それを国や地域の特徴で見ると、日本以外のアジアの新興国の国・地域の市場では、GNT企業はドイツのミッテルシュタントやアジア勢企業にはないマーケティング・エンジン（ME）を前面に出した差異化を目指している（**図5―4**）。

つまり、それぞれの分野や特定市場では、日本一・世界一が相互に共同事業を目指すとき、既存の延長線上の認識では得られない理想の成果をまず描き、短縮された期間で実現するバックキャストの取り組みである。

たとえば、九州のGNT企業とドイツのミッテルシュタントを比較した場合、技術が認知され受入れられるまでの間に、大きな違いがある。ミッテルシュタントの場合は、必然的に必要とされる製品や部品・半製品に目を向け、その品質や用途を独自に開発する。そうしながら、メンテナンスというよりも自社が顧客企業にとって開発として欠かせない存在となり、自らバリューチェーンに組み込んでいくようなものである。そのため、必然性が優先順位として高くなり、値引き合戦のような価格競争を避ける領域をつねに探しながら、付加価値とブランド力を下げないアプローチをとる。

一方で、中・韓などの新興国側のアプローチは、既存品をつねに意識して、低価格でアプローチしながらお得感を出すアプローチである。技術をキャッチアップして低価格を前面に出すため、独創的な製品よりも、既存品が主となる。そのため、日本のGNT企業の場合、中・韓とは価格競争で勝てないので、独自品とはいうものの、既に欧米企業が販売する既存品を独自にカスタマイズしたものや、品質・スペックが同程度だが価格が欧米より若干低い価格、壊れにくいのに品質・スペックも優れているお得感、しかし中・韓よりも高い価格の領域を重視するアプローチとなる。つまり、ニッチでトップの品質領域は、製品仕様が独自企画か既存企画のハイブリッドであり、価格も相対的にドイツより低く、かつ、中・韓よりも高くなるような中間的な価格設定の領域である（図５－５）。

サービスにおけるドイツの強みと日本の強み

ＧＮＴ企業やドイツのヒドゥン・チャンピオンは、主にＢtoＢビジネスの企業であり、ひとたび納品した製品が故障を

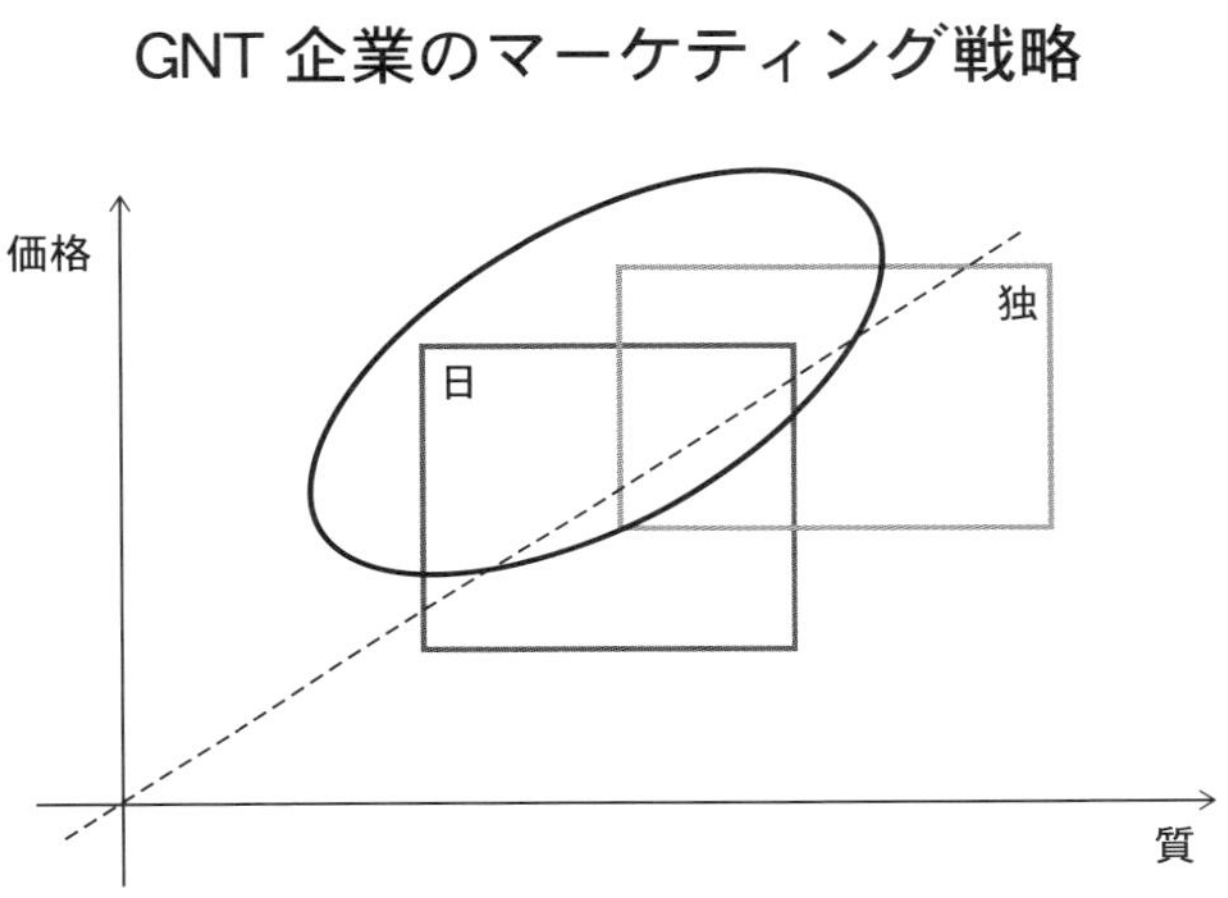

図５―５　GNT企業のマーケティング

出所：藤本作成.

起こしてしまえば納品先の生産ラインが停止してしまい、多くの損害を引き起こしてしまう可能性がある。故障防止に対するメンテナンスなどは、特に配慮が必要となる。そのため、高品質を強みとするＧＮＴ企業は、故障や故障が懸念される欧米製品からの切り替えをすすめることや、低価格に惹かれ中韓製品へ切り替えたものの、耐久性や不具合の懸念から、高品質やメンテナンスの充実度を前面に出すことでサービスを中心とした顧客価値をめざしている（表５－４）。

また、流通サービス面でも、やはり欧米からみればアジアはかなり遠く認識されており、ヒドゥン・チャンピオンからみると、アジアのＧＮＴ企業のような存在はまだまだ知られていない。

そのため、ＧＮＴ企業の中には、欧米と相互にアライアンスを組むことで、同業他社であったとしても、販売やメンテナンスをお互いでサービス提供しあう工夫をしている代理店となる企業もある[28]。

だが、とくに、アライアンスで相互関係をむすぶミッテルシュタントやＧＮＴ企業などの小さな世界企業をみると、どこを目がけて価値創造をしているかには、大きな違いがある。

それは、「顧客が投げかける難問」に対する姿勢や取扱い方である。ドイツ企業の場合は、かなえるものがあるかないかを問い、かなえる製品やサービスが存在しない場合、それをゼロから作りだす製品開発をめざす強さがある。先にふれたように、ミッテルシュタントはたとえ成熟産業であっても、多くの

表5－7　NT企業の事業開発戦略の特徴

	ミッテルシュタント	GNT
戦略的	適えるものが あるかないか	既存技術を組み合わせて 新たな価値の調整ができるか
経済的	継続して利益が あるかないか	学ぶに値する利点が あるかないか
管理・運営(例)	優れたコック 器具 ルール	顧客の顔を見て 優れた調理をする

出所：藤本作成.

事例では、技術的に近代的で優れた部品などを組み込み切り替えていく。ときには、研究所など最先端の機関技術のエンジニアと組んで開発する。そして、優れた製品を製造していくような、「ないならば作る」の強みである。そのため、行動原理が明示的で、わり切りの強さ、適えるものがあるかないかの判断で、「無から有を生む」強さがある。細部のニーズに対しては、徐々に変更する傾向のため、まずは、開拓意欲の有無が明確である。

しかし、日本企業の場合、ドイツ企業がもつ顧客に対しても、製品仕様と価格の判断において、顧客に対して期待を超えるようなメリットを前面に出し詰めていく傾向にある。顧客側は、製品を購入した場合には、そこには製品の機能にもとづく仕様スペックがすでに前提として理解されており、そこに一定の顧客が購入・支払を決定する判断の決め手、判断の基準がすでにある。しかし、提供側はきめ細かさを顧客の要望から非線形的につくり出し、達成すべき細かな目標を随時設定しながら、現場技術者が顧客のボヤキを聞きながらのように、開発のヒントにしていく。そして、学習しながら積極的に機能に落とし込み、コアな部分を創っていく。日本企業には、そのような「顧客の期待を超える」きめ細かさをめざすイノベーティブさがある。たとえば、調理場で優れたコックを用意し、配膳は専門の者に任せるレストランのような場合と違い、顧客と話しながら、顧客の顔をうかがいながら、もてなす料理にどう反応しているか顔をうかがいつつ、つぎの料理を考えるようなものである。

それらのコックや調理器具・調理場所で例えるならば、世界一・日本一が戦略的に選択され、効果を想定しながら積極的に組み合わせていく場合、爆発的な効果をもたらす可能性を秘めている。

おわりに

本章では、経済産業省が示したGNT企業のコンセプトをもとに、イノベーションとマーケティングについて捉えなおすとともに、中小企業が成長できる構想の可能性、中小企業が一丸となって、日本の国際展開力に挑戦する意義について、欧州の病人と言われたドイツが成功した例とともに整理してきた。

まず、「GNT100選」は国際化した企業が選ばれているため、個々のグローバル企業の強みと課題は、売上高よりも最前線の情報をいち早く入手しているかどうかである。その課題は、日本全体としては、把握・支援しておらず、現状では、優れた情報の入手を個々の企業努力に頼っている。

しかし、ドイツの経済復興はミッテルシュタントを中心に各州・国・地域が地元企業と連携し総力戦で輸出展開力を高め、財政健全化の「黒いゼロ」まで近づいた。先進国でも黒字になることができる可能性を世界に示した。そのことから、GNT企業の経営をあらためて見直すにあたり、国を強くする事業のモデルは、中小企業の事業が輸出展開力をつけて、次の経済を牽引し、リーダーを積極的に生みだす国家戦略的なモデルである。

ドイツの改革計画は、EUの経済計画である「リスボン戦略」や「欧州2020」と連動している。その中で、企業は米国や中国、その他アジア諸国にはない独自性をつくり、自らの存続領域をつくってきた。このようなドイツの自立性が、それぞれの国・地域の競争戦略の違いを明確にし、他国ができないことへの支援やその連携意義にもなっている。

以上のことから、グローバル社会では、競争が既存の技術格差、経済格差を克服する。アントレプレナーの優位性においても、国際展開が鍵である。その点で、ベンチャー企業やミッテルシュタントを含め、中小組織には、経済的不利あるいは文化的格差や技術格差をあらたな価値創造として事業開発するたくましさが求められる。

ドイツと日本の比較では、両国でおなじ同族経営や家族経営とはいうものの、「外」の人材を活用する経営文化には大きな違いがあり、日本には、異なる文化を受け入れ、同時に、人材が移動できる、あるいは移動をあたり前とする組織の文化が一層求められる。そうなれば、世界一・日本一を束ねて、強みを巨大化できる。すでに、九州のGNT企業では、ドイツのミッテルシュタントとマーケティング戦略として相互アライアンスを組み、価格競争を避けながらブランド力を強化している。

以上が、本章で見てきたGNTを捉える意義と政策的な提言についての論点整理である。2000年頃から、自動車産業でもダウンサイジングが始まった。ガソリンエンジンが小さくなり、それを補強する別の動力で、従来の駆動と同等のレベルを実現する動きである。低燃費のトレンドにともない2000年には日本の市場からターボ車が姿を消したが、エコによって小さくなるエンジンの傾向から動力補強としてターボがまた復活している。

ニッチだがグローバル競争をめざすGNT企業も、あたらしい市場の創造を、お手頃な価格だが高品質で攻め、しかも、すこしずつ高価格を維持するマネジメントにシフトしている。

自動車業界では大きなエンジンの排気量でステータスを語る時代は終わった。同様に、世界の第一線で活躍するGNT企業のような企業も、かつての指標とは異なり、これまでにないビジネスモデルで付加価値をはかるような挑戦に入っている。

大企業は、なぜ衰退するのか。その理由は、挑戦が弱まる体質によるところが大きい[29]。これは企業ごとではなく、国全体でも起こりうる。かつて、日米貿易摩擦が生じた過去に、米国は日本になぜ敗北するのか真剣に考えた。挑戦者である日本は、リーダーである米国とは異なる戦略をもち、強い領域に集中した。

同じように、小さな集団の強みを最大限引き出すような、新しい評価で挑戦する経済が求められる。それら特徴ある組織が束となり、まるで巨大企業として向かい合うような経済が求められる。それが地方に税収と雇用をもたらし、国の財政も健全化させる。このような経済も元気づけるような基準はないものだろうか。それは、大企業ではなくとも、都市部ではなくとも、小さくともユニークさで付加価値をつけようと競い合う、ミッテルシュタントやGNT企業のような経済圏ではないだろうか。このような経済圏の構築をめざし、新たな構想力で、動かしつづけることが、脱工業化、高度経済成長後の少子高齢化と向き合う日本にとって、喫緊の課題ではないだろうか。

付記

本章では、BEISE-ZEE, Marian（立命館アジア太平洋大学国際経営学部教授）にも多大な研究支援を頂いたことに深く感謝申し上げる。また、本章は「政策情報学会誌第9巻・第1号、２０１６」で初出、それをもとに一部加筆修正したものである。

［注］

（１）難波・福谷・鈴木（２０１３）、細谷（２０１４）、伊丹ほか（２０１５）、藤本・牧田（２０１５）。

（２）難波・福谷・鈴木（２０１３）。

（３）藤本・牧田（２０１５）pp.223-263。

（４）ドラッカー（１９９３）pp.299-319。

（５）日東電工、表利彦、２０１５年7月30日、インタビューより。

（６）プラハラード（２０１０）pp.68-94。

（７）ドラッカー（１９９３）pp.241-264。

（８）『日本経済新聞』２０１４年7月3日・２０１５年3月15日。

（９）トッド（２０１５）pp.147-171。

（10）『日経産業新聞』１９８６年12月2日。

（11）『シュピーゲル』１９８３年12月26日。

（12）コトラー（１９８６）pp.13-38。

（13）『日本経済新聞』１９８１年11月30日。

（14）伊藤（２０１１）pp.129-130。

（15）難波・福谷・鈴木（２０１３）、藤本・牧田（２０１５）。

（16）難波（２０１４）p.32。

（17）藤本・牧田（２０１５）p.205。

（18）難波・福谷・鈴木（２０１３）p.225。

（19）ドラッカー（１９９３）p.6。

（20）ガーシェンクロン（２００５）pp.2-28。

（21）サクセニアン（２００８）pp.370-374。

（22）サイモン（２０１２）。

(23) リッペルト、２０１５年4月5日、ヒアリングより。

(24) 岩本（２０１５）pp.15-21。

(25) 藤本・牧田（２０１５）。

(26) 藤本・牧田（２０１５）p.219。

(27) ただし、日本の地方で活躍する国際企業の悩みといえば、国内周辺地域に、外資系の日本支社のように、実際の顧客が存在しないため、顧客の意識や実感が、直接的に、社内にも、地域住民にも、実感として分かりにくいことである。やはり、ドイツのような、車で国境を越えることができる国・地域とは異なる。企業の国際的な事象だけではなく、日本では、それ以外の社会・文化面で国際的な事象が増えることは、今後、理解の広まりを加速するためにも、ますます改善が望まれる。ただし、たとえば、iPhoneのような有名大手外資系企業からの引き合いや取引実績があると、世代にかかわらず、分かりやすくよい宣伝効果になる。

(28) 藤本・牧田（２０１５）。

(29) ハメル・プラハラード（１９９５）p.151。

［参考文献］

Lippert, S. "Japan's Hidden Champions in comparison with their German peers." 研究・技術計画学会、九州中国支部研究会、２０１５年4月5日。

伊丹敬之・東京理科大学ＭＯＴ研究会（編集）『教科書を超えた技術経営』日本経済新聞出版社、２０１５年。

伊藤白「ドイツの経済成長戦略——ＥＵの『リスボン戦略』と『欧州２０２０』におけるドイツの『改革計画』——」『レファレンス』２０１１年11月、pp.115-131。

岩本晃一「『独り勝ち』のドイツから『日本の地方・中小企業』への示唆——ドイツ現地調査から——」RIETI、２０１５年3月。

表利彦「（基調講演）関西を基点とした、アジア、グローバルでのイノベーション創出」日東電工・専務執行役員、ＣＩＯ立命館大学大阪いばらきキャンパス、２０１５年7月30日。

ガーシェンクロン、Ａ・『後発工業国の経済史』（絵所秀紀・雨宮昭彦・峯陽一・鈴木義一訳）ミネルヴァ書房、２００５年。

熊谷徹『日本とドイツふたつの「戦後」』集英社（集英社新書）、２０１５年。

黒崎誠『世界に冠たる中小企業』講談社（講談社新書）、２０１５年。

経済産業省『ものづくり白書』２０１３年版、２０１４年版、２０１５年版。

経済産業省『通商白書』２０１３年版、２０１４年版、２０１５年版。

コトラー、Ｐ．『日米新競争時代を読む——日本の戦略とアメリカの反撃——』東急エージェンシー、１９８６年。

サイモン、Ｈ．『グローバルビジネスの隠れたチャンピオン企業』（上田隆穂ほか訳）中央経済社、２０１２年。

サクセニアン、Ａ．『最新・経済地理学』（星野岳穂・本山康之監訳）日経ＢＰ社、２００８年。

トッド、Ｅ．『「ドイツ帝国」が世界を破滅させる日本人への警告』（堀茂樹訳）文藝春秋（文春新書）、２０１５年。

トッド、E.・ハジュン・チャン・柴山桂太・中野剛志・藤井聡・堀茂樹『グローバリズムが世界を滅ぼす』文藝春秋（文春新書）、２０１４年。

ドラッカー、P.F.『ポスト資本主義社会』（上田惇男・佐々木実智・田代正美訳）ダイヤモンド社、１９９３年。

難波正憲「人材とニーズ把握力が重要に」『月刊事業構想』事業構想大学院大学、２０１４年４月、pp.32-33.

難波正憲・福谷正信・鈴木勘一郎『グローバル・ニッチトップ企業の経営戦略』東信堂、２０１３年。

日経産業新聞、１９８６年12月２日。

日本経済新聞、１９８１年11月30日・２０１４年７月３日・２０１５年３月15日。

ハメル、G.・プラハラード、C.K.『コア・コンピタンス経営』（一条和生訳）日本経済新聞社、１９９５年。

藤本武士・牧田正裕『グローバル・ニッチトップ企業の事業戦略』文理閣、２０１５年。

プラハラード、C.K.『ネクスト・マーケット〈増補改訂版〉』（スカイライトコンサルティング株式会社訳）英治出版、２０１０年。

細谷祐二『グローバル・ニッチトップ企業論』白桃書房、２０１４年。

吉村哲也「グローバルニッチトップ企業の企業戦略の特性の類型化の試み」研究・技術計画学会、２０１４年10月。

『シュピーゲル』１９８３年12月26日。


（藤本武士・難波正憲・福谷正信・岡田清・鈴木勘一郎・牧田正裕・大竹敏次・佐藤浩人・アルカンタラ・ライラーニ・ライネサ・李根熙）

Chapter 6

グローバル・ニッチトップ企業から大企業への成長メカニズムの解明
――日独比較から日本企業への示唆――

はじめに

背景・意義

グローバル・ニッチトップ企業（以下ＧＮＴ企業）は一般的に国内での生産志向が高いことから地域再生に貢献するほか輸出やＧＮＴ企業自体の規模拡大を通じて日本の経済成長の担い手の１つとしての可能性を有する。これを実現するにはＧＮＴ企業の数の増加とＧＮＴ企業に到達後においても持続的な成長が必要条件となる。これが実現された事例がドイツに存在する。従業員が２５０人未満のドイツ企業の20％は直接輸出を行っており、その企業数は34万社とされる[1]（この規模の日本の輸出企業数は3.3万社[2]）。ドイツでは、その34万社のうち特に競争力が高く世界市場で高いシェアを有している企業群がＨ・サイモンのいう「隠れたチャンピオン企業」であり、ドイツには１３０７社[3]が存在するという。日本のＧＮＴ企業を増やす対策としては既に多様な輸出支援策が講じられている。そこで、本章での目的は、中堅・中小規模のＧＮＴ企業が大企業へ成長するメカニズムを解明することにある。つまりＧＮＴ企業に到達した後でどのような形で、どのような手段により大企業に成長していくのか、日独企業の観察・分析からそのメカニズムを探求したい。

用語の定義

ＧＮＴ製品とは、特定分野の世界市場で継続的にトップグループのポジションを占める製品を有する企業と定義する。本章ではこのＧＮＴ製品を日本企業だけでなく、ドイツの隠れたチャンピオンの製品にも使用する。ＧＮＴ企業とは、規模の大小を問わず、ＧＮＴ製品を保有する企業と定義する。ただし、ドイツ企業は「隠れたチャンピオン企業」で表現する。隠れたチャンピオン企業とは、Ｈ・サイモンによれば、世界市場において業種上位3位以内、またはその企業が位置している大陸のトップであり、収益は50億ドル以下、一般にはほとんど無名な企業を指す[4]と定義する。従業員３００名以下を中小企業、３００名超を大企業と定義する。

本章の課題

（1）GNT企業や隠れたチャンピオン企業はGNT企業に到達した後、どのような形で「ニッチな市場」を拡大し、大企業へと成長するのか、その成長メカニズムの解明。

（2）持続的成長のための①ニーズ探索の方法、②ソリューション実現の方法、③ビジネスモデル変革の方法、を観察する。

（3）GNT企業が中堅・中小企業に留まる場合と大企業に飛躍するケースではどこに差異が生じるのか。

研究方法

（1）研究方法：インタビューとそれに基づくケース・スタディの作成と分析、類型化である。先行研究を調査し未解明の部分を企業訪問による実態調査に基づき解明する。

（2）調査対象企業：25社でその内訳は日本企業17社、ドイツ企業8社で、その概要を**表6－1**に示す。対象企業の特色を示すために各社の社齢と企業規模を**図6－1**で示す。ここでは社員300名を境に2つの企業グループに分けてある。日独企業の規模の差が大きく、日本企業は大部分が社員数300名以下である。これは日本企業を『元気なモノ作り中小企業300社』から選択したことによる。ドイツ企業8社のうち4社はH・サイモン（2009）から選択し、残りの4社は公開情報で「隠れたチャンピオンの条件」を満たしている企業を特定した。ドイツ企業に大企業が多いのは、サイモンの隠れたチャンピオンの定義（後述）に大企業が含まれるからである。

（3）調査内容：訪問する各社へ事前に質問項目を送付した上で、社長ないし経営幹部への半構造化インタビューを実施した（社長対応：日本企業は全社、17社。ドイツ企業は8社中の2社）。質問の主要項目は下記である。

①主要な製品と技術の沿革、②イノベーションの契機・創出方法とソリューションの内容、③それらを推進した中心人物、④世界市場での顧客開拓の方法とGNT企業となった時期、⑤GNT企業に到達した後、どのように成長・発展したか。

（4）分析枠と類型の抽出方法：実態調査した企業での取材内容および公開情報に基づき、各社の成長・発展要因を抽出する。抽出の視点は①GNT企業に到達後のGNT商品の性格の変遷、②ビジネスモデルの変遷、③ニーズ探索の手法、④ソリューション実現のタイプ、とする。

研究対象企業の分析手順

（1）上記の分析枠に従い対象企業に関するケース・スタディ

表6－1 調査対象企業の概要

社　名	主要商品	世界シェア	社員数	所在	創　業	会社設立
(株)森鐵工所	タイヤ成型ドラム	40%	47	久留米市	1905	1934
(株)中島田鉄工所	ヘッダー、フォーマー	70%	122	福岡県　広川町	1911	1951
(株)西部技研	ハニカム式ローター	30%	200	福岡県　古賀市	1962	1965
(株)西村鉄工所	並列ディスク乾燥機	100%	51	佐賀県　小城市	1920	1945
(株)東亜工機	大型船舶向けライナー	40%	300	佐賀県　鹿島市	—	1944
(株)JDC	金属コイル無傷巻き取り機	90%	14	佐世保市	—	1968
本多機工（株）	各種特殊ポンプ	90%	146	福岡県　嘉麻市	1949	1951
(株)エルム	ディスク修復装置	90%	45	鹿児島県　南さつま市	1977	1980
(株)筑水キャニコム	農林業用運搬車両・草刈機	製品により100%	233	福岡県　うきは市	1948	1995
森鉄工（株）	ファインブランキングプレス	30%	115	佐賀県　鹿島市	1904	1922
中山鉄工所	大型自走式クラッシャー	世界トップグループ	149	佐賀県　武雄市	1908	1964
(株)同仁化学	各種生化学検査試薬	製品により100%	107	熊本県　益城町	1913	1978
日特エンジニアリング(株)	自動巻線機	26%	334	さいたま市	—	1972
(株)フルヤ金属	イリジウムルツボ	60%	304	豊島区	1951	1968
(株)大和テクノシステムズ	電子顕微鏡向け フィラメント、アパーチャー	90%	37	町田市	-	1967
ニッポン高度紙工業（株）	コンデンサ用セパレータ	60 %	555	高知市	-	1941
カイハラ（株）	高級デニム生地	50%	727	福山市	1893	1951
Giesecke & Devrient	紙幣、証券印刷、クレジットカードセキュリティ、紙幣処理システム	80%	8,000	ミュンヘン	—	1852
3B Scientific	理科教材、医学教材 分娩シミュレーター	20%	432	ハンブルグ	1918	1948
Omicron NanoTechnology	走査電子顕微	70%	200	タウヌスシュタイン	—	1984
ProMinent	水処理システム、電磁駆動定量ポンプ	70%	2,500	ハイデルベルグ	—	1960
Becker	真空ポンプ（世界3位}	10%	750	ウッペンタール	1852	1885
SCHWARTZ	工業用プラスチック部品（大型歯車、滑車）	60%	250	クサンチン	—	1924
SMA Solar Technologies	自然エネルギー発電インバーター	40%	4,500	ニーステータル	—	1981
Alfred Kärcher	高圧清掃機器	55%	11,333	ヴィンネンデン	—	1935

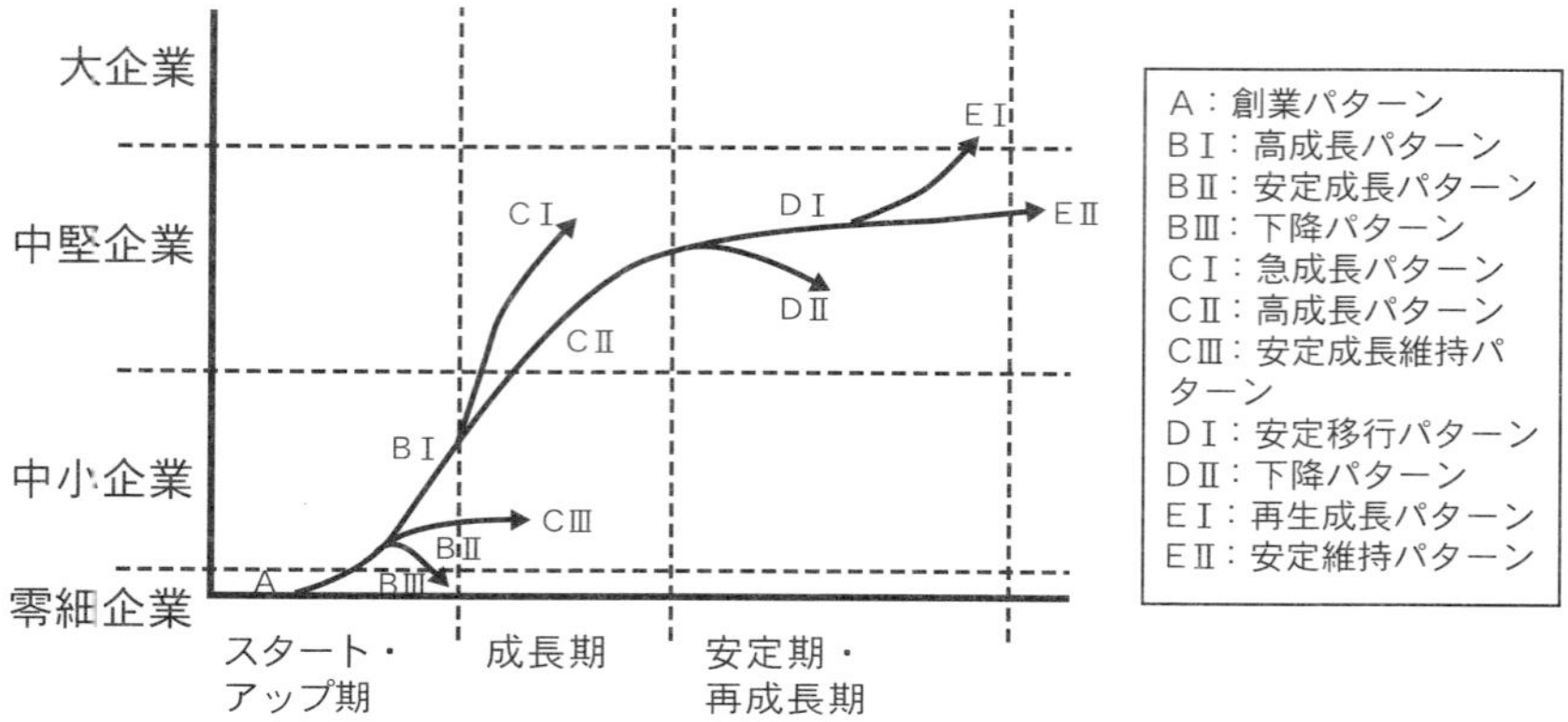

図6－1　中堅・中小企業の成長プロセス

出所：清水（1986）.

を作成し、分析、考察する。

（２）日独企業の特徴を抽出する。

（３）GNT企業が大企業に成長する過程を時系列的に追跡する。大企業に成長した事例としてドイツ企業から、G&D（８０００名）、ProMinent（２５００名）、Kärcher（１万１０００名）についてケース・スタディの分析、考察からその成長要因を抽出する。

（１）先行研究の調査

グローバル・ニッチトップ企業の研究分野に隣接する中堅企業研究の嚆矢は中村（１９６４）であろう。中村は中堅企業を「もはや中小企業ではなく、しかし、大企業の規模にはいたっていない第三の企業グループ」[5]と定義し、その特色として、①資本と経営における独立性、②社会的資本調達が可能となる規模企業（資本金1～10億円未満）、③個人・同族会社としての性格を併せ持つ、④中小企業とは異なる高い生産集中度と市場占有率、⑤独自技術の保有、⑥利益率の高いものが多い、を挙げている。１９６３年における第二部上場会社のうち製造業の２９２社を中堅企業とみなしており、そのうち、２８・１％の企業が使用総資本純利益率10％以上であり、中小企業上層・大企業よりも利潤率が高いと指摘した[6]。

中村の提唱する中堅企業は、世界市場での高い市場占有率と企業規模の定義を除き、本章で定義するGNT企業の特色と重

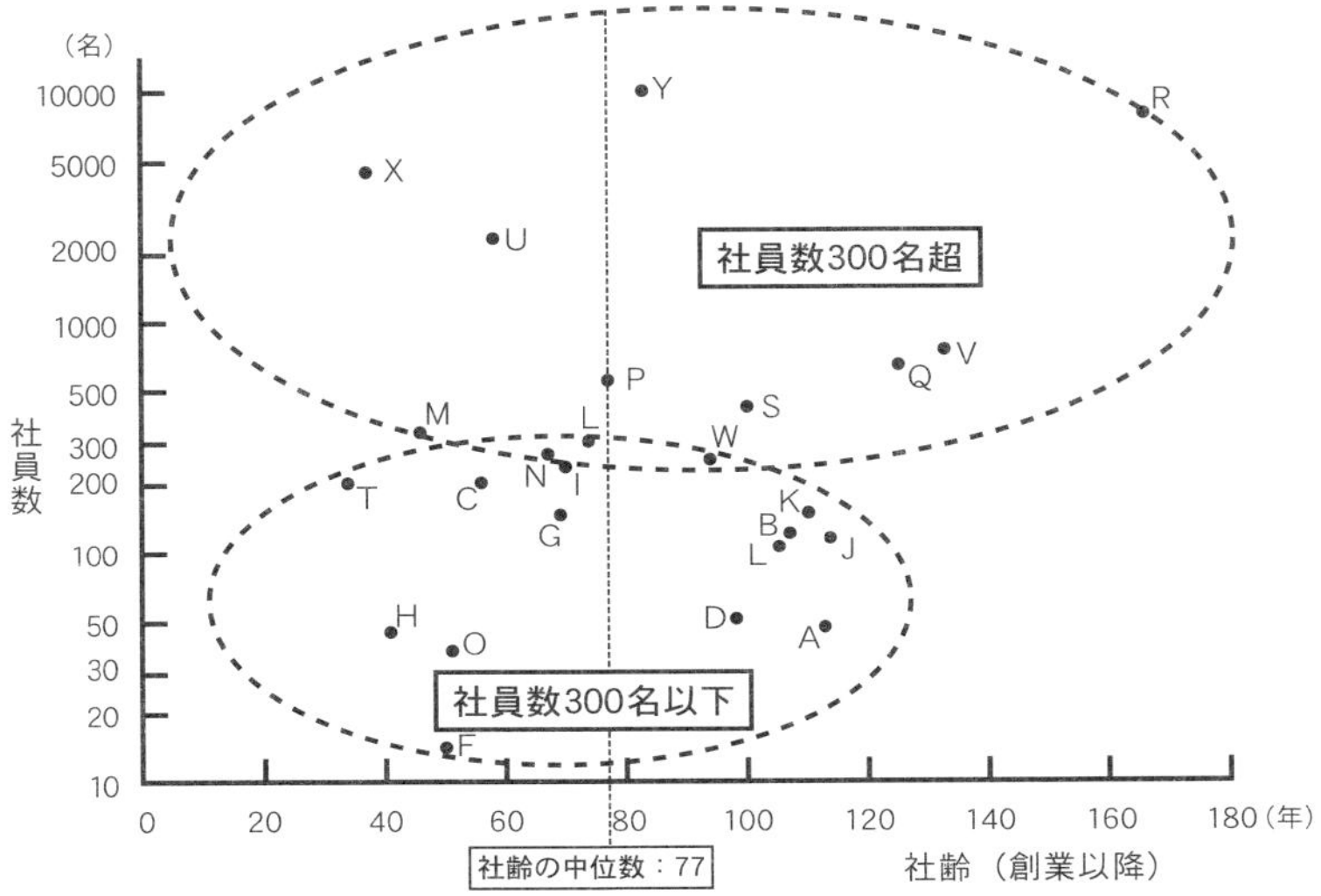

図6－2　　調査対象企業の社齢と規模（社員数）

注：日本企業：A～Q，ドイツ企業：R～Y
出所：難波作成．

なる。清水（1986）において、「中堅製造企業とは、独自の安定的な市場を持ち、独自技術の保有、経営の独自性を有し、同族的性格を残した、資本金3000万円から10億円の中規模企業」と定義した。[7] また、企業成長とは利潤の蓄積に基づく規模の拡大であり、利潤の源泉は、社員による創造性の発揮によるとし、成長の5要因である「経営トップ、製品、財務、組織、経営関係（銀行、下請、親会社）」が絡み合いながら企業成長を促進する、[8] と述べる。清水は、創業から大企業までの成長プロセスを描き（**図6－1**）、成長の促進要因として新製品開発とそれを支える経営者能力を挙げ、逆に、成長阻害要因として、起業家精神減退・喪失、経営意欲の減退、市場開拓力減退、市場ニーズに合った製品の減少、市場情報減少等を挙げる。[9] GNT企業は**図6－1**において広く分布するが、本章での関心事は、それぞれのセルで成長しているBⅠ、BⅡ、CⅠ、CⅡおよびEⅠである。

とくに清水が詳細に言及していない、EⅠがなぜ、再生成長の軌道に乗ることができるのか、つまり、GNT企業が大企業へ発展していくメカニズムの解明が本章のテーマの1つである。R・クーン（1985）は、売上高1000万ドルから5億ドル、従業員100名～1万名の業界での中位に位置する中規模の企業をMid－Sized Firms（中堅企業）と定義し、[10] 競争力、収益性が同じ業界の大企業や中小企業より高いとした。その理由の1つとして、イノベーションをもっとも生みやすいのが市場シェア5～20％あたりの企業であると述べる。[11]

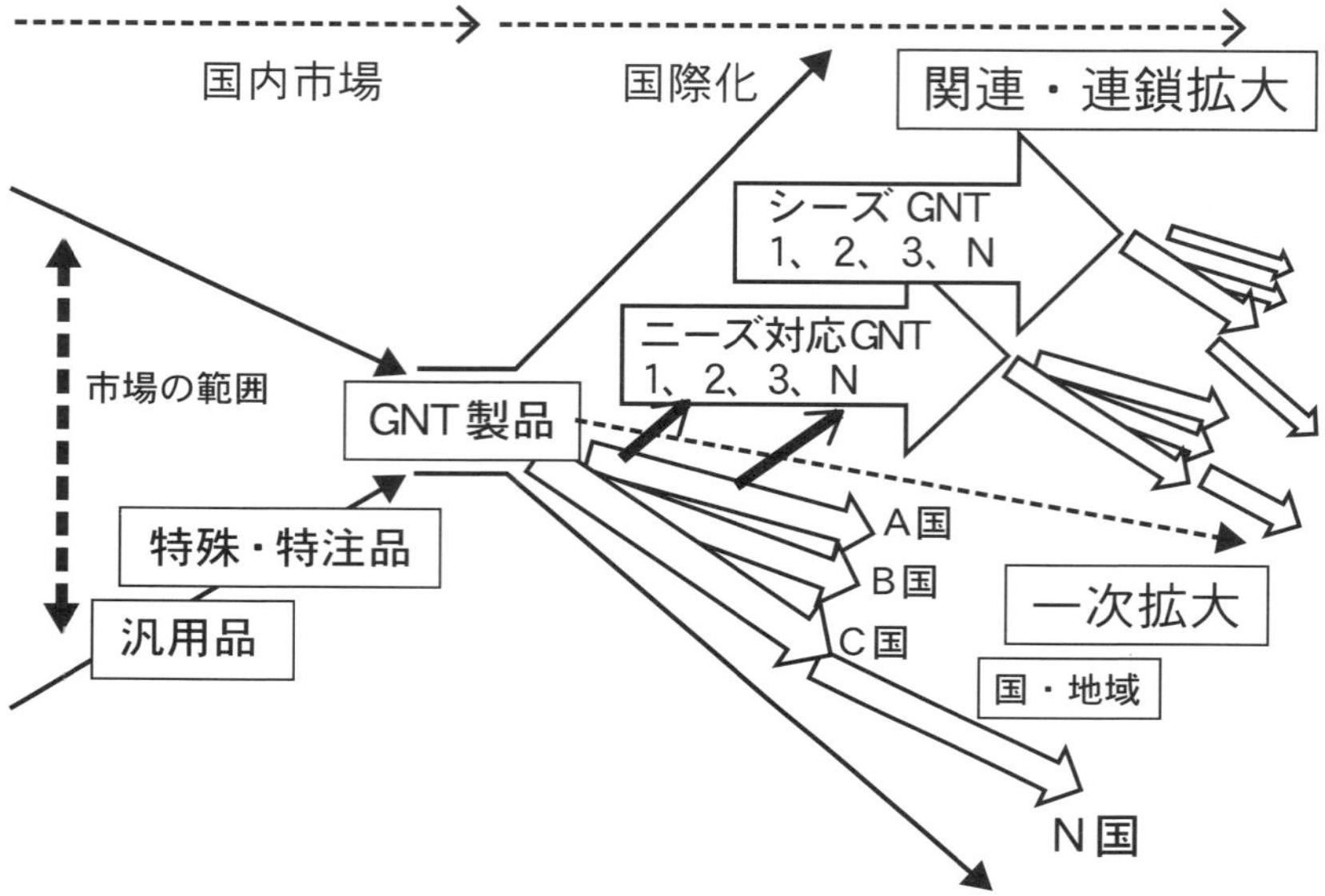

図6−3　　GNT企業に到達する経路と到達後の成長，発展のプロセス

出所：難波・福谷・藤本（2013）.

H・サイモン（1996）は、"Hidden Champion" の概念を提唱した。隠れたチャンピオン企業とは、世界市場において業種上位3位以内、またはその企業が位置している大陸のトップであり、収益は50億ドル以下、一般にはほとんど無名な企業を指す、と定義する。成長戦略に関しては「隠れたチャンピオン企業は、市場を『広く』ではなく、『深く』定めることで市場を小さくするが、製品とノウハウの専門性に、グローバルな販売・マーケティングを組み合わせれば、それぞれの市場は何倍にも拡大する。そうすれば、ほとんど成長に限界はない」とする。さらにサイモンは「多角化は彼らにとっては縁もゆかりもないものであり、多角化は集中からの逸脱である」[12]とした。ただし、サイモン（2009）では、隠れたチャンピオンが持続的な成長を維持するには「ソフトな」多角化が必要と修正している[13]。ここで、ソフトとは「新しい事業単位が、技術と市場で伝統的事業の近くに止まること」[14]を意味する。

難波（2007）は伝統産業の企業が2段階のイノベーションでグローバル・ニッチトップ企業に到達することを観察した。また、難波・福谷・藤本（2014）は、GNT企業に到達した後の成長戦略として「1次拡大」と「関連・連鎖拡大」の2つを観察した。「1次拡大」は、最初のGNT製品を各国市場に単純拡大することで、「関連・連鎖拡大」は「ニーズ対応型GNT製品」を新たに開発するほか「シーズ型対応GNT製品」の開発で製品ラインを拡大、高度化することがドイツの隠れたチャンピオンの急速な成長を支えているとした（**図6−3**）。

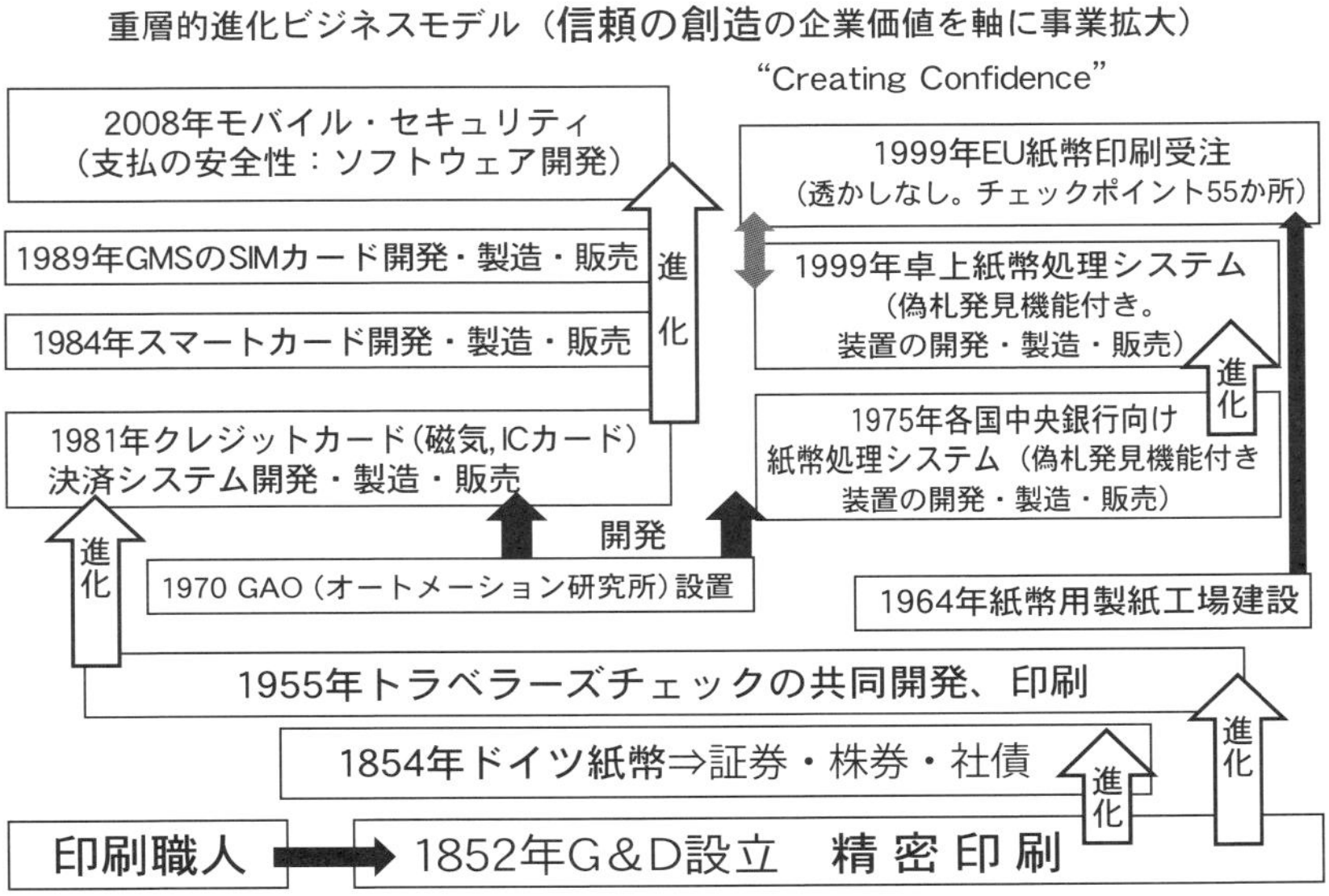

図6－4　G&D社における現有製品の開発経過

出所：G&D本社での聴き取りに基づき難波作成.

細谷（２０１１）は、成長戦略の視点に関し、①顧客からの厚い信頼の獲得・構築、②開発営業能力の向上・強化、③技術と市場に関する先端トレンドとセンスの修得、④専門能力の深化と活用、⑤高い組織力・人材力の構築、を挙げている。上記の先行研究を参考にしながら、それらがあまり言及していない成長要因とその相互関係を以下で究明したい。

（２）ケースによる分析

ギーゼッケ＆デブリエント（Giesecke & Devrient GmbH）

１８５２年腕利きの印刷職人２人（Giesecke と Devrient）がG&D社を設立して精密印刷を開始した。ドイツの紙幣（１８５４年）や外国紙幣の印刷を大量に受注しながら、証券、株券、社債の印刷に手を広げる。戦後はトラベラーズチェックを銀行と共同開発し、その印刷を引き受ける。１９７０年代初頭、当時のSiegfried Otto会長が来るべき「プラスチック時代」には市民の決済手段が紙幣からスマートカードへ転換すると予見し（バックキャスティング）[15]、ＧＡＯ（オートメーション研究所）を設置し、ここでクレジットカード決済システムの端末とＩＣが開発され、同社のモバイル決済セキュリティシステムにつながる。一方、ＧＡＯが開発した中央銀行向けの紙幣処理・偽札発見システムは、同社が紙幣に埋め込んだチェックポイントを読み取る仕組みで第三者の新規参入をほとんど不可能にしている（**図６－４**）。

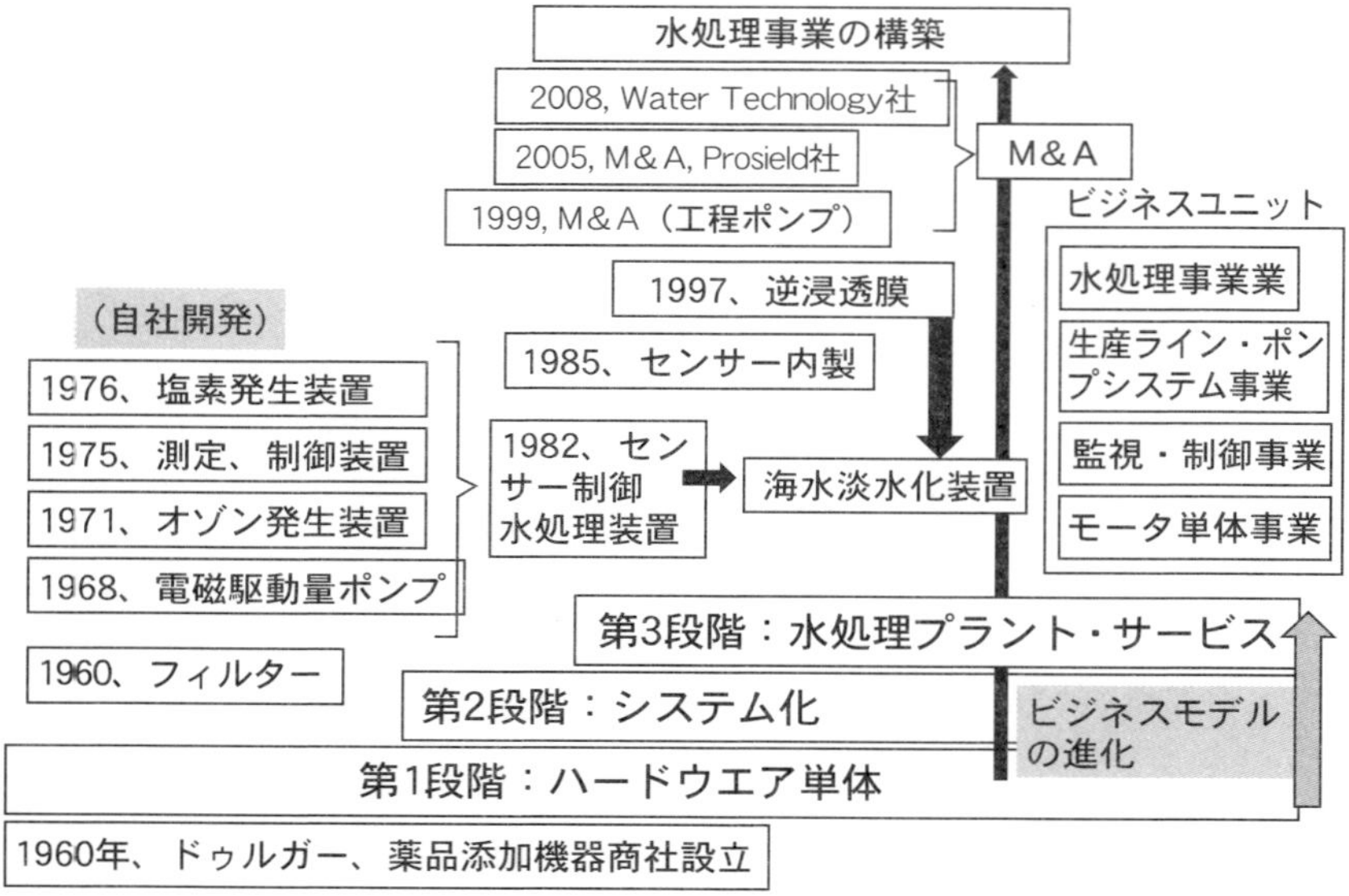

図6−5　プロミネント社における継続的イノベーション創出とビジネスモデルの進化

出所：プロミネント本社での聴き取りに基づき難波作成.

同社の経営理念である「信頼の創造」に基づく新事業はオーナーが自ら構想し、人材を確保して展開する。競合参入の可能性がある事業は最初から手を付けないが、事業展開途中でも、自社カルチャーに合致しないと判断した場合は早急に撤退する。基盤事業の技術シナジー効果の出る領域への着実な多角化により大企業への成長を達成した。

プロミネント（ProMinent GmbH）

１９６０年、水処理と薬品添加の機器商社として設立され、１９６４年創業者のViktol Dulgerが従来型に比べ超小型・軽量の電磁駆動軽量の定量ポンプを開発し新市場を創出する。その後、顧客ニーズに基づき、オゾン発生装置、制御装置、塩素発生装置を開発・内製化する。これら装置にセンサーを加えることでセンサー制御による水処理装置や薬品添加システム装置に発展させる。さらに、自社技術にはない超高圧・大量注入技術を有する定量ポンプ企業を買収することで定量ポンプ全域の品揃えを完成した。さらに、同社はこの分野に特化した小規模のプラント・メーカーに進化している。プロミネント社の事例は競争力の高いコア技術を内部蓄積した後はM&A戦略による成長が有効となることを示している（**図６－５**）。

ケルヒャー（Alfred Kärcher）

ケルヒャー社はアルフレッド・ケルヒャーが１９３５年に創業した高度技術コンサルティング企業を起源とする。航空機

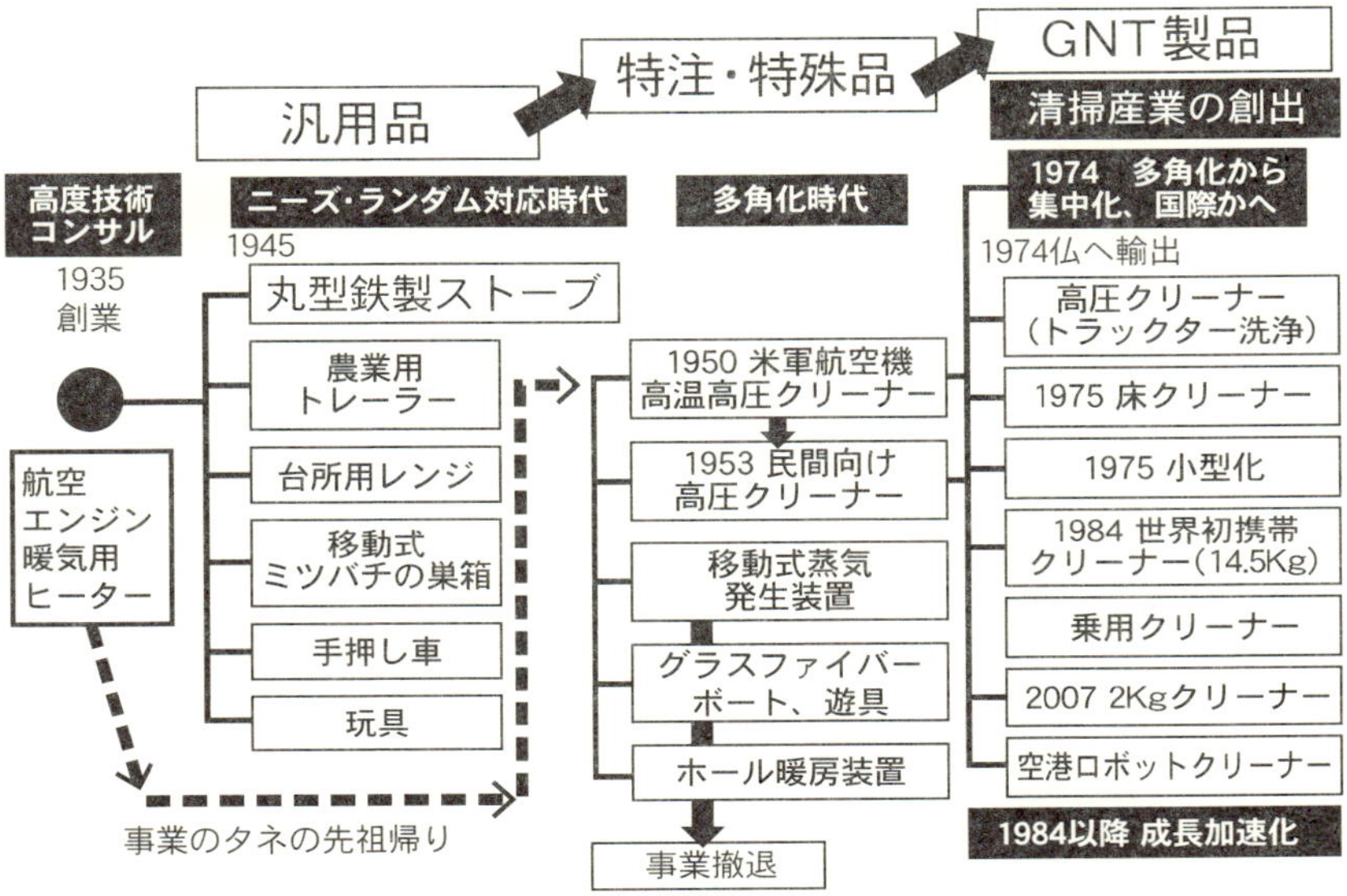

図6－6　　ケルヒャー社における製品開発の沿革とGNT製品誕生の契機

出所：ケルヒャー本社での聴き取りおよび提供資料に基づき難波作成.

エンジンヒーターがヒットし、量産化するも終戦となる。戦後は生活用品を手当たり次第に製品化するが失敗、撤退する。新たな事業のタネは先祖帰りし、1950年米軍航空機向けの高温・高圧洗浄機が成功し、これを1953年民間用に転換するも関連性のない多角化に走る。1959年A・ケルヒャーが逝去し、妻のイレーネが経営を引き継ぐ。1974年民間向けの高圧クリーナーだけに絞り込み、輸出を本格展開することで世界の清掃機械のリーダーに成長し、清掃産業を創出した。1974年に4拠点であった海外販売拠点は 4万拠点に増加した。産業財から耐久消費財への転換は大企業への成長の1つの手段と観察できる（図6－6）。

東亞工機

1960年代において大型船舶のディーゼルエンジンの燃料はC重油が主流となり、高温、高圧による燃焼効率の向上が図られた。この結果、燃焼室のシリンダーライナの消耗が激しく、1年毎の取り替えが必要で1～2週間のドック入りを余儀なくされた。当時の海運業界の夢は「2年間エンジン無開放」であった。この夢を世界で初めて実現したのが東亞工機のライナであり世界に普及した。今日では10年間の耐久性を有する製品も揃えている。現在、同社のライナの世界シェアは、新造船の場合、25％、中古市場で60％である。これは東亞工機が直接の顧客であるディーゼルエンジン製造会社、造船所だけでなく、ディーゼルエンジンのライセンサーとして世界トップであるマ

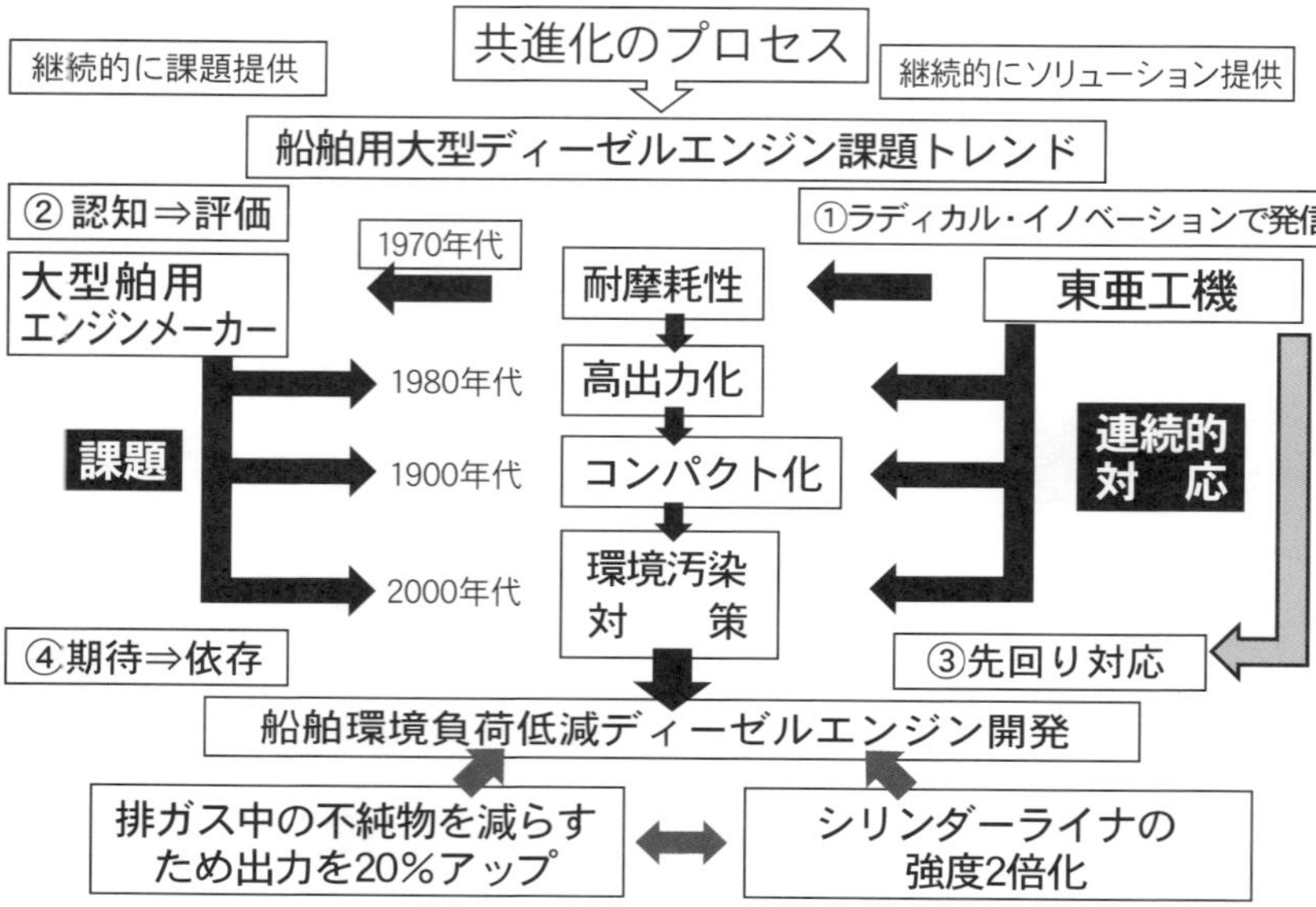

図6−7　東亜工機における顧客との「共進化」のプロセス

出所：東亜工機本社での聴き取りおよび提供資料に基づき難波作成.

ンエナジーソリューションズ社（MAN Energy Solutions）から次世代技術情報を収集し、数年先に必要となるライナを継続的に開発してきたことが奏功している。

同社は２０１４年、地球的問題である排ガス中の不純物を減らすために、高温、高圧に耐える強度2倍化のライナを商品化した。これは、国際海事機関（ＩＭＯ）が海域ごとに定めた硫黄酸化物（SOx）や窒素酸化物（NOx）の排出量の削減目標に対応するもので、NOxについては２０１６年以降新造する船舶に２０１０年比で80％の削減が求められている（**図6－7**）。

このように世界の顧客の満足度を40年間維持してきた大きな要因は、ライセンサーとの「デザイン（共創企画）イノベーション」に基づく「共創・共進化」を維持しつつ、最終顧客であるエンジン会社、造船所、船主への新たな価値提供にあり、同社の競争優位の維持に貢献する。

フルヤ金属

同社のイリジウム製のルツボ（坩堝）の世界シェアは60％を占める。ルテニウム製品では世界3位のシェアを有する。同社はプラチナ（Ｐｔ）、イリジウム（Ｉｒ）、ルテニウム（Ｒｕ）など白金族の工業製品に特化した国内唯一のメーカーであり、精製・加工・修理・販売を一貫して行っている。ＪＩＳ規格白金ルツボの製造・販売を主たる事業としていた時、マンガン・亜鉛単結晶製造用

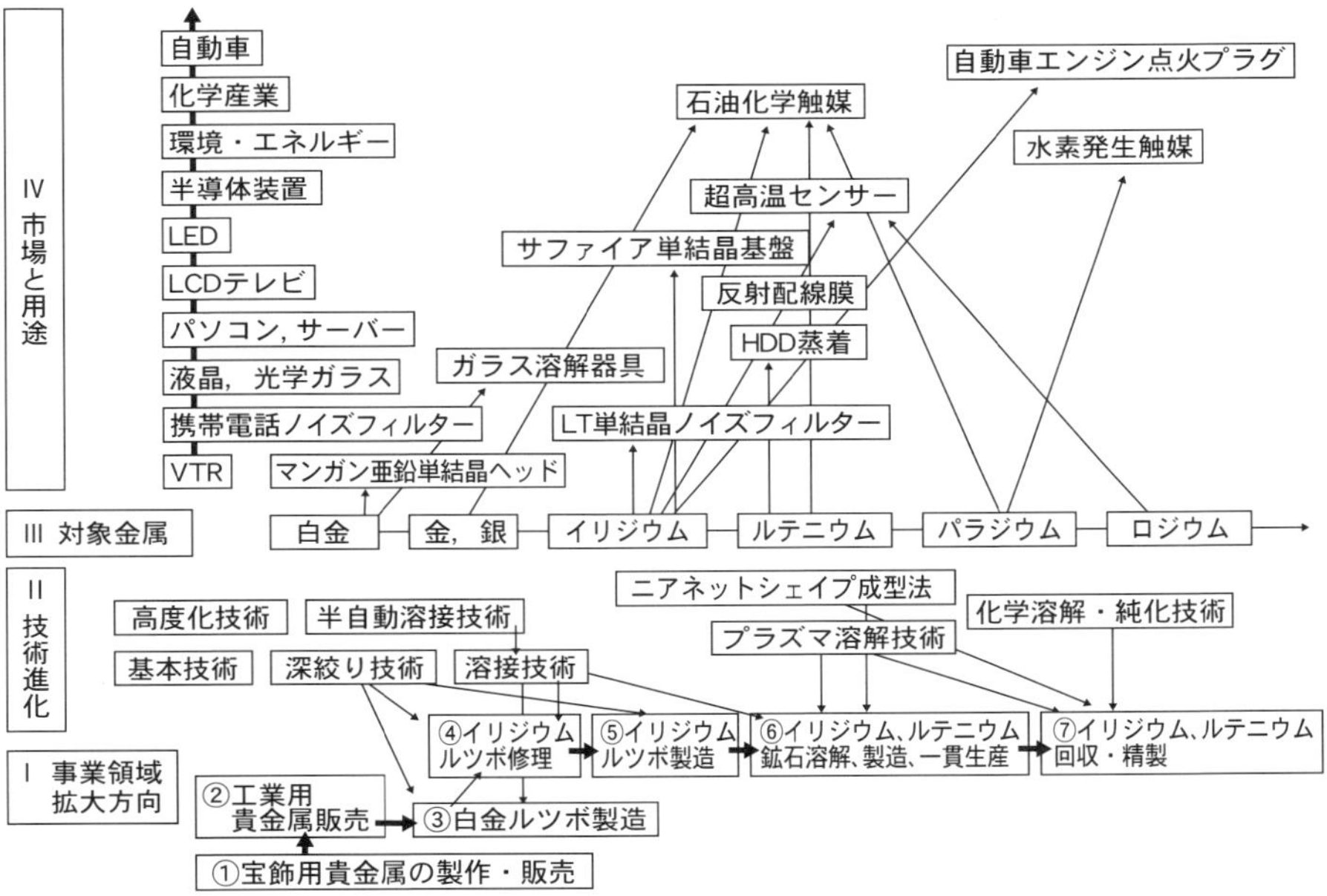

図6―8　フルヤ金属における小さな多角化・ビジネスの漸進的進化による成長戦略

出所：フルヤ金属資料に基づき難波作成.

の「特注白金ルツボ」の開発依頼が舞い込む。苦労して開発、対応したことで、次なる難題「イリジウムルツボ」の開発依頼につながる。これをクリアーして経営基盤を確立した。白金族金属は他の物質では代替できない用途が多々あるにも関わらず産出量が少ない上、産出国が南アフリカ共和国などに偏在している。同社は原料購入の安定性を図るため、鉱山会社からの直接流通チャネルを確保した上で、希少資源の有効活用のため、イリジウムとルテニウムに関して、世界最大級の回収能力を持つリサイクル設備を保有している。その回収量は全世界の年間産出量（イリジウム6トン、ルテニウム27トン）に匹敵する。この設備のコア部分は自社設計であり世界の最先端の技術が埋め込まれており生産性も世界一高い。このリサイクルモデルで、高品質とコスト削減を達成すると同時に資源の偏在に伴うリスクを、顧客に対して原料確保の観点で、安心、信頼を確保している。また、同社は白金を始点にイリジウム、ルテニウム、ロジウム、パラジウムへと拡大し、「小さな多角化」を連続的に実践している（**図6－8**）。次の段階として「元素融合」技術により天然の白金族元素にない新たな機能と需要を探索している。これらの活動が競争優位の維持に寄与する。

森鐵工所

高級タイヤドラムで世界一の森鐵工所では、顧客側か

表6－2　GNT企業の持続的成長・大企業への発展の手段

研究課題	ケースからの分析結果
(1) GNT企業や隠れたチャンピオン企業はGNT企業に到達した後、どのような形で「ニッチな市場」を拡大するのか。 大企業へ成長するメカニズムの解明。	GNT企業は当初の少ない資源で新たな「ニッチ市場」の数を増やす「量的拡大」か、または、「ニッチ市場」を「質的変化」させることで市場を拡大し大企業への道を開く事例が多い。小さなイノベーションでニッチ市場を変質、拡大しキャッシュ・フローを豊かにする好循環が大企業への軌道に乗せる。好循環の手段の事例を下記に示す。 ①キャッシュ・フローの拡大：世界市場で既存製品の増収・増益をはかり、キャッシュ・フローを豊かにして販売拠点を拡大させ各国での「ニッチ市場」を開拓する（単純拡大）。 ②当初のニッチ市場の質的変化・規模拡大：世界の多様な顧客ニーズに応える小さなイノベーションで品揃えを増やし、「ニッチ市場」を拡大する一方、それら単体製品の組み合わせによるシステム商品で「ニッチ市場」を変質させて成長のフロンティアを増やし、大企業への道を開く（プロミネント社）。 ③シナジー効果のある多角化：基盤技術・事業をコアとする関連多角化は成功確率が高く、新市場の規模が大きい場合、大企業へと発展する（G&D社）。 ④補完的な企業買収：豊かになったキャッシュ・フローで新たな技術や市場獲得の目的での企業買収は成長を加速化する（G&D社、プロミネント社）。 ⑤BtoBからBtoCへの転換：ビジネスモデルの変革は成長を加速化させる（ケルヒャー）。さらにインターネット活用で多数の消費者につながることで大企業への成長に乗る（G&D社）。 ⑥小さなイノベーションの蓄積がラディカル・イノベーションにつながり、新産業の創出につながる場合、世界市場での先行者利益が獲得でき、業界リーダーとして大企業に発展する（ケルヒャー社）。 ⑦ニッチ市場でのイノベーションが新たなビジネスモデルを生み、大企業化を促進する（G&D社、プロミネント社）。
(2) 持続的成長のための(a) ニーズ探索の方法、(b) ソリューション実現の方法、(c) ビジネスモデル変革の方法、を観察する。	①研究対象企業21社の商品の形態発展は、おおむね、原料・部品→単体製品・サブシステム→完結システム→システム化・サービス化→ハード・ソフト・インターネットの統合、のレイヤーが観察された。レイヤーが高いほど大企業の分布が高い傾向が観察された。 ②ソリューション実現の方法は、（あ）国内向けソリューションを単純に世界市場へ持ち込み顧客開拓、（い）世界市場でのニーズに対応するソリューションの開発、（う）未知ニーズの探索、バックキャスティング、（え）顧客と共同探索・開発（共進化）、（お）地球的問題へのソリューション、の形態が観察され、おおむね、複雑化したソリューション創出を行う企業が大企業に発展している。
(3) GNT企業が中堅・中小規模に留まる場合と大企業に飛躍するケースではどこに差異が生じるのか。	①当初商品について深掘り的なイノベーション創出はニッチ市場の参入障壁を高める効果がある。その一方で成長は漸進的に止まる。 ②新たなニッチ市場を増やす場合とニッチ市場を変質させる場合は、成長のフロンティアが追加され、大企業への成長軌道に乗る傾向にある。

らの「潜在ニーズ」が出尽くした後は、「世界のタイヤメーカー動向」などをテーマに公開情報を自社で整理して、顧客にプレゼンし、顧客との雑談の機会を設定し、「未知ニーズの探索」を行う。世界のトップ10メーカーに共通する課題から次世代製品コンセプトを構想する。そのコンセプトに基づきプレ・マーケティングで確証が得られれば新製品開発に踏み切る。最先端の設計環境、設備に加え温存してきた匠の技で組み立てることで、模倣困難性を確保する。世界トップ10メーカーが実際に購入してくれれば、次のトップ100社への売り込みは比較的容易となる。「未知ニーズの探索」による情報秘匿が「見えざる参入障壁」ともなり、競争優位の維持に寄与する。

Layer	商品の性格	調査対象企業のタイプ分類				
L5	ハード・ソフト・サービス・インターネット総合					★
L4	システム化、サービス化		★	◎★	★	
L3	完結システム		◎◎◎◎	◎	◎◎	★
L2	単体製品 サブシステム		◎◎ ◎★	◎◎★		◎◎
L1	原料・部品	◎	★			◎
ニーズ模索方法		国内向けソリューションを世界市場へ	世界市場ニーズへのソリューション	未知ニーズの探索・実現	顧客と共同探索（共進化）	地球的問題へのソリューション
GNT企業のタイプ		G1	G2	G3	G4	G5

図6－9　GNT企業のタイプ分類（商品の性格×ニーズ探索手法）

出所：難波作成.　◎：日本企業，★：ドイツ企業

（3）考　察

研究課題と分析、考察

上記の考察内容の要約を**図6－10**で示す。**図6－10**においてドイツ企業は広範囲に分散しているが、日本企業は狭い領域に集中している。**図6－9**における商品の性格がL5、L4など、より複雑な層へシフトする場合とニーズ探索方法がより複雑な手法にシフトするほど大企業への成長軌道に乗りやすい傾向を示している。

以上の分析、考察をまとめるとGNT企業が大企業への軌道に乗る条件は①ニッチ分野への特殊化、②国際化（世界市場でトップ3位以内）に加え、③ニッチ分野の変質・拡大＋M&Aが必要であることが判明した。つまり第3軸としての成長フロンティアの継続的な創出が大企業への重要な条件となる（**図6－10**）。

今後のGNT企業研究はどのような方向を目指すべきか

日独企業の比較から、GNT企業が持続的成長をする結果、大企業化する場合が観察された。それはニーズの探索方法、

ソリューションの方法を発展させ、ビジネスモデルを変革させている。この観点から、GNT企業から1000億円企業（スーパーGNT企業と呼ぼう）へ飛躍の可能性を示唆している。さらには、かつてGNT企業であった村田製作所が1兆円企業に到達している。この段階では一般論としてのグローバル・メガ企業に到達している（図6－11）。

今後は、GNT企業の持続的成長の要因とともにスーパー

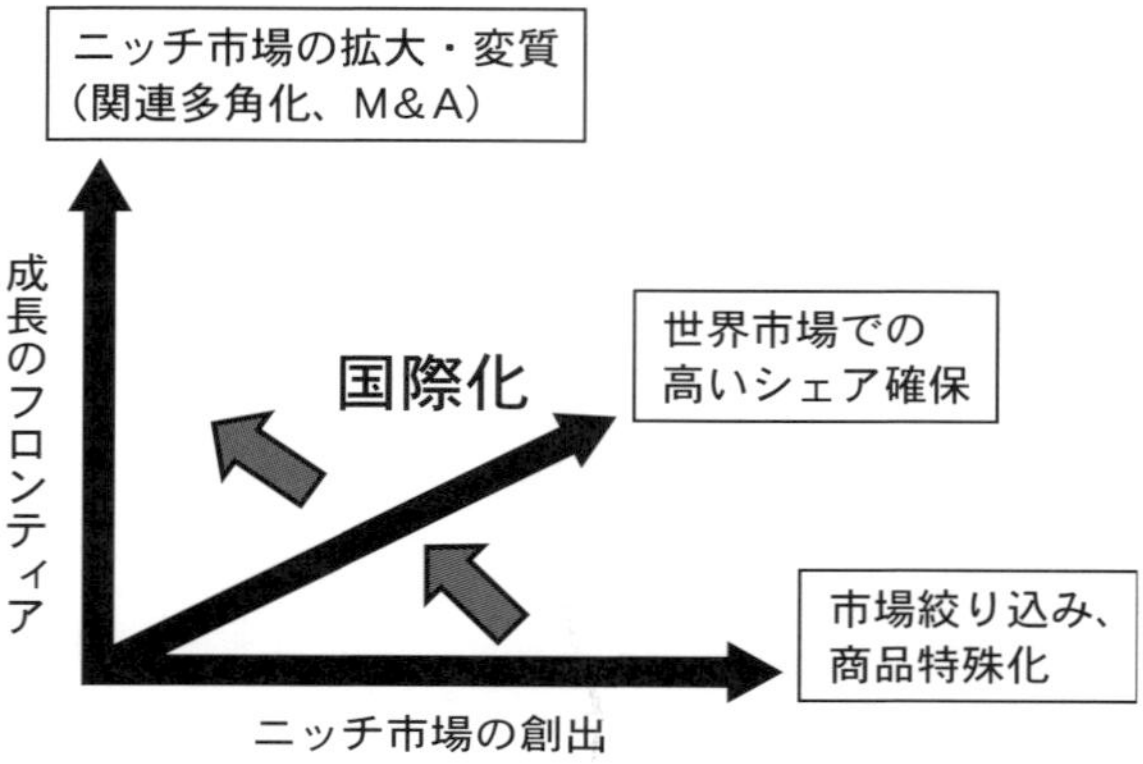

図6－10　GNT企業から大企業への成長のフロンティア

出所：難波作成.

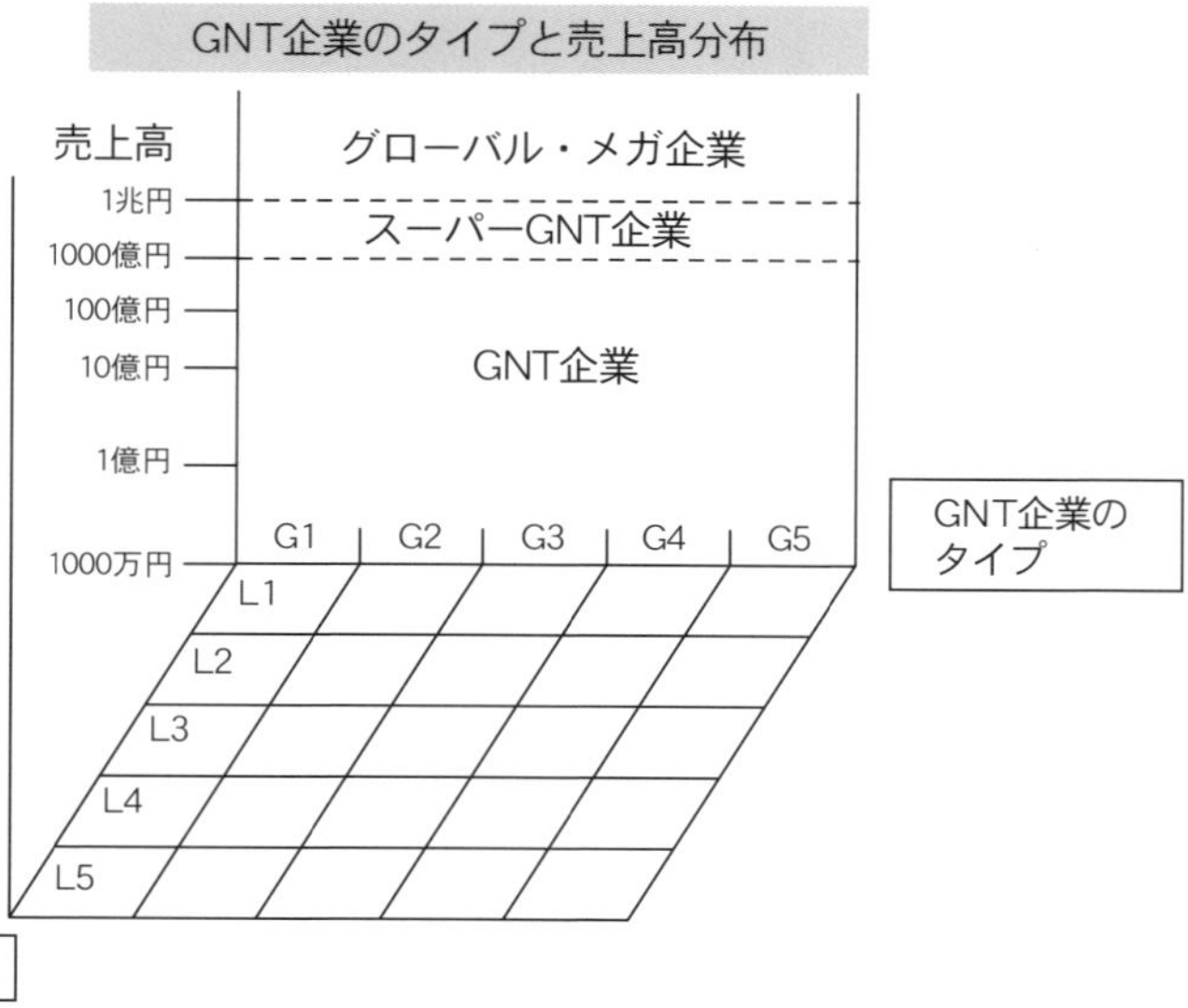

図6－11　グローバル・ニッチトップ企業からグローバル・メガ企業へ

出所：難波作成.

GNT企業への飛躍の条件を探索する研究分野が必要となろう。その第一歩は、本章で考察したニーズ探索の方法、ソリューションのタイプ、ビジネスモデルなどが企業成長（売上高）に及ぼす影響の分析（図6－11・6－12）と、そこから抽出される「新たな視点での多様で効果的な多角化」の効果の分析となろう。

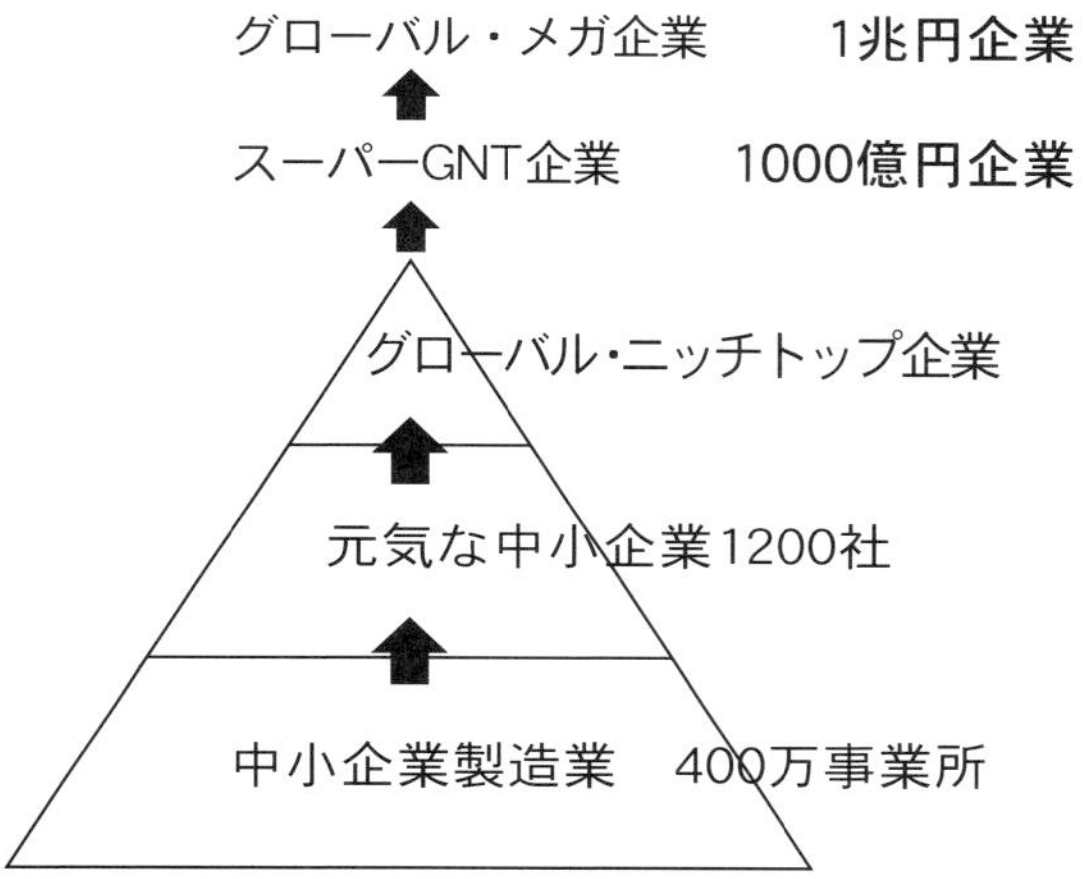

図6－12　GNT企業へのプロセスとその後の発展

出所：難波作成.

付記

本章は「第31回研究・イノベーション学会年次学術大会講演要旨集、2016年11月」をもとに一部加筆修正したものである。

［注］

(1) 伊藤（2012）pp.201-214。
(2) 同上。
(3) Simon（2009）。
(4) 同上。
(5) 中村（1964）p.i。
(6) 同上、pp.13-14。
(7) 清水（1986）、p.159。
(8) 同上、p.1。
(9) 同上、pp.10-15。
(10) Kuhn（1985）。
(11) 同上、p.133。
(12) Simon（1992）pp.115-125。
(13) Simon（2009）pp.76-82。
(14) 同上、p.82。
(15) 将来を予測する際に、将来の社会の姿を想定し、その姿から現在を振り返って今何をすればいいかを考えるやり方。

[参考文献]

Kuhn, R. L., *To Flourish Among Giants, Creative Management for Mid-Sized Firms*, John Wiley & Sons, 1985（清成忠男監訳『中堅企業の時代』ＴＢＳブリタニカ、１９８７年）。

Lippert, S., "Japan's 'Hidden Champions' in comparison with their German peers," 研究・技術計画学会九州中国支部研究会、２０１５年4月5日。

Simon, H., "Lessons from German's Midsize Giants," *Harvard Business Review*, May-April 1992, pp.115-125.

Simon, H., *Hidden Champions*, Harvard Business School Press, 1996（広村俊悟監訳『隠れたコンピタンス経営』トッパン、１９９８年）。

Simon, H., *Hidden Champions of the 21st Century; Success Strategies of Unknown World Market Leaders*, Springer, 2009（上田隆穂監訳『グローバルビジネスの隠れたチャンピオン』中央経済社、２０１２年）。

伊藤白「ドイツの対外経済政策――中小企業の国際展開を中心に――」、山口広文『技術と文化による日本の再生――インフラ、コンテンツ等の海外展開：総合調査報告書――』国立国会図書館、２０１２年、pp.201-214（http://dl.ndl.go.jp/view/download/digidepo_3533040_po_2012015.pdf?contentNo=1　２０１４年９月５日閲覧）。

岩本晃一「「独り勝ち」のドイツから「日本の地方・中小企業」への示唆――ドイツ現地調査から――」RIETI、２０１５年3月。

サイモン、H.「21世紀の隠れたチャンピオン」、経済産業研究所、２０１２年7月20日（http://www.rieti.go.jp/jp/special/p_a_w/018.html　２０１７年8月8日閲覧）。

清水龍瑩『中堅・中小企成長論』千倉書房、１９８６年。

中村秀一郎『中堅企業論』東洋経済新報社、１９６４年。

難波正憲「グローバル・ニッチトップへのイノベーション戦略」研究・技術計画学会、第22回講演要旨集、pp.538-541　２００７年11月28日。

難波正憲・福谷正信・鈴木勘一郎『グローバル・ニッチトップ企業の経営戦略』東信堂、２０１３年。

難波正憲・福谷正信・藤本武士「グローバル・ニッチトップ企業の成長メカニズム」技術計画学会、第28回年次学術大会、２０１３年9月。

難波正憲・福谷正信・藤本武士「グローバル・ニッチトップ企業における成長戦略――日独企業の比較分析――」研究・技術計画学会、第29回年次学術大会、２０１４年10月。

藤本武士・牧田正裕『グローバル・ニッチトップ企業の事業戦略』文理閣、２０１５年。

細谷祐二「日本のものづくりグローバル・ニッチトップ企業についての考察――ＧＮＴ企業ヒアリングを踏まえて――」【前編】、『産業立地』２０１１年7月号。

細谷祐二「日本のものづくりグローバル・ニッチトップ企業についての考察――ＧＮＴ企業ヒアリングを踏まえて――」【後篇】、『産業立地』２０１１年9月号。

細谷祐二『グローバル・ニッチトップ企業論』白桃書房、２０１４年。

吉村哲哉「グローバル・ニッチトップ型中堅企業の成功に学ぶ」ＭＲＩ

索　　引

〈ア　行〉

〈カ　行〉

〈サ　行〉

マンスリーレビュ２０１４年9月号。
吉村哲哉「グローバル・ニッチトップ企業の企業戦略の特性の類型化の試み」研究・技術計画学会第29回年次学術大会、２０１４年10月、pp.325-328。

（難波正憲・福谷正信・牧田正裕・藤本武士）

難 波 正 憲（なんば　まさのり）［第Ⅱ部第１・２・３章，第Ⅲ部第５・６章］
東京大学大学院総合文化研究科博士課程単位満了退学
現在，立命館アジア太平洋大学名誉教授

主要業績

『イノベーション・マネジメント ―― ファミリー企業比較経営分析 ――』（編著），泉文堂，2011年.
『グローバル・ニッチトップ企業の経営戦略』（編著），東信堂，2013年.

佐 藤 浩 人（さとう　ひろと）［第Ⅲ部第５章］
立命館大学大学院経営学研究科博士後期課程修了，博士（経営学）
現在，立命館アジア太平洋大学国際経営学部准教授

主要業績

『戦略的投資決定と管理会計』（共訳），中央経済社，2010年.
『ベーシック原価計算』（共著），中央経済社，2010年.

福 谷 正 信（ふくたに　まさのぶ）［第Ⅲ部第５・６章］
慶應義塾大学大学院商学研究科修士課程修了
現在，立命館アジア太平洋大学名誉教授

主要業績

『グローバル・ニッチトップ企業の経営戦略』（共編著），東信堂，2013年.
『技術者人事論』泉文堂，2016年.

アルカンタラ・ライラーニ・ライネサ（Alcantara Lailani Laynesa）**［第Ⅰ部7，第Ⅲ部第5章］**
筑波大学大学院システム情報工学研究科博士課程修了，博士（経営学）
現在，立命館アジア太平洋大学国際経営学部教授

主要業績

"Too Many to Handle? Two Types of Multimarket Contacts and Entry Decisions," *Management Decision*, 53 (2), 2015.

"Cloud Computing in Emerging Markets," S. Murugesan and I. Bojanova eds., *Encyclopedia of Cloud Computing*, Wiley, 2016.

本山康之（もとやま　やすゆき）**［第Ⅰ部8］**
カリフォルニア大学バークレー校博士課程修了，博士
現在，オハイオ州立大学助教授

主要業績

『最新・経済地理学』（監訳），日経ＢＰ社，2008年.

"Vibrant Centers as Locations for High-Growth Firms: An Analysis of Thirty U.S. Metropolitan Areas," *The Professional Geographer*, 71 (1), 2018.

中山晴生（なかやま　はるお）**［第Ⅰ部10・12］**
ミシガン大学MBA課程修了
現在，立命館アジア太平洋大学国際経営学部客員教授

主要業績

『企業変革と経営者教育』（共著），野村総合研究所，2000年.

『グローバル・ニッチトップ企業の事業戦略』（共著），文理閣，2015年.

牧田正裕（まきた　まさひろ）**［第Ⅰ部13・17，第Ⅲ部第5・6章］**
立命館大学大学院経営学研究科博士後期課程中退，博士（経営学）
現在，立命館大学大学院経営管理研究科教授

主要業績

『会計制度とキャッシュ・フロー —— アメリカにおけるキャッシュ・フロー計算書の制度化プロセス ——』文理閣，2002年.

『グローバル・ニッチトップの事業戦略』（共編著），文理閣，2015年.

鈴木勘一郎（すずき　かんいちろう）**［第Ⅰ部15・19，第Ⅲ部第5章］**
早稲田大学大学院アジア太平洋研究科博士後期課程修了，博士（学術）
現在，立命館アジア太平洋大学国際経営学部教授

主要業績

『経営変革と組織ダイナミズム —— 組織アライメントの研究 ——』（早稲田大学学術叢書 9）早稲田大学出版部，2011年.

『ESG投資の研究 —— 理論と実践の最前線 ——』（共著），一灯舎，2018年.

《執筆者紹介》（執筆順．＊は編著者）

＊大 竹 敏 次（おおたけ　としつぐ）**［はじめに，第Ⅰ部18，第Ⅱ部第5章］**
アイオワ州立大学大学院経営工学研究科博士課程修了，博士（工学）
現在，立命館アジア太平洋大学国際経営学部長，教授

主要業績

"Inventory and investment in set up and quality operations under return on investment maximization（共著），" *European Journal of Operational Research*, 185, 2008.

Introduction to Financial Risk Management, Cenage Learning, 2013.

＊藤 本 武 士（ふじもと　たけし）**［はじめに，第Ⅰ部8・14，第Ⅱ部第2・4章，第Ⅲ部第5・6］**
立命館大学大学院経営学研究科博士後期課程修了，博士（経営学）
現在，立命館アジア太平洋大学国際経営学部教授

主要業績

「本多機工（第4章）」「中島田鉄工所（第8章）」難波正憲・福谷正信・鈴木勘一郎編著『グローバル・ニッチトップ企業の経営戦略』東信堂，2013年.

『グローバル・ニッチトップ企業の事業戦略』（編著），文理閣，2015年.

李　　根 煕（Lee Geunhee）**［第Ⅰ部1・3，第Ⅲ部第5章］**
テンプル大学大学院経営管理研究科博士後期課程修了，博士（経営管理学）
現在，立命館アジア太平洋大学国際経営学部准教授

主要業績

"The Roles of Perceived Internal and External Benefits and Costs in Innovation Co-Creation: Lessons from Japan（共著），" *Asia Pacific Journal of Tourism Research*, 22, 2017.

"Consumer trust and online payment options: determinants of e-commerce in the Least Developed Countries（LDCs）（共著），" *Future Business Journal*, 2019（予定）.

岩 本 晃 一（いわもと　こういち）**［第Ⅰ部2・4・6・9］**
京都大学大学院工学研究科修士課程修了
現在，経済産業研究所上席研究員（特任），日本生産性本部

主要業績

『中小企業がIoTをやってみた』（共著），日刊工業新聞社，2017年.

『ビジネスパーソンのための人工知能』（共著），東洋経済出版社，2016年.

岡 田　　清（おかだ　きよし）**［第Ⅰ部5・11・16，第Ⅲ部第5章］**
明治大学商学部卒業
現在，大江戸温泉物語ホテルズ＆リゾーツ株式会社監査役

主要業績

「グローバル・ニッチトップ企業の経営戦略と可能性」（共著），『政策情報学会誌』8(1)，2014年.

「グローバル・ニッチトップ企業の持続的成長メカニズムの解明 —— 日独比較から日本企業育成への政策的示唆 —— 」（共著），『政策情報学会誌』9(1)，2016年.

グローバル・ニッチトップ企業の国際比較

2019年7月10日　初版第1刷発行　　＊定価はカバーに表示してあります

編著者　藤本武士　大竹敏次 ©
発行者　植田　実
印刷者　出口隆弘

発行所　株式会社　晃洋書房
〒615-0026　京都市右京区西院北矢掛町7番地
電話　075（312）0788番㈹
振替口座　01040-6-32280

装丁　野田和浩　　印刷・製本　㈱エクシート
ISBN978-4-7710-3145-6